COMPREENDER
ÁFRICA

Por motivos contratuais, foi mantida a ortografia original lusa neste livro.

Rui Moreira de Carvalho

COMPREENDER
ÁFRICA

Teorias e Práticas de Gestão

ISBN 85-225-0510-1

Copyright © Rui Moreira de Carvalho e Temas e Debates

Publicado sob licença editorial de Temas e Debates

Direitos desta edição reservados à
EDITORA FGV
Praia de Botafogo, 190 — 14º andar
22250-900 — Rio de Janeiro, RJ — Brasil
Tels.: 0800-21-7777 — 21-2559-5543
Fax: 21-2559-5532
e-mail: editora@fgv.br — pedidoseditora@fgv.br
web site: www.editora.fgv.br

Impresso no Brasil / *Printed in Brazil*

Todos os direitos reservados. A reprodução não autorizada desta publicação, no todo ou em parte, constitui violação do copyright (Lei nº 5.988).

Os conceitos emitidos neste livro são de inteira responsabilidade do autor.

1ª edição —2005

Revisão: Mauro Pinto de Faria

Editoração eletrônica: Maria Fernanda Lopes

Capa: Leonardo Carvalho

Foto de capa: Stock Photos IMSI.

Foto da 4ª capa: Detalhe de foto de crianças em frente ao mural *Chasse au lion*, em Kigombe, Tanganica (E. Schultess, Rapho)

Ficha catalográfica elaborada pela Biblioteca
Mario Henrique Simonsen/FGV

Carvalho, Rui Moreira de
    Compreender África: teorias e práticas de gestão / Rui Moreira de Carvalho. — Rio de Janeiro : Editora FGV, 2005.
    288p.

  Inclui bibliografia.

    1. África — Condições econômicas. 2. África — Condições sociais. 3. África — Relações econômicas exteriores. 4. Inovações tecnológicas — África. 5. Responsabilidade social — África. I. Fundação Getulio Vargas. II. Título

CDD — 330.96

ÍNDICE

Agradecimentos 15
Dedicatória 17
Prefácio 19
Opinião 23
Introdução 29

I – A PERSPECTIVA HISTÓRICA 35
   1. África em transição 35
   2. A fase pré-colonial 39
   3. A fase mercantil 40
   4. A colonização directa 42
        4.1. A expressão de um capitalismo arcaico 43
        4.2. O sistema colonial 44
        4.3. Quem ganhou com a colonização? 45
        4.4. Um sistema evolutivo 47
   5. Estados nacionais pós-coloniais 48
   6. O esgotamento progressivo do modelo pós-colonial 51
   7. Depois das independências:
      unidade e diversidade do Terceiro Mundo 53
        7.1. A fragmentação do Terceiro Mundo 54
   8. As políticas de desenvolvimento 55
        8.1. A mobilidade dos capitais: o caso da poupança 57
        8.2. A questão do mercado interno 58
   9. As «estruturas» do capitalismo africano 60
 10. Preconceito urbano 60
 11. Temas de reflexão 64

II – CONDICIONALISMO SOCIOCULTURAL 67
   1. Conhecimento formalmente transmitido 67
   2. A cultura 68
   3. A comunidade e a sociedade 69
   4. Sociedade tradicional 70
        4.1. *Case study* 71

    5. Sociedade tecnológica 72
        5.1. *Case study* 73
    6. Um mundo multipolar e multicivilizacional 74
    7. A heterogeneidade cultural africana 75
    8. As sociedades africanas e o Estado-nação 76
        8.1. O modelo europeu 76
        8.2. A legitimidade do Estado-nação 78
    9. Sistemas políticos: multipartidários *versus* unipartidários 78
    10. A aculturação ou assimilação 80
        10.1. *Case study* 81
    11. Cultura e modelos económicos e sociais 82
    12. Cultura e cooperação económica 84
        12.1. Integração regional e económica 84
    13. A cultura e as organizações/empresas 86
        13.1. A cultura e os negócios 89
        13.2. *Case study* 89
    14. A cidadania: confiança *versus* ética 90
    15. Temas de reflexão 92

III – A COMPETITIVIDADE DE UM PAÍS 97
    1. Noção de competitividade 98
    2. Capacidades de um país 99
    3. Tecido produtivo e empresarial 101
    4. A estabilidade política 102
        4.1. *Case study* 104
    5. Sistema financeiro 105
        5.1. As técnicas clássicas de mobilização de recursos 106
        5.2. O papel da poupança 107
        5.3. O papel dos investimentos 107
        5.4. O papel dos sistemas de crédito 108
        5.5. O papel dos juros 109
        5.6. Instrumentos de financiamento 110
        5.7. A questão do risco 112
        5.8. A actividade de capital de risco 112
        5.9. O circuito poupança/investimento/crescimento 114
        5.10. Crédito ao sector informal 115
        5.11. Microcrédito 116
    6. Recursos humanos 118
        6.1. *Case study* 119
        6.2. A educação e a competitividade 121

7. Os factores da produtividade 123
   7.1. Custo unitário do trabalho 124
8. A importância das infra-estruturas comerciais 124
   8.1. Os canais de distribuição 125
9. Custos de transacção específicos 128
   9.1. Corrupção 129
   9.2. A ética 130
   9.3. Papel da economia informal 132
10. Os efeitos perversos da ajuda de emergência a nível local 133
11. A questão da SIDA 134
    11.1. Sociedades saudáveis 135
12. Temas de reflexão 136

IV – COMÉRCIO INTERNACIONAL 139
1. O perigo das riquezas naturais 142
2. Estratégias extrovertidas baseadas nos produtos industriais 142
   2.1. Qual o *papel* do governo? 143
3. Dois mitos: dívida e capacidade empresarial 144
   3.1. *Case study* 145
4. Os obstáculos políticos ao capitalismo africano 147
5. O poder do Estado e as origens políticas
   do capitalismo industrial 148
6. A defesa do Estado-providência 150
7. Implicações internacionais 151
8. As instituições de Bretton Woods 153
   8.1. Em bom rigor, o que é o Fundo Monetário Internacional? .. 155
   8.2. Porque se recorre ao FMI 157
9. Proteccionismo 157
   9.1. O *lobbying* 159
   9.2. A alteração da cadeia de valor 160
10. Os fluxos comerciais 160
11. Políticas orçamentais: de Keynes a Laffer 162
12. Políticas comerciais 164
    12.1. Reforma das políticas comerciais 164
    12.2. Como deve ser medida a *performance* comercial? 165
    12.3. Os défices comerciais são benéficos ou nocivos? 166
13. Subsídios que distorcem o comércio 167
14. Transparência e participação 167
15. O perigo do fundamentalismo 168
16. Temas de reflexão 170

V – INOVAÇÃO, TECNOLOGIA E DESENVOLVIMENTO 173
  1. Tecnologia 174
  2. Ciência e tecnologia 174
  3. Noção de propriedade 177
  4. A inovação 178
  5. O progresso técnico 180
     5.1. O mercado a comandar o progresso técnico? 181
  6. Porque é que a capacidade tecnológica endógena ajuda
     a criar riqueza? 182
  7. Porque tem lugar um ciclo económico? 184
     7.1. As crises cíclicas da economia 185
  8. Tecnologia, inovação e crescimento 186
  9. Desenvolvimento 188
  10. Custos de entrada: empresa inovadora *versus*
     empresa imitadora 189
     10.1. *Case study* 191
  11. O sistema nacional de inovação 192
  12. A mudança tecnológica até aos anos setenta 192
     12.1. Investimentos *mal planeados* 193
     12.2. *Case study* 194
  13. Motivos para a cooperação tecnológica internacional ... 195
     13.1. Redes de empresas 196
  14. O Estado como promotor de políticas de competitividade 197
  15. Temas para reflexão 198

VI – A INTERNACIONALIZAÇÃO 203
  1. O investimento directo estrangeiro e o desenvolvimento 204
     1.1. As filiais 205
     1.2. Avaliação do IDE no contexto actual 206
  2. A importância das parcerias 206
  3. Posicionamento estratégico 207
  4. IDE nos países em desenvolvimento 208
  5. A aceleração de uma nova era 209
  6. A internacionalização 209
     6.1. Análise da atractividade competitiva de um país 210
     6.2. Risco e selecção do local de destino 211
     6.3. *Case study* 212
  7. A competitividade e a internacionalização 214
     7.1. Competitividade: a criação de valor 216
  8. Processos de internacionalização 217
     8.1. *Case study* 219

9. Estratégias internacionais 220
   9.1. Internacionalização via transacções 221
   9.2 Internacionalização via investimento directo estrangeiro 223
10. Aproveitar as oportunidades 224
11. Temas para reflexão 224

VII – A RACIONALIDADE DA ECONOMIA RURAL 229
1. Crise agrária em África 229
2. Termos de troca 230
3. Algumas causas desta crise 232
4. O conceito de desenvolvimento rural 234
5. Porque fracassam muitas das políticas preconizadas 234
6. Necessidade de restabelecer a infra-estrutura física,
   social e comercial 235
7. Desenvolvimento local 236
8. Mobilização local de recursos 238
9. A racionalidade da economia camponesa 238
10. A questão das terras 238
11. O papel dos agentes de desenvolvimento 241
    11.1. O papel dos camponeses na mobilização de recursos 241
12. Crescimento lento do sector agrícola 243
    12.1. Quando é que o sector agrícola é atraente? 244
13. Proteccionismo dos países desenvolvidos 245
    13.1. Os efeitos negativos da ajuda de emergência
          internacional a nível local 246
    13.2. Organizações não-governamentais e estruturas paralelas ... 247
14. O caso do algodão em Moçambique 248
    14.1. Caracterização geral da cultura 248
    14.2. O mercado mundial 250
15. Temas para reflexão 252

VIII – RESPONSABILIDADE SOCIAL 257
1. Crise de valores 257
2. Um apelo ao desenvolvimento sustentável 258
3. Gestão das expectativas 260
4. O conceito de capitalismo social 261
5. Demografia, economia e decisões políticas 263
6. A mobilidade demográfica do conhecimento 265
7. Abertura e responsabilidade 266
8. Papel das organizações não-governamentais 267
9. Impacto da estratégia empresarial 268

9.1. Construção da marca 268
  9.2. Valor da informação 268
10. A demonstração do interesse do investimento 270
11. Para onde vamos.. 271
12. Temas para reflexão 274

Mais informações 277

Bibliografia 283

ÍNDICE DE QUADROS

Quadro 1:	Actores *versus* atitudes estratégicas	36
Quadro 2:	A fase pré-colonial	40
Quadro 3:	A fase mercantil	41
Quadro 4:	A fase colonial	47
Quadro 5:	Estados nacionais pós-coloniais	49
Quadro 6:	Configuração dos espaços nacionais	50
Quadro 7:	Evolução dos indicadores de desenvolvimento humano em África desde as independências	52
Quadro 8:	Modelos económicos e sociais	83
Quadro 9:	Lógica cumulativa de integração	85
Quadro 10:	Uma tipologia de culturas organizacionais nas empresas	87
Quadro 11:	Conceitos base de capital de risco	113
Quadro 12:	Os cinco factores de produção	123
Quadro 13:	Classificação da rede comercial	133
Quadro 14:	Países com crescimento mais rápido 1960-92	141
Quadro 15:	Índice do «poder de compra das exportações»	162
Quadro 16:	Curva de Laffer	163
Quadro 17:	Restrições comerciais em África	165
Quadro 18:	Tipos de recursos	173
Quadro 19:	Conceitos de base	175
Quadro 20:	*Outputs* básicos	176
Quadro 21:	As fases do moderno crescimento económico – ciclos de Kondratiev	183
Quadro 22:	Razões para a cooperação tecnológica	196
Quadro 23:	Economia globais	203
Quadro 24:	Matriz da atractividade-competitividade	215
Quadro 25:	Factores de adaptação e estandardização	216
Quadro 26:	Modalidades de internacionalização	218
Quadro 27:	Evolução da estratégia de internacionalização	220
Quadro 28:	Reflexão prospectiva do processo de internacionalização	221
Quadro 29:	Benefícios, custos e riscos da internacionalização via transacções	222

Quadro 30: Síntese dos benefícios, custos e riscos
 da internacionalização via IDE 223
Quadro 31: Índices dos «termos de troca» (1980=100) 231
Quadro 32: Evolução dos termos de troca 231
Quadro 33: Principais obstáculos ao desenvolvimento da agricultura:
 caso de uma região no Sul de Moçambique 244
Quadro 34: Subsídios na produção de algodão 251
Quadro 35: Receita bruta média por ha 252
Quadro 36: Demonstração de criação de valor por parte
 das empresas 271

ÍNDICE DE FIGURAS

Figura 1: Determinantes da competitividade: *framework* 98
Figura 2: Capacidades de uma nação 100
Figura 3: Tecido produtivo e empresarial 102
Figura 4: Formação do índice de estabilidade política 105
Figura 5: Estádios de desenvolvimento de mobilização de capital . 111
Figura 6: Sector financeiro/sector real da economia: processo de formação e acumulação de capital *versus* funções do sistema financeiro 114
Figura 7: Quem toma a decisão 118
Figura 8: Elementos do canal de distribuição ou cadeia de valor alimentar 126
Figura 9: Dimensão dos canais de distribuição e níveis de desagregação 127
Figura 10: A SIDA no Continente Africano 135
Figura 11: Economia política do proteccionismo – factores determinantes e sinais esperados 159
Figura 12: Fluxos comerciais entre diferentes regiões do Mundo .. 161
Figura 13: A vida económica 173
Figura 14: O icebergue da ciência e tecnologia 175
Figura 15: Impacto das inovações incrementais no ciclo de vida da procura 178
Figura 16: Competências de base para a inovação 179
Figura 17: A produção 180
Figura 18: Progresso técnico 180
Figura 19: As fases do ciclo segundo Schumpeter 185
Figura 20: Ciclos económicos 186
Figura 21: Ciclo de vida da tecnologia/produtos 190
Figura 22: Níveis de análise do meio ambiente 211
Figura 23: O diagnóstico estratégico na decisão da internacionalização 214
Figura 24: Dinâmica dos processos de internacionalização 218
Figura 25: Principais obstáculos ao desenvolvimento rural 233

Figura 26:	Desenvolvimento rural	234
Figura 27:	Desenvolvimento local	236
Figura 28:	Evolução do peso do algodão no consumo de fibras têxteis	250
Figura 29:	Preço mundial da fibra de algodão (*cents/pound*)	251
Figura 30:	Sinais de insustentabilidade causada pelo Homem no Mundo	259

Agradecimentos

A minha intenção, ao escrever este livro, é essencialmente contribuir para a melhoria da informação sobre África.

Tudo começou com a necessidade de sistematizar a matéria da cadeira sobre o Espaço Lusófono, que lecciono com a Estela Domingos na Universidade Lusófona. Começámos a escrever um livro sobre «Cooperação, Parcerias e Desenvolvimento». O projecto continua. Contudo, no Verão passado tive oportunidade de fazer uma viagem inesquecível com uma jornalista *tsiganita*, com alma de liberdade: Casilda Uriarte. Percorremos de carro alguns milhares de quilómetros pela África do Sul, Zimbabwe e Moçambique. No Zimbabwe, a polémica com a nacionalização das terras agrícolas estava no auge: o Ocidente debitava notícias muito alarmistas; o investimento estrangeiro, a produção agrícola e o turismo estavam em manifesta queda; à porta do hotel, a moeda local valia cerca de dez vezes menos do que ao câmbio oficial. O nível educacional da população é elevado. As infra-estruturas de transporte e telecomunicações são boas. Como era possível estar-se a assistir ao desmoronar da economia?

Motivado pelas emoções fortes da experiência vivida, mergulhado na história a acontecer, resolvi interromper o projecto do livro que estava a escrever (já numa fase avançada) e aproveitar para tratar um tema oportuno, particularmente para os empresários e gestores.

À Estela Domingos, que me possibilitou a utilização de muito material da sua tese de mestrado; ao Eng.º Fernando Faria de Oliveira, de quem tive o gosto de ser assistente, no IESF (Porto), na cadeira de «Competitividade e Internacionalização»; a Cloé Ribas, com quem partilhei a docência de algumas cadeiras no ISPU (Moçambique), e a todos os meus alunos, que me ofereceram perspectivas e desafios interessantes, brilhantes e independentes, os meus maiores agradecimentos.

Para com o Eng.º Luís Mira Amaral, que acedeu de imediato ao meu convite para escrever o prefácio, o Dr. Jaime Lacerda, o Dr. Nuno Azevedo da Fundação Portugal-África e o Dr. Magid Osman, ilustre gestor, empresário e político moçambicano, tenho uma enorme dívida de gratidão. Para além de amigos, foram cúmplices em longos debates sobre a análise do contexto africano.

O manuscrito foi integralmente lido pela Ivone Rocha e pelo Jorge Barata Preto, queridos e dedicados amigos, a quem desejo expressar o meu reconhecimento.

Ao Alberto Simão, João Henriques, Miguel Rita, Durval Marques, companheiros de angústias, projecções e tantos outros assuntos sob cacimbo e calor moçambicanos. Canibambo.

À minha querida irmã Paula e à Manuela Teixeira que dedicaram tanta e tanta atenção à leitura do manuscrito, ao Noberto Pilar, à Filipa Pinto Basto, à Isabel Costa, ao Rui S. Nunes, ao Miguel Pardal e, ainda, a outros amigos, devo sugestões, críticas e dados. Obrigado.

Obrigado, igualmente, à editora Maria do Rosário Pedreira pela pronta disponibilidade para editar o texto, e à 2&3D pelo magnífico trabalho referente à capa.

Finalmente, quero agradecer à minha família e aos meus amigos todo o estímulo sempre dispensado.

Tudo começou no final do Verão. Foi o tempo em que a empresa onde trabalhava estava a desmoronar-se. As minhas funções em África libertavam tempo e destilavam ansiedade. O livro foi a minha tentativa de transmitir anos de vivência, experiência de docência e de gestão. O meu futuro estava numa encruzilhada. Quis aproveitar o tempo. Quis aliviar a tensão da gestão das expectativas. Teve custos. O tempo dirá se valeu a pena. Os leitores ajudarão a resposta.

Rui Moreira de Carvalho
rui.carvalho.lisboa@clix.pt

À Sandra e ao António

PREFÁCIO

Conheci o Eng.º Rui de Carvalho no meio académico quando ele me convidou para reger os módulos de «Políticas Públicas e Intervenção do Estado na Economia» e «Regulação Económica» num Curso de Pós-Graduação na Universidade Lusófona.

Logo aí lhe detectei o seu grande interesse por temas como o Sistema Financeiro e o Capital de Risco, a Análise de Projectos de Investimento, a Internacionalização, o Comércio Internacional, a Inovação, Tecnologia e Desenvolvimento, as Políticas Públicas de Apoio ao Desenvolvimento Económico e Social. Era o entusiasmo típico dum engenheiro que tinha evoluído para a Economia e Gestão, experiência, aliás, semelhante à minha, e por essa razão não só muito o apreciei como descobri imediatamente muitas pontos de contacto, similitude de raciocínios e de abordagem aos problemas fascinantes do Desenvolvimento Económico e da Gestão Empresarial no mundo de hoje.

Voltei a encontrá-lo em Moçambique e aí convivi com ele mais duradoiramente. Ele era então o representante do Investimentos e Participações Empresariais (IPE), e eu o Presidente da Comissão Executiva (CEO) do Banco de Fomento (Grupo BPI) em Moçambique.

Nessas longas noites africanas tive oportunidade de apreciar quanto ele amava África e especialmente Moçambique. Também aí o compreendi, pois que, tendo vivido dois anos de guerra colonial em Moçambique como alferes miliciano do Exército português, também eu fiquei tocado pelo sortilégio de África e desse magnífico povo moçambicano, apesar das circunstâncias adversas então vividas.

Aí, nessas nossas estadias comuns em Moçambique, tive oportunidade de com ele partilhar alguns dilemas de quem, munido das referências anglo-saxónicas da economia de mercado, dos referenciais teóricos dos manuais de economia e gestão e da vivência empresarial dum país da zona euro, se questiona como é que tudo isso se aplica a África e, designadamente, a Moçambique.

Esses dilemas são basicamente os seguintes: (1) sabido que os países necessitam de se inserir na economia global pois aqueles que ficam fechados se atrasam fatal e inevitavelmente, como fazer a globalização e a consequente inserção nos fluxos do comércio internacional sem matar à nascença uma frágil estrutura empresarial e sectores onde o país dispõe de algumas vantagens comparativas; (2) como combater no processo de globalização o egoísmo dos países ricos – Europa e EUA – que barram a entrada dos produtos agro-industriais dos países emergentes, aqueles que no seu estado de desenvolvimento são capazes de exportar, mas querem vender nos PVD os seus equipamentos e os seus serviços; (3) sabido que o país necessita de Investimento Directo Estrangeiro (IDE) para se desenvolver e se inserir na economia global, como conciliar as exigências do capital internacional com as especificidades do país e qual a estratégia e as políticas públicas para captar esse IDE?; (4) como dotar o país dum sistema financeiro que seja factor de desenvolvimento e que possibilite produtos típicos de apoio ao desenvolvimento empresarial, como o capital de risco, num contexto em que não é realista a plena integração desse sistema financeiro no sistema internacional?; (5) como fomentar a inovação, o desenvolvimento tecnológico e a competitividade empresarial num país com uma fraca estrutura empresarial ainda muito dependente dos poderes públicos e com carências de recursos empresariais qualificados?

Todos estes dilemas perpassam neste livro, podendo dizer-se que o Eng.º Rui de Carvalho dá o seu contributo teórico e a sua experiência empírica derivados da sua vivência empresarial em Moçambique.

O Capítulo I – A Perspectiva Histórica — mostra-nos um autor perfeitamente consciente do processo histórico africano desde a fase pré-colonial até à actual fase pós-colonial, com todos os dilemas que encerra.

O Capítulo VII – A Racionalidade da Economia Rural — é um capítulo a não perder pois, aqui, o Eng.º Rui de Carvalho mostra a importância fundamental da terra no processo socioeconómico africano. Basta ler este capitulo para perceber que aqueles que pretendem formular estratégias socioeconómicas para África, esquecendo a dimensão rural dessas sociedades, se equivocam totalmente. Foi esse, aliás, um dos erros crassos dos planeadores marxistas da industrialização pesada, e os resultados em países como a Argélia estão à vista...

Mas fazer demagogia com a terra e com a sua redistribuição forçada também leva ao desastre, como é evidente no Zimbabwe... É que a riqueza não é um *stock* estático, mas um fluxo variável...

O livro termina com um capítulo muito actual sobre a Responsabilidade Social, matéria essencial nos dias de hoje para o *corporate* nos países avançados e para o apoio por parte dos países ricos ao desenvolvimento dos países emergentes.

Em suma, um livro a não perder por todos aqueles que querem investir em África e que necessitam de a compreender.

Este livro do Eng.º Rui de Carvalho mostra também que nós, portugueses, estamos particularmente à vontade para ajustar os conceitos teóricos e a vivência empresarial de um país da «Eurolândia» ao actual estádio de desenvolvimento socioeconómico dum país como Moçambique.

Lisboa, 21 de Abril de 2003
Luís Mira Amaral

OPINIÃO

Quando decorre em Moçambique um conjunto de debates, em particular no âmbito da Agenda 2025 que tem por objectivo o estabelecimento de uma visão compartilhada para o processo de desenvolvimento económico e social, o livro do Rui de Carvalho, *Compreender África*, será uma contribuição valiosa, pois recolhe o estado de arte sobre muitas questões complexas e apresenta com muita clareza as opiniões de vários actores, por vezes contraditórias.

Por exemplo, no que se refere ao papel do Estado nas sociedades africanas, sugere-nos um conjunto de questões interessantíssimas:

– Recentemente, vimos um documentário francófono sobre Patrice Lumumba, e um dos entrevistados, muitos anos depois dos acontecimentos trágicos, afirmava que era seu entendimento que o poder político, leia-se, os cargos representativos e de órgãos de soberania, passaria para os negros, enquanto a Administração Pública continuaria sob o controle belga.

– Este modelo não funcionou, como não funcionaram outros em que se fez uma substituição radical da Administração Pública. Existe, contudo, o caso do Botswana onde o processo de substituição foi gradual, com resultados surpreendentemente positivos.

Um autor africano afirmava que o problema do Estado pode ser encarado numa perspectiva mais vasta de instituições, no sentido mais amplo do termo, isto é, enquanto organizações sociais, mas também como valores, normas formais e informais que governam as sociedades e influenciam os comportamentos dos indivíduos ou de grupos sociais. No entender desse autor, as instituições nas sociedades africanas, no período colonial, não eram nem podiam ser genuinamente africanas e, após a independência nacional, os quadros políticos e técnicos prestaram-se a uma representação «assumindo» valores que não eram seus e tentando gerir instituições estranhas.

Não foi esta a experiência de Moçambique! Pelo contrário, uma das palavras de ordem, a seguir à Independência Nacional, foi o «Destruir o

Aparelho de Estado Colonial», que foi executada com alguma eficácia, para mais tarde se lamentar este facto, o que deu origem a uma outra frase interessante: «Lavamos o bebé numa bacia e, no acto de jogar fora a água suja, atirou-se também o bebé.»

As várias e diversas experiências africanas, mesmo as mais recentes no âmbito do programa de ajustamento, revelam que as questões institucionais não têm sido objecto de um tratamento sistemático. Infelizmente, o organismo de Bretton Woods, em particular o FMI, insiste em ignorar estas questões, limitando a sua intervenção à política monetária, fiscal e de comércio, na esperança de que estas permitirão, a longo prazo, equilibrar a Balança de Pagamentos.

Pura ilusão, demonstrada pelo facto de vários países africanos, como é o caso do Gana, que tem vindo a implementar durante vários anos o programa de ajustamento económico mas não se vê ainda a luz no fundo do túnel, isto é, não se descortina ainda a redução da pobreza de uma forma substancial.

As questões institucionais são mais complexas nos sectores tradicionais da sociedade; por exemplo, no campo e nas periferias urbanas é onde há uma maior necessidade de imprimir uma nova dinâmica que leve as pessoas a alterar o *status quo*. Durante o período colonial, as forças produtivas ficaram bloqueadas no seu desenvolvimento normal por causas exógenas e, hoje, não obstante a vontade política expressa pela inclusão do objectivo da redução de pobreza nos programas económicos, a transformação revela-se extremamente difícil e os recursos humanos, técnicos e financeiros são muito escassos.

Mesmo algumas experiências positivas no âmbito de extensão e alteração das relações de produção não são suficientemente divulgadas, perdendo-se a oportunidade de transformação e de evolução, copiando experiências positivas. O caso mais gritante é o do Zimbabwe, as experiências notáveis no domínio de educação pública e extensão rural caíram no esquecimento, pelos acontecimentos mais recentes e brutais iniciados com o processo de reforma agrária.

De acordo com a *teoria do caos*, «o bater de asas de uma borboleta em S. Francisco pode desencadear um ciclone no Japão» e, no que se refere à instituição, o simples facto de facilitar os exames nas escolas vendendo as provas ou burlando na atribuição de notas pode hipotecar o futuro de várias gerações.

Magid Osman

O Dr. Magid Osman é, desde 1995, o Presidente do Conselho de Administração do BCI (Banco Comercial e de Investimentos) em Moçambique. Entre 1992 e 1995, foi *Director of Governance and Management Development, UNDP/UNITED NATIONS – New York*. De 1986 a 1991, foi ministro das Finanças; de 1983 a 1986, ministro dos Recursos Naturais em Moçambique.

OPINIÃO

A capacidade e as competências de gestão na África Subsariana são, reconhecidamente, ainda reduzidas.

No prefácio, Luís Mira Amaral sintetiza, excelentemente, as razões por que este livro pode ser considerado uma referência e um indispensável instrumento de trabalho para melhor compreender a realidade empresarial africana e conhecer o contexto em que os gestores exercem, aí, as suas funções.

Compreender África constitui, efectivamente, um contributo relevante para o apetrechamento dos quadros dos países africanos e dos gestores de empresas que já estejam ou venham a trabalhar em ou com África.

Fernando Faria de Oliveira

O Eng.º Fernando Faria de Oliveira foi ministro do Comércio e Indústria entre 1989 e 1995. É administrador de empresas e docente universitário.

OPINIÃO

INVESTIR EM ÁFRICA – UMA EXPERIÊNCIA NOVA

Para um empresário recente investidor em África, aquilo que mais imediatamente ocorre, quando se fala dessa iniciativa, é, talvez, um pensamento socrático: «*Sei que nada sei.*» O facto de ter consciência dessa falta de saber já é fruto de uma certa experiência, característica de quem já passou algum tempo a gerir nessa parte do mundo. A primeira constatação é, portanto, que África é uma realidade *totalmente* diferente da que conhecemos no Continente Europeu e que essa diferença não é facilmente superável. Daqui a necessidade de os empresários que pretendem investir *de novo* em África se aproximem de quem já possui alguma experiência, designadamente no país e no sector onde pretendem investir. Apesar das recomendações deste tipo, não poderão ser evitadas algumas surpresas indesejáveis, pelo que se impõe *muita prudência* nas projecções financeiras de tesouraria e de recuperação dos investimentos.

Investir em África pode não passar de uma nova lição empresarial e de vida. Se, além disso, puder ser uma experiência financeiramente compensadora, será, sem dúvida, *um acontecimento* de relevo numa carreira empresarial.

O que se disse para quem investe vale, também, para quem é gestor profissional. Convém estar preparado para todas as surpresas e para desempenhar todas as tarefas, das mais elementares às mais complexas.

Uma obra como esta é um texto de referência para os novos potenciais investidores no Continente Africano (e nos PALOP em particular), além de ser, sem dúvida, um manual de estudo dos problemas económicos e da forma como são vistos e sentidos nesse Continente ao mesmo tempo tão familiar e tão estranho...

Jaime de Lacerda

O Dr. Jaime de Lacerda é vice-presidente da AIP (Associação Industrial Portuguesa) e administrador da RAR.

INTRODUÇÃO

Da natureza africana retirei uma lição seminal: por vezes, Deus e o Diabo são um só.

África é uma terra de extremos – atrai e repudia. A visão destes extremos é sentida, essencialmente, pelos observadores. Os africanos têm, naturalmente, a sua opinião. Mais serena e bonita.

Para nós, ocidentais, em África nada é simples. Quem nela vive uma temporada pode entender as inspirações dos escritores, as fantasias do folclore, o ritmo das músicas e o calor das cores. Tudo está num turbulento movimento. Por isso é importante compreender esses movimentos.

É importante compreender África.

O tema

O sistema da economia mundial é atravessado por tendências, em certa medida contraditórias, de globalização e nacionalismo. O Estado, nos últimos dois séculos, tem sido a garantia da maior parte dos quadros de referência da vida colectiva, acautelando a soberania. Enquanto entidade aglutinadora da identidade nacional, o Estado identifica ícones como cultura, autoridade, governo, justiça, segurança, produção e trabalho.

Só a ciência e a religião parecem ter escapado à lógica nacional. Mais recentemente, a economia. A ciência, com raras excepções, estabeleceu o universo como seu território. A religião, mau grado múltiplas tentativas de enquadramento nacional, projecta-se universalmente, mas limita-se regionalmente (as grandes religiões têm, *grosso modo,* fronteiras regionais e, por vezes, étnicas). A economia é o mais vasto quadro de universalização e, ao mesmo tempo, de destruição de uma parte das referências nacionais de identidade e de representação.

É precisamente através da dimensão económica que iremos tentar conhecer e apreender algo sobre África. Numa altura em que alguns elementos dos modelos culturais e políticos, ditos ocidentais (cidadania, democracia, pluralismo), parecem triunfar mundialmente ao serem sugeridos como exemplos de sucesso, desenvolvem-se as forças da globalização e de destruição dos quadros nacionais. Ainda muitos Estados africanos, asiáticos e latino-americanos (assim como mediterrâneos e balcânicos) andam à procura de formas estáveis e de constituições nacionais equilibradas e já as forças da mundialização lhes retiram capacidade de organização. Ainda muitos povos e Estados não atingiram ou realizaram eventuais pré-requisitos para a democracia nacional e já a globalização lhes retira instrumentos possíveis de estruturação nacional e colectiva. Ou será que a mundialização das economias e das culturas pode acelerar, nesses países (talvez dois terços da população total), a transição para os modelos ocidentais? Ou será, finalmente, que a mundialização terá também como consequência a destruição desses mesmos modelos, incluindo nos países ocidentais, porque se tornam impraticáveis no plano multinacional e global?[1]

Concomitantemente, o mesmo processo da globalização coloca enormes pressões sobre as empresas. A perda de competitividade nos mercados domésticos do Centro pode sugerir a África Subsariana como um provável destino. Esta ideia já emergiu no final do século XIX. Contudo, muitos peritos apontam tendências que conduzem o Continente Africano para a catástrofe.

Este livro oferece uma visão algo diferente. Tentamos definir enquadramentos, descrevendo o melhor possível as correntes que motivaram os avanços e os retrocessos da modernização, e, consequentemente, da economia. É nosso propósito proporcionar uma melhor focalização do processo histórico para a determinação das causalidades.

Sustentamos que a África Subsariana não descamba necessariamente para a desgraça. Na realidade, sob as ondas de acontecimentos aparentemente insensatos, que a induziram a uma terrível trajectória socioeconómica, encontram-se causas que se repercutem por todos com responsabilidade a nível mundial.

Daqui emerge um padrão comportamental potencialmente esperançoso, possível pela extraordinária coordenação de vontades – necessárias para conduzir as pessoas certas aos lugares certos no momento certo – através do fenómeno económico. Este livro trata desse padrão, dessa sincronização e dessa esperança. É possível fazer melhor em África e por África.

---

[1] Barreto, António (2002); *Cidadania e Novos Poderes numa Sociedade Global*; Publicações Dom Quixote, p. 13.

Objectivos

O objectivo deste livro é aprofundar a análise dos vários vectores de actuação que os gestores devem ter em atenção aquando dos processos de internacionalização.

Mais do que «penalizar» o leitor com matéria profundamente teórica, tentamos equilibrar o seu conteúdo, introduzindo a experiência profissional adquirida na análise de viabilidade de projectos de investimento, assim como na gestão corrente de algumas empresas, na última década.

Finalmente, esperamos enriquecer o meio académico. De facto, constatamos que existem lacunas na bibliografia existente sobre a interpretação da especificidade africana, na sua vertente microeconómica. Procuramos simplificar e sistematizar a informação disponível, particularmente a referente à denominada economia real, ou seja, promover a compreensão da realidade africana.

É precisamente esta vivência comportamental, académica e de gestão que desejamos partilhar.

Estrutura

Como foi referido, tentaremos essencialmente criar pistas de resolução para diversas questões relevantes e interdependentes. O tema divide-se em oito capítulos.

No capítulo I, traçamos uma ***retrospectiva do processo histórico*** africano, nos últimos séculos, e da sua inter-relação com o resto do mundo.

No capítulo II, intitulado ***condicionalismo sociocultural,*** introduz-se a dimensão cultural na análise do processo de investimento.

Nesta linha, surge o capítulo III, no qual procedemos à análise dos factores que determinam a **competitividade de um país**.

As questões centrais do capítulo IV, o ***comércio internacional***, giram em torno da polémica referente à oportunidade de abertura dos mercados e as suas previsíveis consequências.

O capítulo V refere as ligações entre a ***inovação, a tecnologia e o desenvolvimento***.

O capítulo VI trata da importância da *captação de investimento directo estrangeiro* para os países, assim como sugere metodologias para a elaboração de estratégias, nos ***processos de internacionalização*** das empresas.

O capítulo VII analisa a importância da *agricultura* como motor do crescimento social e económico.

Por fim, apresentamos, no capítulo VIII, o tema respeitante à ***responsabilidade social***.

No final de cada capítulo, deixamos em aberto alguns temas para reflexão.

As cidades e a memória

Partindo-se dali e andando três dias para Levante, o homem encontra-se em Diomira, cidade com sessenta cúpulas de prata, estátuas de bronze de todos os deuses, ruas pavimentadas a estanho, um teatro de cristal e um galo de ouro que canta do alto de uma torre todas as manhãs. Todas estas belezas o viajante já conhece por tê-las visto também noutras cidades. Mas a propriedade desta é que quem lá chegar numa noite de Setembro, quando os dias já diminuem e as lâmpadas multicolores se acendem todas ao mesmo tempo por cima das lojas de peixe frito, e de um terraço uma voz de mulher grita: uh!, lhe apetece invejar os que agora pensam que já viveram uma noite igual a esta e que então foram felizes.

In Calvino, Italo (1990), *As Cidades Invisíveis*, Teorema, p. 11

I
A Perspectiva Histórica

A África Negra, ou mesmo *as Áfricas*, está praticamente encerrada entre dois oceanos e dois desertos: o vastíssimo Sara, a norte, e o imenso Caláari, a sul; o oceano Atlântico, a oeste, e o oceano Índico, a este. São importantes barreiras, tanto mais que a África Continental chega mal aos espaços oceânicos vizinhos; não tem bons portos; não tem rios de fácil acessibilidade por causa dos rápidos, das quedas de água e dos assoreamentos dos estuários.

Mas nem tudo são barreiras intransponíveis. O oceano Índico cedo foi animado pelos veleiros que se serviam do vaivém das monções; o Atlântico foi conquistado pelos Descobrimentos europeus, a partir do século XV; o Caláari só fecha meia porta para o sul; quanto ao Sara, desde a Antiguidade que é atravessado. A chegada do dromedário à África do Norte, nos primeiros séculos da nossa era, duplicou o tráfico sariano: primeiro o sal, depois, tecidos vindos do Norte, escravos negros e pólvora, do Sul.

Em suma, a África Negra abriu-se mal e tardiamente ao mundo exterior. Seria, contudo, errado imaginar que as suas portas e janelas estiveram aferrolhadas ao longo dos séculos. A natureza que aqui comanda, de maneira imperativa, nunca é a única a ditar as suas ordens: a história teve muitas vezes uma palavra a dizer[1].

1. África em transição

Um mapa étnico pormenorizado da África Negra desafia qualquer memória que não se socorra de uma sólida experiência de campo – são infinitos os movimentos, os conflitos, as migrações, os avanços de uns, a rejeição de outros. Daí as misturas e as tensões que se encontram através

---
[1] Braudel, Fernand (1989); *Gramática das Civilizações;* Lisboa, Teorema, p. 123.

de todo o Continente Negro, onde o povoamento foi sempre feito por meio de vagas sucessivas que se sobrepuseram ou repeliram mutuamente. Ainda não é estável.

Importa, numa primeira fase, identificar, de uma forma analítica, quais foram os principais intérpretes e as suas motivações. O papel dos actores intervenientes estrategicamente no espaço africano, centrado nas suas atitudes dominantes, pode ser sintetizado no seguinte quadro.

Quadro 1: Actores *versus* atitudes estratégicas

Actores	Atitudes estratégicas
Indiferentes europeus	• A instabilidade das instituições implantadas ou propostas pelos europeus será a melhor evidência da impossibilidade de relações de cooperação continuadas. • A atitude estratégica mais bem adaptada ao reconhecimento das diferenças de culturas é a que mantém a distância, limitando as relações a canais instalados e geridos por entidades especializadas.
Radicais africanos	• A instabilidade das instituições implantadas ou propostas pelos europeus é a confirmação de que, na defesa dos seus interesses e para alcançarem os seus objectivos, pretenderam destruir as estruturas políticas existentes em África antes da chegada dos europeus. • Para se recuperar a estabilidade em África é preciso reconstituir a sua cultura política originária, redefinindo os espaços em função dessas áreas culturais. • Uma estratégia de modernização em África só é possível depois de neutralizada a influência da Europa.
Continuístas europeus	• As dificuldades políticas e económicas em África resultam da indefinição dos seus mercados nacionais e das suas instituições políticas depois da saída dos colonos europeus. • A insistência nas estratégias de cooperação é necessária para dar tempo de maturação aos mercados e às instituições. • O sucesso das estratégias de cooperação depende da consolidação de bases de poder nas sociedades africanas. • A manutenção das fronteiras existentes é uma condição de consolidação do poder em África.

Continuístas africanos	• A cooperação internacional é necessária para obter recursos financeiros e para definir relações comerciais que permitam o desenvolvimento das economias africanas. • A participação nos canais de cooperação internacional é um instrumento para a afirmação do poder nas sociedades africanas. • A consolidação do poder nas sociedades africanas assenta na capacidade distributiva dos agentes do poder, o que valoriza o papel dos canais de cooperação.
Empresas multinacionais	• A sua função de canalização de recursos financeiros para pagamento de produtos locais atribui-lhes um papel central na formação e estabilidade do poder em África. • As relações de dependência mútua entre os interesses das empresas e a continuidade dos poderes estabelecidos reforçam o valor da continuidade. • Tanto em termos históricos como na actualidade, os interesses das empresas multinacionais podem contribuir para a desagregação das relações políticas e culturais existentes nas sociedades africanas. • Situações de instabilidade tendem a valorizar atitudes e estratégias de curto prazo.
Instituições internacionais e ONG	• Os estatutos das instituições internacionais condicionam as suas propostas e os seus funcionamentos, na medida em que estão obrigadas a respeitar modelos de orientação pré-definidos. A dependência de movimentos de opinião pública contribui para que o papel de muitas ONG[2] se traduza em acções e programas muito delimitados e dependentes do seu potencial mediático nas sociedades ocidentais. • As limitações orçamentais das ONG contribuem para a sua dependência dos interesses dos Estados que as financiam.
Igrejas	• As relações de competição entre diversas Igrejas de âmbito global condicionam o que são as suas intervenções locais. • As decisões estratégicas são decididas em centros exteriores a África.

---

[2] Organizações não-governamentais.

	• Os movimentos religiosos locais podem ser interpretados como modos indirectos ou ocultos de preservarem formas de relação política em profundidade, superando as fronteiras políticas estabelecidas. • O papel das personalidades proféticas nos movimentos religiosos africanos conduz a uma relação estreita com a formação e a estabilidade dos poderes políticos locais e regionais.
Instituições africanas	• A correspondência estreita entre a composição, os estatutos e os mandatos das instituições africanas e a organização dos Estados africanos, dentro das fronteiras estabelecidas, transfere para estas instituições os factores de conflito que se encontram dentro, e entre, estes Estados.
Estruturas étnicas e de relações de parentesco	• Estas foram sempre estruturas e relações de defesa das sociedades africanas perante a imposição de normas e atitudes por parte dos poderes europeus. • Em contextos de instabilidade e de crise das instituições estatais africanas, estas são as estruturas de ordem e de selecção de alianças com maior estabilidade. • Pela sua natureza, as estruturas étnicas e as relações de parentesco transcendem as fronteiras nacionais estabelecidas em África.
Pequenos operadores empresariais	• A desagregação dos mercados nacionais africanos abre a oportunidade para a intervenção de pequenos operadores empresariais que aproveitam os «mercados de emergência» e os «mercados da cooperação». • Estas redes empresariais estabelecem-se através de canais com as autoridades locais, assim como de relações étnicas e de parentesco, que funcionam como base de segurança. • A consolidação destas iniciativas empresariais locais pode conduzi-las ao estatuto de redes intermediárias em relação às grandes empresas multinacionais.

Fonte: SAER; *Estratégia Económica e Empresarial de Portugal em África* – Vol. III – *Os actores e as estratégias*; 2001, p. 21.

Nesta rede de relações complexas, muito diversificadas, mesmo quando as linhas gerais de orientação aparecem como bem identificadas em configurações estáveis, há um marco estruturante: a Conferência de Berlim de 1884-1885.

É na segunda metade do século XIX, mais exactamente a partir de 1880, que a Europa formula uma estratégia colonial para a África, fazendo deste Continente um prolongamento das áreas de influência dos centros europeus. Até aí, e desde o início da expansão europeia, a África era integrada nas estratégias europeias como um «contorno» onde se estabeleciam entrepostos comerciais e bases de apoio ao transporte marítimo. Depois desta mudança de concepção, que tem na Conferência de Berlim a sua tradução formal, o interior de África passa a ser «quadriculado», funcionando como um espelho das divisões nacionais europeias, onde os Estados europeus se «projectam» nas divisões de África[3].

Estava-se no primado da teoria ricardiana[4] das vantagens comparativas. Considera-se que o crescimento das economias estava associado às riquezas naturais, resultado da ocupação territorial.

A SAER, num importante e extenso estudo sobre «Estratégia Económica e Empresarial de Portugal em África», identifica e analisa contextualmente a África Subsariana no actual processo de globalização. Este trabalho sugere a divisão da história do Continente em quatro fases: pré-colonial, mercantil, colonial e pós-colonial.

2. A fase pré-colonial

A fase pré-colonial é caracterizada por uma estrutura política tradicional, de mera reprodução das condições de subsistência.

---

[3] SAER; *Estratégia Económica e Empresarial de Portugal em África* – Vol. III – *Os actores e as estratégias*; Junho 2001, p. 25.

[4] David Ricardo.

Quadro 2. A fase pré-colonial

Fases	Padrão configurante
Pré-colonial	• Estruturas políticas de reinos e impérios com extensas áreas de influência. • Equilíbrios políticos, sociais e culturais dentro de cada área de influência. • Poder político efectivo exercido por aqueles que detinham o poder da palavra e que se integravam nos rituais religiosos. • Poder simbólico do Rei exercido sob a forma de delegação dos símbolos do poder. • Papel estabilizador e negociador do Rei como detentor do poder simbólico em contextos de conflito. • Papel distribuidor do Rei através da concessão dos símbolos do poder. • A legitimidade do poder é estabelecida por relações de parentesco: a origem biológica é determinante para a apropriação do poder simbólico. • A estruturação do poder parte de um centro dominante (habitualmente de maior concentração populacional) e vai enfraquecendo à medida que se avança para as periferias que, por sua vez, também são periferias do próximo centro dominante.

Fonte: SAER; *Ob. cit.*, Vol. III, p. 31

3. A fase mercantil

A entrada dos europeus na história africana começa por se estabelecer através de bases navais de apoio à circulação do Continente em direcção à Índia e de entrepostos comerciais que depressa passaram da troca de produtos para o tráfico de escravos.

Um aspecto interessante foi a metodologia utilizada para a epopeia marítima. No caso português, as ordens religiosas tiveram um papel relevante. Ao serem promovidas como instrumento de uma política de intervenção, elas privilegiaram as componentes religiosas e de assimilação cultural, desvalorizando a componente económica. O papel das ordens na organização política e social cobria diversos tipos de funções – militares, administrativas, culturais e fiscais. Estava-se, pois, na presença de um «poder *quase* absoluto» nada propício aos processos de desenvolvimento (crescimento estrutural e equitativo).

A opção pelas ordens militares e religiosas não pode ser desligada do quadro cultural da época, nem do papel que a expansão religiosa tinha nas motivações dos agentes e dos centros de poder político na Europa desse tempo. Contudo, não se pode dissociar a dinâmica deste dispositivo da sua função económica ou, pelo menos, do seu papel como centro patrimonial de acumulação e de aplicação de recursos. Sem este dispositivo teria sido mais difícil, porventura impossível, para um Estado com a dimensão do português sustentar as tarefas da expansão. Disso mesmo são exemplo as dificuldades encontradas por Filipe II, de Espanha, na sua tentativa de gerir um império de grandes dimensões, simultaneamente europeu e ultramarino, a partir de uma base exclusiva de poder real[5].

No Norte da Europa, porém, o papel das ordens militares e religiosas foi muito menos marcante. Em seu lugar apareceram as organizações de mercadores – é certo que num período posterior – após as descobertas e na fase da exploração das vias que ficaram abertas, e depois do período agudo de conflitualidade religiosa no interior da Europa, cuja manifestação em Espanha e Portugal inclui a expulsão dos judeus. Estas diferenças europeias vão ser instrumentais da formação de dois modelos diferentes na relação entre a Europa e a África[6].

Quadro 3: A fase mercantil

Fases	Padrão configurante
«Contornos» comerciais	• A implantação de postos comerciais e o tráfico de escravos conduziram os europeus à necessidade de romperem as estruturas de poder tradicionais das sociedades africanas pré-coloniais. • A analogia directa entre as cruzadas ou as guerras contra os infiéis e a expansão ultramarina europeia, traduzida na concessão de direitos territoriais, estabeleceu, como padrão configurante para a atitude estratégica europeia, a reprodução das realidades europeias nos espaços africanos. • O papel das ordens religiosas na articulação entre a difusão do cristianismo e a construção imperial é apoiado na concessão de benefícios económicos que constituem estas entidades como centro de acumulação de capital que é utilizado para financiar a expansão. • As primeiras diferenças entre formas de colonização, designadamente entre portugueses e espanhóis, de um lado, e holandeses e ingleses, de outro lado, geram-se por diferenças de concepção sobre o que é a expansão europeia: – De base religiosa e cultural, realizando a Europa fora da Europa, que é a linha orientadora de Portugal e Espanha; – De base utilitária e económica, projectando poderes nacionais europeus através dos recursos obtidos fora da Europa, que é a linha orientadora de holandeses, ingleses e, em menor medida, franceses.

Fonte: SAER; Ob. cit,. Vol. III, p. 33.

---

[5] SAER; *Ob. cit.*, Vol. III, p. 32.
[6] SAER; *Ob. cit.*, Vol. III, p. 32.

O avanço do Norte sobre o Sul começou a desenhar-se precisamente nesta época. Já no século XVIII os observadores comentaram a diferença em termos psicológicos. Dizia-se que os nórdicos eram inflexíveis, enfadonhos e diligentes. Trabalhavam duro e bem, mas não tinham tempo para desfrutar a vida. Em contraste, os do Sul eram vistos como despreocupados e alegres, impulsivos e arrebatados, ao ponto de ser preciso vigiá-los de perto, e dados mais ao lazer do que ao esforço laborioso. Esse contraste estava ligado à geografia e ao clima: céus nublados *versus* céus ensolarados, frio *versus* calor. Algumas pessoas encontram até diferenças análogas dentro de países: entre lombardos e napolitanos, flamengos e *les gens du midi* (a gente do Sul), escoceses e ingleses[7].

Provavelmente, a mais estimulante explicação é a oferecida pelo cientista social alemão Max Weber, que começou como historiador do mundo antigo, mas culminou num prodígio de ciência social diversificada ao publicar, em 1904-05, um dos mais influentes e persuasivos ensaios já escritos em qualquer época: *A Ética Protestante e o Espírito do Capitalismo*. A sua tese defendia que «o protestantismo – mais especificamente, as suas ramificações calvinistas – promoveu a ascensão do capitalismo moderno, ou seja, o capitalismo industrial que conheceu na sua Alemanha natal». Segundo ele, o «protestantismo não atenuou ou aboliu aqueles aspectos da fé romana que tinham impedido ou dificultado a livre actividade económica (a proibição da usura, por exemplo), nem encorajou, muito menos inventou, a busca de riqueza, mas definiu e sancionou uma ética de comportamento quotidiano que conduzia ao sucesso nos negócios».

4. A colonização directa

É necessário considerar, também, o contexto específico que fez desencadear, num período muito curto, o movimento da Europa em direcção a África. Ao estabelecer que nenhum Estado europeu poderia reivindicar direitos sobre uma região se não a ocupasse efectivamente, a Conferência de Berlim de 1885, organizada por Bismarck (depois da unificação da Alemanha, estavam criadas as condições socioeconómicas para o início de um projecto de expansão), despoletou o processo de interiorização da presença europeia: do sistema de «apoio» ou entrepostos comerciais passa-se para a penetração física nos territórios. Não é a Conferência de

---

[7] Landes, David S. (1998); *Riqueza e a Pobreza das Nações*; Rio de Janeiro, Editora Campus, p. 192.

Berlim que desenha o mapa da divisão de África, ela apenas põe em marcha o dispositivo que vai obrigar cada Estado europeu com posições em África a levar tão longe quanto puder (e quanto os outros o deixarem) a sua área de influência[8].

4.1. A expressão de um capitalismo arcaico

Contrariamente às teses que a interpretam como a expansão do capitalismo dominante, a colonização é, antes de mais, o resultado económico do recuo das nações europeias e das firmas retardárias[9] em espaços protegidos, face à concorrência internacional. Expressão de um capitalismo arcaico, a «economia de troca» liga as estruturas estrangeiras alteradas e as estruturas «indígenas», graças ao papel da administração e das sociedades de comércio [Pourcet, 1979].

As empresas, sentindo-se *pressionadas* nos seus países, tentaram a sorte em mercados que pareciam acessíveis[10]. O «capital mercantil» valoriza-se em detrimento do «capital produtivo». O sistema colonial obedece muito mais a uma lógica de *punção* e de *constituição de reservas* do que a objectivos de *fomento* e de *acumulação*[11].

Em todo o caso, a realidade colonial afastou-se da visão triunfalista dos militares e dos políticos que procuravam financiar as conquistas. Em vez do eldorado, os investidores constatam que não existe mercado de trabalho e que se manifesta mesmo escassez de mão-de-obra («preguiça e indolência dos indígenas»); os mercados são ínfimos, a insegurança é grande (doenças, clima) e as vias de comunicação são quase inexistentes. Uma vez que, em relação aos objectivos, o aparelho de Estado colonial tinha tudo a criar, o princípio adoptado foi o do autofinanciamento (em 1901 para as colónias francesas)[12].

Um dos objectivos era, uma vez assegurada a ordem, criar as infra-estruturas: «colonizar é transportar». Por falta de financiamentos exteriores elevados, estas grandes obras foram realizadas através de sistemas com uma grande intensidade de trabalho e com custos humanos muito elevados[13].

---

[8] SAER; *Ob. cit.*, Vol. III, p. 33.
[9] A economia abriu-se mais tarde relativamente ao comércio internacional, ou seja, à concorrência estrangeira.
[10] Como iremos ver, grande parte dos processos de internacionalização, ainda hoje, partem do mesmo pressuposto: falta de competitividade no mercado doméstico. O *destino* destes projectos é, normalmente, desastroso.
[11] Hugon, Philippe (1999); *Economia de África*; Lisboa, Editora Vulgata, p. 30.
[12] SAER; *Ob. cit.*, Vol. III, p. 31.
[13] Ou de companhias majestáticas, como foi a política inglesa relativamente à África do Sul e a portuguesa relativamente aos grandes investimentos como os caminhos-de-ferro moçambicanos – Companhia do Zambeze.

A mobilização do *excedente* (diferença entre a produção e a parte necessária para reconstituir as condições da produção) foi assegurada à força (impostos, trabalho forçado, culturas obrigatórias, expropriação fundiária). Os investimentos foram limitados, excepção feita para o início do período anterior à primeira Grande Guerra e no pós-Segunda Guerra Mundial [Marseille, 1984; Suret Canale, 1977]. Tendo em conta a conquista, as repressões, o trabalho forçado e o recrutamento militar obrigatório, a população africana cresceu pouco até 1930: estimada em 100 milhões no final do século XIX, atingia 160 milhões em 1950[14].

4.2. O sistema colonial

O domínio do capital mercantil constituiu o terceiro[15] elemento da colonização. O imposto de capitação, a monetarização do dote e a obrigação de produzir culturas de exportação constituíram meios importantes de generalizar a economia de mercado e de desenvolver a produção agrícola. As sociedades comerciais desempenharam um papel central; a casa-mãe dispunha geralmente de uma agência principal e sucursais ou feitorias no mato. Estas sociedades possuíam o monopólio de facto do comércio externo. O sistema de monetarização consistiu mais no apoio à captação de mercados do que no monopólio imperial. O numerário distribuído pela compra dos produtos agrícolas era recuperado na altura da venda dos bens de consumo pelas sociedades de comércio cativo [Assidon, 1989]. A lógica da troca desigual conduzia a preços baixos. A partir dos anos 20, e sobretudo da crise de 1929, o Estado assegurou a função monetária, praticando preços protegidos de 20 %, em relação às cotações mundiais, enquanto as sociedades comerciais se reconvertiam em actividades de importação[16].

A administração obriga a produzir culturas de renda. Os agentes do sector moderno importam o que consomem e exportam o que os camponeses produzem. Estes sectores pouco articulados não permitem a difusão interna dos ganhos ao nível da produtividade.

Se tomarmos como referência o período longo da história da humanidade, a colonização desenvolveu-se durante um breve momento. Contudo, deixou marcas profundas. Estas, por seu turno, reinterpretaram largamente as contribuições coloniais e delas se apropriaram.

---

[14] SAER; *Ob. cit.*, Vol. III, p. 31.
[15] Os outros dois eram a difusão do cristianismo e a tentativa de criar vantagens comparativas (David Ricardo) através da formação de Impérios (acesso aos recursos naturais através da posse da terra).
[16] SAER; *Ob. cit.*, Vol. III, p. 32.

> **Os modelos coloniais contrastados**
>
> Devemos evitar os estereótipos que opõem os modelos assimilacionista e cultural francês, utilitarista belga e integracionista português, comercial e de *indirect rule* britânico. As práticas coloniais estavam ligadas às estruturas locais. Todavia, alguns traços característicos permitem identificar marcas diferenciadas da presença colonial.
> Nas colónias britânicas, dominava o *indirect rule*, preconizado por Lugard na Nigéria; o modelo colonial francês baseava-se na *administração directa*, do que resultavam uma centralização e uma fraca intermediação administrativa ao nível local; o peso das chefaturas era aí muito fraco. Após a Grande Depressão, o princípio da *assimilação* impôs-se ao anterior. Os países francófonos herdaram práticas da administração francesa: centralização, hierarquização, remunerações não ligadas à produtividade, classificação em função dos graus académicos, sistema da antiguidade... O princípio subjacente é o da gratuitidade do serviço público (por exemplo: ensino; cuidados de saúde). Este *modelo colbertista* permite explicar que na actualidade se verifique uma relativa manutenção das administrações e dos regimes políticos.
> Os sistemas escolares e os modelos culturais coloniais eram divergentes. Nas *possessões britânicas*, as particularidades locais eram mais respeitadas: ensino «adaptado ao meio», iniciativa privada mais importante, línguas vernáculas e formação profissional mais incentivada. Nas *colónias belgas*, o ensino muito selectivo, ministrado em língua vernácula e ligado às técnicas agrícolas, era muito utilitário. O modelo dos *territórios franceses* privilegiava, sobretudo, o ensino geral e um modelo cultural francês permitindo ingressar nos empregos do sector terciário (empregados de escritório, intérpretes, enfermeiros ou professores primários). O sistema dualista distinguia o ensino «indígena» do destinado aos cidadãos franceses. Estes modelos tiveram impactos não negligenciáveis na aparição de elites nacionais. As *Províncias Ultramarinas* Portuguesas distinguiam os «assimilados» formados dos «não-assimilados».
>
> *In* Hugon, Philippe (1999); *Economia de África*; Lisboa, Editora Vulgata, p. 35

4.3. Quem ganhou com a colonização?

Em 1913, cerca de 20 % das despesas ordinárias do Estado francês eram para pagar a política de conquista do *império colonial*: os encargos com a conservação e a administração elevavam-se aproximadamente a 7 % destas mesmas despesas ordinárias – vencimentos das forças de segurança e dos funcionários, entre outros. De 1913 a 1929, o império tornou-se o primeiro parceiro comercial e o primeiro activo financeiro. Representava um custo para o Estado, mas era vantajoso para algum sector privado. Raciocinando em termos de crescimento nacional, «as potências coloniais conhecem um crescimento mais fraco do que os outros países desenvolvidos», observa,

> **Os modelos coloniais portugueses**
>
> As colónias portuguesas, as primeiras a serem colonizadas, foram também as últimas a deixarem de o ser, após as guerras de libertação. Estes países continuam a sofrer os seus efeitos, em termos de destruição dos sistemas produtivos, de guerra civil ou de insegurança.
> As «Províncias Ultramarinas» faziam parte, no tempo de Salazar, da «maneira portuguesa de estar no mundo». O «modelo» assentava numa doutrina oficial de integração das populações pela educação e através dos casamentos mistos. Existia de facto e de direito uma diferenciação de direitos entre «assimilados». O Código do Trabalho de 1899 e o Sistema de Indigenato só foram suprimidos em Angola em 1961, com o aumento de movimentos nacionalistas. Os níveis de escolarização e de saúde eram reduzidos para as populações. O sistema económico assentava no Acto Colonial. No plano interno, a agricultura tradicional indígena contrastava com um sector moderno controlado pelos capitais portugueses. Moçambique conheceu, até à segunda Guerra Mundial, duas companhias oficiais. Angola, mais do que Moçambique, era uma colónia de povoamento que favorecia a emigração dos portugueses.
> O Pacto Colonial caracterizava-se por três elementos:
> – a autonomia financeira, que obrigava as Províncias a suportarem os encargos de soberania, com uma centralização acompanhada de uma desconcentração.
> – a captação de divisas: Angola representava 50% do comércio externo das Províncias Ultramarinas e permitia um *superavit* da balança de pagamentos portuguesa.
> – um comércio protegido: as grandes sociedades portuguesas, ligadas ao Estado, criavam barreiras à entrada de concorrentes não portugueses.
>
> *In* Hugon, Philippe (1999); *Economia de África*; Lisboa, Editora Vulgata, p. 38.

relativamente ao século XX, Paul Bairoch[17]. Por sua vez, as colónias também não saem beneficiadas, adverte o historiador: o produto nacional bruto (PNB) médio por habitante permanece em 1914 aproximadamente ao mesmo nível que em 1800. E o impacto económico não pode ser isolado do impacto cultural e político[18].

Enfim, todos perderam. Mas a África perdeu mais...

---

[17] Bairoch, Paul (1995); *Mytes et Paradoxes de l'Histoire Économique;* Paris; La Découverte, p. 72.
[18] Vindt, Gérard (1999); *500 Anos de Capitalismo: A Mundialização de Vasco da Gama a Bill Gates*; Lisboa; Temas & Debates; p. 74.

4.4. Um sistema evolutivo

Face à depressão das cotações das matérias-primas, verificou-se a aplicação de preços protegidos e de medidas proteccionistas, fazendo de África um espaço de preços elevados. As operações de enquadramento rural, ligadas a progressos na investigação e nas vias de comunicação, conduziram a ganhos de produtividade agrícola. Instaurou-se então um debate entre os defensores da «assimilação» e os defensores da «adaptação» dos indígenas. Este sistema foi profundamente transformado depois da Segunda Guerra Mundial, graças à ajuda pública. Os investimentos públicos, em infra-estruturas económicas e sociais, tiveram efeitos de arrastamento sobre os investimentos privados. As transferências públicas positivas eram compensadas pelas saídas de fluxos privados[19].

Constatamos, então: a) uma generalização das operações de desenvolvimento rural e um arranque de indústrias de substituição das importações e de valorização dos produtos primários; b) uma taxa de crescimento económico, em média, elevada (5 a 6 %); c) um relançamento da expansão demográfica, das migrações para as cidades e uma explosão escolar. O capital mercantil reconverte-se em capital industrial, graças a medidas de incentivo e protecção, e manifesta-se o desenvolvimento de um *capitalismo de Estado* apoiado na ajuda exterior; finalmente, intensificam-se a prospecção e a exploração de minerais[20].

Quadro 4: A fase colonial

Fases	Padrão configurante
Colonial	• Esta nova configuração é estabelecida pela Conferência de Berlim e corresponde à projecção da organização europeia de Estados nacionais na organização africana de Estados coloniais subordinados às capitais metropolitanas. • O dispositivo da Conferência de Berlim (nenhum Estado europeu poderia reivindicar direitos sobre uma região se não a ocupasse efectivamente) precipita a ocupação de África pelas potências europeias em função da rapidez das suas forças expedicionárias e em função da rapidez em estabelecer acordos e tratados com os reis e chefes locais detentores do poder (muitas vezes obtidos por combinação da ameaça militar com a oferta de presentes).

---

[19] SAER; *Ob. cit.*, Vol. III, p. 36.
[20] SAER; *Ob. cit.*, Vol. III, p. 36.

- A delimitação das fronteiras é o resultado destas movimentações de forças europeias, para darem conteúdo ao dispositivo da Conferência de Berlim e constituindo linhas imaginárias a que não correspondia (ou só correspondia por acaso) nenhuma realidade local sólida.
- Em 1900, só Marrocos, a Etiópia e a Libéria são países independentes: em quinze anos, a projecção das potências europeias em África ficou completa.
- A relação colonial é constituída por mercados coloniais locais, articulados com os sistemas económicos europeus: os modos de financiamento do desenvolvimento, as redes comerciais e as especializações são comandados pelos centros metropolitanos.
- A diferenciação dos modos de colonização:
  - Inglesa: comando indirecto através de reis e chefes locais.
  - Francesa: princípio constitucional da assimilação, mas sem tradução nos factos.
  - Alemã: comando directo através de estruturas administrativas autoritárias.
  - Holandesa (calvinista, boer): segregação racial.
  - Portuguesa: colonização através de uma população pobre que se aproxima dos africanos (assimilação inversa), reproduzindo a relação estabelecida no Brasil; processos de aculturação e de formação de raízes locais, com formação de elites e de quadros locais e difusão de hábitos sociais em horizontes de espaços e de oportunidades mais amplos do que os existentes na metrópole europeia.

Fonte: SAER; *Ob. cit.*, Vol. III, p. 36.

5. Estados nacionais pós-coloniais

A fase dos Estados pós-coloniais pode ser sintetizada no tema geral da frustração das expectativas formadas no período da descolonização: os pressupostos essenciais, em que esta se justificava, vieram a ter uma evolução imprevista e acabaram por provocar uma situação complexa, onde a acumulação de factores negativos se adicionou à falta de preparação dos agentes políticos e das populações para os enfrentar nos termos concretos em que eles se colocaram. Esta fase é, assim, marcada pela formação de Estados nacionais africanos independentes que vão ser confrontados com a alteração significativa das condições em que esperavam operar.

Quadro 5: Estados nacionais pós-coloniais

Estados nacionais pós--coloniais	• A tentativa de preservar as estruturas económicas e administrativas da configuração colonial fracassa com a saída dos agentes empresariais europeus. • A manutenção de ligações preferenciais com as capitais e as economias metropolitanas fracassa por crescente desagregação dos mercados nacionais africanos. • A continuidade dos poderes africanos fica dependente de relações clientelares estabelecidas com os seus protectores militares e financeiros. • A continuidade dos poderes africanos fica dependente das relações estabelecidas com instituições financeiras internacionais que validem e apoiem os seus programas de desenvolvimento. • A legitimidade do poder africano fica dependente das suas redes clientelares internas, militares e económicas, fazendo evoluir o Estado para as formas tradicionais do Estado patrimonialista, onde a estabilidade do poder fica dependente da sua capacidade para distribuir bens económicos e segurança. • Inserido numa cadeia de relações clientelares, o Estado nacional africano fica dependente de protectores que o alimentem com recursos para distribuir e produzir internamente dependências idênticas naquelas actividades e entidades que preenchem a cadeia distributiva. • O predomínio da distribuição sobre a produção é um círculo vicioso de dependência crescente. • Tentativa de formação de dispositivos de integração regional, com formação de instituições regionais no âmbito da segurança e da economia, mas que não atingiram graus adequados de operacionalidade e de influência.

Fonte: SAER; *Ob. cit.*, Vol. III, p. 38.

A independência não fez com que as economias nacionais se integrassem competitivamente no mercado mundial. Em bom rigor, são raras as referências a empresas multinacionais com origem neste Continente. A sua integração na economia global manifestou-se através de empresas multinacionais que pretendem adquirir matérias-primas e que contribuem, de modo decisivo, para as receitas dos Estados (de que depende, muita vezes, o futuro das elites políticas, no poder ou depois de terem sido afastadas). O que se fragmentou, ou desapareceu, foi o mercado nacional, em grande parte porque era organizado e operado por agentes empresariais europeus e que, numa medida substancial, estava dependente das ligações preferenciais com os mercados metropolitanos.

A presença de operadores empresariais[21] de dimensão multinacional não contribui, necessariamente, para a constituição de um mercado nacional. Em geral, os produtos em que estão interessados não são processados localmente e não são actividades que estejam dependentes de grandes redes de subcontratação. O seu interesse principal é a segurança do abastecimento, o que justifica a procura de garantias políticas e, em muitos casos, a organização de serviços privados de segurança militar. Mas não são, no sentido tradicional do termo, entidades estimuladoras de grande desenvolvimento que estejam interessadas em promover os mercados locais e o desenvolvimento dessas economias[22].

Os mercados de subsistência, por sua vez, também não são formados por actividades que possam ganhar dimensão suficiente para estruturar sectores de uma economia moderna: não têm continuidade assegurada e, em geral, não têm um enquadramento institucional através do qual possa ser difundida uma orientação estratégica estável. Pela sua natureza, os produtos não chegam verdadeiramente a entrar num mercado, esgotam-se no autoconsumo ou nos mercados de vizinhança, o que também significa que não entram em relações económicas que sejam susceptíveis de privatização.

Quadro 6: Configuração dos espaços nacionais

Fases	Padrão configurante
Estruturas africanas	• Necessidade de encontrar uma resposta à desagregação do padrão configurante dos Estados nacionais pós-coloniais. • Procura de legitimação do poder político através das formas políticas e culturais tradicionais, definindo novas áreas de cooperação política que possam corresponder ao que eram as delimitações dos reinos africanos anteriores à colonização. • A inexistência de formas institucionais plurinacionais que possam corresponder a estas condições de uma configuração africana tem reaberto, de um modo inesperado, a influência da Europa em África, agora através do exemplo que é oferecido pela União Europeia como plataforma institucional que permite e promove a cooperação e a definição de políticas comuns entre Estados nacionais independentes.

Fonte: SAER; *Ob. cit.*, Vol. III, p. 42.

---

[21] A maioria dos investimentos incide sobre a exploração de recursos naturais.
[22] SAER; *Ob. cit.*, Vol. III, p. 38.

6. O esgotamento progressivo do modelo pós-colonial

Este modelo pós-colonial foi-se esgotando progressivamente; neste sentido, a economia de endividamento da década de setenta adiou a crise, agravando-a a prazo. Sob a pressão externa dos banqueiros e dos negociantes do Norte, e devido ao facto de alguns decisores nacionais quererem tomar uma parte do poder económico, verificou-se uma execução de projectos inadequados chamados «elefantes brancos» e uma nacionalização de empresas estrangeiras, largamente financiadas pelo endividamento externo. O modelo estatístico de *industrialização* caracterizou-se por um sobreinvestimento, por uma ausência de ligações ao meio ambiente e por uma fraca competitividade relativamente ao mercado externo. As exportações agrícolas cresceram menos rapidamente do que as importações. O processo de *import-substitution* tornou-se oneroso. As despesas públicas e parapúblicas aumentaram sob o efeito de um recurso crescente ao Estado e, em consequência, este desviou-se das suas funções[23].

No início da década de oitenta, a degradação do ambiente internacional[24] afectou as economias fragilizadas, caracterizadas por défices, tanto orçamentais como de operações correntes. Para além dos objectivos de reequilíbrio das políticas de estabilização, *as políticas de ajustamento* promovidas pela generalidade das instituições internacionais de apoio ao desenvolvimento visam transformar a *economia administrativa de renda* numa *economia de mercado*.

No meio deste contexto internacional, caracterizado pela emergência do novo paradigma das tecnologias de informação e telecomunicações e do fenómeno da globalização, a África permanece confrontada com vários problemas que existem desde a independência, agora acrescidos do passivo da dívida, dos desafios demográficos e da saída de quadros.

---

[23] SAER; *Ob. cit.*, Vol. III, p. 37.
[24] Segunda crise petrolífera e início do fim do Bloco de Leste.

Quadro 7: Evolução dos indicadores de desenvolvimento humano em África desde as independências

Progresso	Retrocesso
Esperança de vida A esperança de vida é de 51,8 anos em 1990, o que significa mais 11,8 anos do que em 1960.	Ameaça das três «Parcas» nas zonas em caos (epidemias, guerras, fomes).
Saúde 48 % da população tem acesso aos serviços de saúde, contra 30 % em 1960. 40 % da população tem acesso a água potável, contra 27 % em 1960. As despesas públicas de saúde passaram de 0,7 % do PIB em 1960 para 1 % em 1990.	Dos 1,7 milhões de pessoas contaminadas com o vírus da SIDA em 1992, metade vivia na África Sariana. As despesas públicas sociais baixaram durante a década de oitenta, sem que fossem substituídas de forma satisfatória pelos financiamentos privados
Alimentação, nutrição O coeficiente de dependência alimentar (importação/consumo) desceu de 13,1 % em 1960 para 1 % em 1990	A ração calórica é de 89 % do valor normal em 1990, contra 92 % em 1965.
Ensino A taxa de alfabetização é de 51 %, contra 27 % em 1970. As taxas consolidadas de escolarização primária e secundária são de 46 %, contra 26 % em 1970. As despesas públicas de ensino, que eram de 1,3 % do PNB em 1960, atingiram 3,1 % em 1990.	Constata-se uma deterioração da qualidade da formação e um êxodo das competências (mais de 60 mil quadros médios e superiores entre 1985 e 1990). As taxas brutas de escolarização primária passaram de 80 % (1980) para 75 % (1995).
Mulheres As disparidades entre sexos reduziram-se ao nível do ensino, da alfabetização.	A taxa de alfabetismo é de 53 % para as mulheres, contra 34 % para os homens.
Crianças A taxa de mortalidade das crianças de menos de 5 anos caiu de 284 por mil em 1960 para 175 por mil em 1990 e para 147 por mil em 1996.	Quase um milhão de crianças são portadoras do vírus da SIDA.
Rendimento O PIB real ajustado por habitante, que era de 664 dólares em 1960, atingia 1187 dólares em 1990.	Os salários reais desceram mais de 1/4 entre 1970 e 1988. A taxa de crescimento anual do PNB por habitante caiu de 1,5 % (1965-1980) para 0,7 % (1980-1989).

Fontes: [PNUD, 1992]; [Banco Mundial, 1998].

Durante o período colonial, estes países foram privados de Estados nacionais, o que, conjugado com a sua dependência em relação às redes comerciais que privilegiavam as metrópoles[25], inviabilizou qualquer desenvolvimento significativo dos capitalismos locais. Neste domínio, perderam um a dois séculos, consoante os casos.[26]

7. Depois das independências: unidade e diversidade do Terceiro Mundo

Inicialmente heterogéneo, porque agrupava territórios com percursos diferentes, aquilo a que se chamou Terceiro Mundo, e que agregava a África, a Ásia e a América Latina, nasceu de um acto político: a conferência de Bandung, em 1955. Esta unidade política, baseada no apoio às lutas em curso pela independência e na vontade expressa de não-alinhamento com os outros dois *mundos* – o dos países capitalistas desenvolvidos e o bloco soviético –, dissolve-se com o fim da colonização. A tentativa, conduzida por certos países exportadores de matérias-primas, de retomar esta unidade no domínio económico, opondo o «Sul» a um «Norte» que o exploraria, fracassará por múltiplas razões, das quais a principal, é que essa exploração não existia[27].

A partir dos anos setenta, o conceito de Terceiro Mundo esvazia-se do seu conteúdo e os países que o constituíam empenham-se num processo de diferenciação, devido sobretudo às capacidades dos Estados para orientarem as suas dinâmicas económicas. Mas, pelo menos a partir desta década, podem distinguir-se várias características gerais comuns.

Constata-se o aparecimento localizado de graves problemas de insuficiência de recursos naturais e de degradação ambiental: a densidade populacional, qualquer que seja o esforço de progresso técnico, arrasta inadequações locais sociedade/natureza. A única solução seria a deslocação das populações. Maciça a partir da Europa, no século XIX, ela é dramaticamente bloqueada, na actualidade, pela afirmação geral dos nacionalismos. De uma maneira ou de outra, o século XXI deverá retomar as migrações em massa: do Sul para o Norte, mas pelo menos, em igual medida, também no Sul, por exemplo, em África.

---

[25] O «jogo» estava viciado: conheciam-se as regras antecipadamente. O cliente era a metrópole, e o colono o intermediário.
[26] Giraud, Pierre-Noel (1996); *A Desigualdade do Mundo*; Terramar, p. 109.
[27] Giraud, Pierre-Noel (1996); *Ob. cit.*, p. 110.

O aumento muito rápido da população não permite a sua ocupação em trabalhos com intensidades capitalistas equivalentes às dos países industrializados. Largos sectores da produção têm de manter um trabalho intensivo. É o caso da agricultura, cujo desenvolvimento deveria ser uma prioridade absoluta nos países populosos. Mas o aumento da produção agrícola traduz-se mais num aumento dos rendimentos, por hectare, do que num aumento dos rendimentos, por agricultor.

Por outro lado, o espaço arável está muitas vezes limitado nos países densamente povoados. A agricultura não deve libertar muito depressa a mão-de-obra, caso contrário a industrialização não conseguirá absorvê-la com a mesma rapidez. Os países do Terceiro Mundo não dispõem, actualmente, da válvula de segurança que, neste caso, a emigração constituiu para os países europeus.

Esta necessidade de utilizar técnicas intensivas em mão-de-obra não se verifica na indústria «moderna». Em contrapartida, na agricultura, imitar os métodos americanos devedores de espaço e de capital seria uma aberração. O mesmo se aplica à construção civil, à distribuição, etc., e a todas as actividades sedentárias, por natureza, e que não sofrem a concorrência das actividades nómadas estrangeiras. Aliás, se não se verificar um desenvolvimento intensivo em trabalho nestas actividades, o resultado é imediato: a mão-de-obra libertada volta a encontrar-se, inevitavelmente, num vasto sector informal, na sua essência urbano, que se caracteriza pelo trabalho intensivo, ou seja, que não exige praticamente capital.

O investimento, desta vez humano (alfabetização, formação, saúde), que o Estado deve assegurar também é muito pesado. Por conseguinte, os países do Terceiro Mundo têm necessidade, e por muito tempo, de contrair empréstimos junto da poupança dos países do Norte, para financiar não só o desenvolvimento do seu capitalismo, mas também investimentos públicos materiais e imateriais extremamente pesados.

7.1. A fragmentação do Terceiro Mundo

Para além destas características comuns, como já referimos, o Terceiro Mundo conhece também um processo de diferenciação económica tal que o conceito viria a esvaziar-se de conteúdo, a partir do fim dos anos 70. Essas diferenças resultam de êxitos relativos das políticas de desenvolvimento. Quando as colónias alcançam a independência, o novo Estado torna-se responsável pelo desenvolvimento económico do seu território. Quaisquer que sejam as sequelas do passado colonial (ausência de indústria, de quadros administrativos; apatia das actividades sedentárias locais, muitas vezes submetidas às antigas empresas e metrópoles, infra-estruturas orientadas apenas para os interesses destas; países demasiado pequenos, separando artificialmente populações ou reunindo outras que mantinham entre si poucas relações comerciais, etc.), os novos Estados dispõem de certas margens de manobra para orientar o desenvolvimento económico, e a sua responsabilidade está desde logo ligada àquilo que advém da riqueza e da sua repartição no território.

8. As políticas de desenvolvimento

Quando se estudam as políticas de desenvolvimento económico do Terceiro Mundo, é costume opor estratégias extrovertidas a estratégias autocentradas e, mais recentemente, liberalismo a dirigismo estatal. Ao longo dos anos setenta e oitenta, houve duas teses contraditórias que se confrontaram vigorosamente, antes que uma delas – que podemos qualificar de liberal – acabasse por prevalecer. Estas duas teses podem resumir-se em:
- Primeira tese: para um país em vias de desenvolvimento, a abertura à economia mundial é o único meio de aumentar o ritmo e a qualidade do crescimento.
- Segunda tese: a abertura à economia mundial provoca uma desarticulação da economia nacional e, portanto, o não-desenvolvimento de sectores inteiros da sociedade[28].

Examinemos em pormenor estas duas teses e os seus argumentos.
A abertura permite que um território se especialize nas actividades para as quais dispõe de vantagens comparativas. Estas estão ligadas quer à posse de riquezas naturais, susceptíveis de serem exploradas a baixo custo, quer a baixos custos salariais na indústria, quer a ambos. As rendas fundiárias ou mineiras, de origem natural, e os lucros assim captados pelos agentes capitalistas ou pelos Estados desses territórios, se forem reinvestidos, oferecem elevadas taxas de investimento, tanto público com privado. Por outro lado, a abertura à economia mundial possibilita escoar, desde que tal seja competitivo, um volume de mercadorias que não seria possível vender num território fechado e beneficiar plenamente de economias de escala, geradoras de produtividade. Por último, a abertura permite importar equipamentos e tirar partido das técnicas mais avançadas, logo mais produtivas.
Mas sublinhemos que, se o investimento material (as máquinas) pode ser adquirido no mercado mundial, o mesmo não se passa com o investimento

---
[28] Giraud, Pierre-Noel (1996); *Ob. cit.*, p. 114.

humano (os conhecimentos e as competências largamente tácitas), cuja insuficiência constitui, muitas vezes, um dos factores de bloqueio ao desenvolvimento económico dos países do Terceiro Mundo. Porém, se um país utilizar plenamente uma vantagem comparativa para se apropriar de um excedente elevado, e para adquirir as tecnologias mais adequadas ao seu capital humano, é capaz de se envolver em processos de recuperação mais rápidos. Essa recuperação vem «depois» e, portanto, não é pressionada pelos limites dos ganhos da produtividade que a evolução das tecnologias impõe nos países mais avançados. O único verdadeiro limite à rapidez do crescimento é a capacidade de aprendizagem colectiva das técnicas e das relações sociais inerentes a uma economia capitalista moderna.

A tese contrária reconhece que a abertura ao mercado mundial permite o desenvolvimento de pólos de actividades capitalistas nómadas, ligados às dos países desenvolvidos, mas sublinha que eles podem permanecer desligados das restantes actividades sedentárias locais. Não foi este o caso dos países que se industrializaram mais cedo. A sua industrialização exigiu uma boa articulação entre a indústria e a agricultura e uma coerência sectorial interna no território.

Durante um certo período, o comércio internacional permitiu acelerar o crescimento, graças ao aperfeiçoamento dos termos de troca (procurar, por exemplo, matérias-primas a melhor preço), mas, essencialmente, porque a agricultura e a indústria tinham o seu próprio mercado no interior desses territórios. Os países que se industrializaram em primeiro lugar ficaram sujeitos a uma coerência interna das dinâmicas económicas. Se é verdade que é nas crises que esta coerência se impõe, nunca deixou de, por fim, se impor. Nos países do Terceiro Mundo, pelo contrário, a pressão da coerência é hoje muito mais fraca, ou mesmo nula. A existência de um mercado mundial disposto a *observar* tudo, e no qual se pode procurar tudo, não só permite como gera desenvolvimentos desarticulados, em que prosperam actividades nómadas que não estimulam – ou até sufocam – as actividades sedentárias locais, deixando assim faixas inteiras da sociedade na miséria.

Na verdade, estas duas teses não são contraditórias. Podemos articulá--las da seguinte forma: a abertura ao mercado mundial permite acelerar as dinâmicas de crescimento económico nos países do Terceiro Mundo, desde que o Estado assegure a coerência do funcionamento normal das instituições que o funcionamento dos mercados não assegura por si, ou seja, a resultante das lógicas espontâneas dos agentes capitalistas[29].

---

[29] Giraud, Pierre-Noel (1996); *Ob. cit.*, p. 116.

Também os debates quanto à alternativa de autocentramento (estimulada por um grande número de economistas nos anos 70) *versus* abertura (actualmente preconizada por quase toda a gente) e liberalismo ou estatismo são, por vezes, mal conduzidos. Constatou-se que certos crescimentos extrovertidos podem ser bem-sucedidos, mas sempre graças a um papel muito restritivo de um Estado verdadeiramente planificador, como é, por exemplo, o da Coreia. Viram-se crescimentos extrovertidos totalmente desarticulantes, por exemplo, num grande número de países exportadores de matérias-primas. Constataram-se períodos de crescimento autocentrado muito fortes: o «milagre» brasileiro dos anos 1968-1973, seguido de uma asfixia[30], porque o Estado não quis, ou não conseguiu estender, para além de uma pequena burguesia urbana, os círculos virtuosos de um crescimento autocentrado que, contudo, se encontrava bem engrenado[31].

8.1. A mobilidade dos capitais: o caso da poupança

Uma condição necessária para que se registe um crescimento rápido da economia é a existência de uma taxa muito elevada de acumulação de capital produtivo, material e imaterial, ou seja, além do recurso máximo da utilização de empréstimos do exterior, deverá existir uma taxa de poupança elevada no interior. Em termos históricos, na Europa e nos Estados Unidos, esta acumulação de poupança traduziu-se na constituição de grandes fortunas capitalistas privadas, que a competitividade empurrava sempre para o reinvestimento[32], sobretudo numa primeira fase[33], no próprio território em que se tinham constituído. No Japão do pós-Guerra, foi sobretudo a poupança popular, escoada por um sistema financeiro muito forte, que alinhou o crescimento. Em França, durante os «trinta gloriosos anos»[34], a acumulação de capital pelo Estado na indústria pública e nas infra-estruturas desempenhou um papel essencial. É razoável aceitar-se que não existe uma só via para que esta condição necessária se cumpra.

---

[30] A economia fechou-se ao comércio internacional.
[31] Giraud, Pierre-Noel (1996); *Ob. cit.*, p. 116.
[32] O reinvestimento, mais do que uma medida de *bom senso* – estou a ganhar, logo quero continuar, é importante para não baixar a competitividade da empresa.
[33] Sendo uma empresa competitiva, gerava recursos financeiros para afectar estrategicamente a investimentos no exterior.
[34] Período que decorre entre o final da Segunda Grande Guerra e a primeira crise do petróleo (1946 e 1974).

No entanto, e mais uma vez, o debate a propósito dos países em desenvolvimento tende a restringir-se a uma dicotomia excessivamente redutora. Opõe-se a acumulação estatal, considerada ineficaz e geradora de corrupção, à acumulação privada, mais eficaz, decerto não igualitária, mas considerada um mal necessário e temporário. É um facto que muitos Estados, tendo concentrado nas suas mãos o essencial da poupança de um território – quer rendas provenientes da exploração de recursos naturais, apoio público ao desenvolvimento ou apenas pedidos de empréstimos ao exterior –, a desbarataram em despesas improdutivas ou, pior ainda, a «privatizaram» através da corrupção, gerando grandes fortunas privadas totalmente improdutivas para o território, porque investidas em bens imobiliários, em gastos sumptuários e em produtos financeiros no exterior. Mas é ingénuo pensar que a acumulação privada conduz necessariamente ao desenvolvimento do território. Os detentores de fortunas privadas são agentes capitalistas que passam a ter acesso a todas as possibilidades de investimento no espaço total da economia mundial. Neste contexto, não têm qualquer motivo para privilegiar o seu território de origem[35].

A prudência recomenda-lhes mesmo que não concentrem a sua fortuna desse modo, porque ela ficaria sujeita às arbitrariedades e, eventualmente, à espoliação de um único Estado. Por outras palavras, adoptar, sempre que possível, uma lógica nómada constitui um comportamento racional e hoje fácil de realizar. Para que o enriquecimento rápido de certas famílias e de certos grupos – uma forte desigualdade inicial, portanto – estimule o crescimento da riqueza média, é preciso que estejam reunidas numerosas condições estatais, políticas e mesmo culturais, que assegurem o reinvestimento produtivo em massa dessas fortunas no território. Neste caso, o Estado desempenha sempre um papel central, quer seja restritivo ou estimulante.

8.2. A questão do mercado interno

A outra dimensão da questão é a constituição de um mercado interno. Mesmo num país relativamente pouco povoado (algumas dezenas de milhões de habitantes), o crescimento não se pode basear apenas em actividades nómadas. Só cidades-estados como Singapura e Hong Kong podem viver das suas actividades nómadas, à semelhança de Veneza no século XV. É necessário que as actividades nómadas se articulem com for-

---
[35] Giraud, Pierre-Noel (1996); *Ob. cit.*, p. 117.

tes dinâmicas sedentárias, que exijam a constituição de um mercado interno e, portanto, uma progressão mais ou menos uniforme e não demasiado desigual do poder de compra da grande massa da população. Foi assim que, nos anos sessenta, uma reforma agrária bem-sucedida, ao entregar a terra aos camponeses, ao estimular a cooperação entre eles, protegendo a agricultura, e ao consolidar uma dinâmica e articulação cidade-campo, constituiu um factor inicial essencial de desenvolvimento rápido, no caso de Taiwan e da Coreia. Nos anos oitenta, foi necessário, para sustentar o crescimento, passar à etapa seguinte e integrar economicamente os operários, permitindo um aumento rápido dos seus salários, o que exigia, a par do reconhecimento dos sindicatos, uma relativa liberalização política. Assim, também no Terceiro Mundo o crescimento máximo exige, em todo o caso e ao fim de um certo tempo, a efectivação dos mesmos mecanismos redutores de desigualdades que a Europa tinha conhecido: articulação cidade-campo e depois repartição dos rendimentos, de forma a criar um consumo de massas[36].

Em todo o caso, a verdadeira questão é o papel do Estado onde se formou uma burguesia nacional, verdadeiramente preocupada com o desenvolvimento. Ao comando de um Estado forte – ou seja, intervindo deliberadamente nas circulações internas e externas, na moeda, na partilha espacial e social da riqueza –, promoveu o desenvolvimento económico, quaisquer que fossem as vias adoptadas, vias que, aliás, variam entre países e, em cada país, com o *timing*. A crise do desenvolvimento é sempre uma crise de Estado.

Ora, neste plano, os contrastes entre os países recém-independentes (como sucede, aliás, na América Latina) são impressionantes, embora não se tenham manifestado logo em termos de desenvolvimento económico. Como vimos, nos anos cinquenta e sessenta e nos primeiros anos da década de setenta, o crescimento conjunto é muito sustentado e as disparidades entre países do Terceiro Mundo são ainda pouco visíveis. Mas os factores de crise ou, pelo contrário, de reforço das capacidades do Estado acumulam-se neste período, tanto mais que a geração que conquistou a independência é substituída a pouco e pouco. Tal como no período de recessão mundial, de meados dos anos setenta, e ainda mais na do início dos anos oitenta, as diferenças são gritantes: uns prosseguem um crescimento sustentado e, no extremo oposto, outros afundam-se[37].

---

[36] Giraud, Pierre-Noel (1996); *Ob. cit.*, p. 116.
[37] Giraud, Pierre-Noel (1996); *Ob. cit.*, p. 117.

9. As «estruturas» do capitalismo africano

A opção por uma economia estatizante tem sido suportada por diversas circunstâncias e orientações políticas que se reforçam mutuamente: o receio cultural de perda de poder e, consequentemente, de renda está associado à ideia de que, na situação africana, a aquisição de riquezas depende principalmente do acesso ao poder do Estado pela função.

Como quer que seja, é relativamente generalizada e os governos não perderam uma oportunidade de pronunciar discursos fortemente anti-imperialistas, condenando a presença estrangeira na economia nacional e exigindo a sua indigenização, enquanto, na prática, alguns se associavam ao «inimigo» através de acordos de investimento em que surgiam como «parceiros».

Todavia, a maior parte dos países recentemente industrializados tentava captar o máximo de investimento estrangeiro, numa estratégia de industrialização controlada pelo Estado. Na generalidade dos países africanos optou-se, durante os anos sessenta e setenta, por um modelo completamente diferente. Os dirigentes políticos preferiam nitidamente desviar os mercados do Estado, ou seja, os empréstimos e as divisas privilegiavam as empresas paraestatais. Não se tratava de uma medida complementar, essencial à política de ajuda ao sector privado, como nos países recentemente industrializados, mas de uma estratégia de domínio, por vezes absoluto (não era permitida a concorrência). Deste modo, as sociedades comerciais estatizadas, em praticamente todos os sectores de actividade, foram colocadas como prioridade das políticas dos governos. Os empresários locais foram, assim, eliminados, ainda que algumas destas actividades pudessem ter sido confiadas, por aluguer ou contrato, a interesses privados. É bem difícil de acreditar que, com algum encorajamento e autorização para operar num contexto de mercado razoavelmente livre e concorrencial, estas pequenas empresas pudessem ter obtido piores resultados do que os das empresas paraestatais revelados mais tarde (Sandbrook, 1985).

10. Preconceito urbano

Uma destas estratégias é o fenómeno descrito por Lipton (1977) sob o nome de «preconceito urbano» (*urban bias*). Este termo designa a tendência para sobrecarregar de impostos e para pagar mal ao sector rural, orientando assim uma parte desproporcionada das receitas, oriundas da produção agrícola alimentar e dos produtos de exportação, para um sector industrial urbano, simetricamente sobreajudado, protegido e ineficaz.

O motivo avançado para a adopção desta estratégia é o desejo de estabelecer uma base industrial de nível mundial. Mas pode-se, igualmente, pensar na tendência de «comprar» o apoio e evitar o descontentamento dos trabalhadores sem emprego ou mal remunerados, vivendo na proximidade das novas elites em cidades sobrepovoadas, proporcionando-lhes empregos, infra-estruturas urbanas e subsídios aos produtos alimentares de base. Tal como seria de esperar, as políticas de «preconceito urbano» provocam não só o descontentamento dos camponeses (demasiado pobres para melhorarem a sua produtividade e criarem um mercado nacional em expansão de produtos urbanos), como também um sector industrial apático, incapaz de produzir o crescimento esperado. Como a situação económico-social no conjunto das zonas rurais era desastrosa, os investimentos declinavam. A produção de bens alimentares conhecia uma forte baixa e, em alguns casos, as actividades agrícolas-chave, geradoras de rendimentos, sofriam uma quebra catastrófica. No entanto, havia também outras causas em jogo, nomeadamente uma negligência global da parte do Governo e a degradação dos termos de troca[38].

Durante os anos sessenta e setenta, antes de a estagnação económica ter contribuído para a fuga dos capitais estrangeiros, certos governos africanos seguiram uma estratégia que partilharam com outros países do Terceiro Mundo, ao procurarem políticas de *industrialização por substituição de importações*. Na origem, estas indústrias estão concentradas no sector de bens de consumo, mas acabam por se diversificar e cobrir algumas indústrias de bens de produção menos exigentes no plano tecnológico. Isto requer, em particular, políticas activas para atrair investidores estrangeiros e pode obrigar a recorrer a taxas de câmbios sobrevalorizadas com vista a reduzir os custos de importação dos equipamentos indispensáveis. Na situação africana, sabe-se agora que esta abordagem do desenvolvimento não tinha saída, e isto por diversas razões: dela resultava uma desvalorização significativa dos produtos produzidos localmente. Contudo, o ganho de competitividade cambial era utilizado em produtos com pouca criação de valor (baixa incorporação de inovação). Este facto obrigava-os a lutas comerciais baseadas essencialmente no preço. Por outro lado, as taxas de câmbios sobrevalorizadas inflacionavam os custos dos produtos importados que eram essenciais para o *upgrade* constante dos processos industriais e, particularmente, do sector agrícola. Sem a normal aferição da produção pelo *estado de arte* internacional, perde-se

---

[38] Este tema irá ser desenvolvido particularmente no capítulo referente à «Racionalidade da economia camponesa».

competitividade. Este facto fez baixar drasticamente as exportações deste sector, agravando os problemas da balança de pagamentos. Posteriormente, iniciou-se uma lenta agonia do sector agrícola, limitando o crescimento do mercado interno. Desta forma, não existia crescimento da economia e, consequentemente, provocou uma subutilização da capacidade de produção e uma subida dos preços[39]. Durante este tempo, a opção que consiste em lançar actividades industriais mais simples[40] para fins de exportação – exigindo nomeadamente muita mão-de-obra, portanto criadora de empregos, e que os empresários locais podem assumir nesta fase – é afastada de antemão pelas políticas requeridas pela promoção da estratégia da substituição de importações.

Parece que o estatismo, a tendência para o preconceito urbano (*urban bias*) e a queda para as indústrias mal estruturadas de substituição de importações, ou uma combinação destes factores, contribuíram grandemente para a estagnação que atinge tantas economias africanas. Em grande medida podem encontrar-se os traços desta política, sobretudo do estatismo e da indiferença para com os capitais autóctones, até aos anos que precederam e seguiram imediatamente as independências. Nesta época, reinava entre os dirigentes africanos um preconceito, partilhado por numerosos observadores e peritos ocidentais, oriundos de diversos horizontes intelectuais e ideológicos, segundo o qual o capitalismo local era demasiado fraco para contribuir de maneira significativa para o desenvolvimento. Considerou-se então que o Estado, reforçado por um crescente aparelho de controlo burocrático, directo e indirecto, e um sector público em expansão, assumiria inevitavelmente esse papel.

Várias ideias contribuíram para modelar este ponto de vista. A maior parte dos peritos e conselheiros ocidentais defensores da denominada Economia do Desenvolvimento partilhava com os dirigentes africanos uma certa concepção do desenvolvimento. Consideravam que a mutação para uma economia moderna, diversificada, necessitava de uma abordagem «integral» baseada em grandes projectos[41], transferências maciças de capitais – provavelmente importados – e uma tentativa rápida de expansão da base de produção industrial, obtida graças à industrialização por substituição de importações e a utilização de uma tecnologia avançada. Este facto impedia as pequenas e médias empresas de desempenharem um papel que

---

[39] Evitando as importações competitivas – menores preços para o consumidor –, os governos aumentam os preços relativos dos produtos colocados no mercado de forma a que as empresas se mantenham artificialmente em actividade.
[40] Entenda-se empresas de baixo capital intensivo e exigências tecnológicas (p. ex., a indústria têxtil).
[41] Os denominados «projectos-âncora».

não fosse marginal. Ao mesmo tempo, as empresas ao nível micro e as iniciativas não planificadas, orientadas para o mercado, que tinham as suas raízes em estruturas semitradicionais, eram muitas vezes entendidas como inapropriadas, anacrónicas e incapazes de reagir às medidas de iniciativa governamental. Foi mesmo, por vezes, considerado como «um mal menor» o seu desaparecimento. Não foi, pois, considerada a enorme vitalidade demonstrada pelos agricultores e artesãos das cidades durante o período colonial, que tinham criado e desenvolvido, sem apoio institucional, fileiras de sectores económicos inteiramente novas, em particular no domínio da produção agrícola e das pescas destinadas à exportação[42].

Esta concepção aparece agora em grande parte como desactualizada e errada, sobretudo à luz das circunstâncias das impressionantes realizações, desde os anos sessenta, dos países recentemente industrializados que conhecemos cada vez melhor. A sua experiência sugere, desde que as pequenas empresas sejam apoiadas por governos competentes e disciplinados, que não sejam hostis às iniciativas privadas, proporcionem os meios necessários e procurem desenvolver as possibilidades comerciais, em paralelo com sectores estrangeiros e estatais mais avançados, que estas podem tornar-se competitivas na cena internacional. Deste modo, as pequenas empresas locais podem contribuir para a realização da transformação industrial. Assim, quer se trate de uma política deliberada ou não, uma boa parte da primeira base industrial dos países recentemente industrializados foi estabelecida pela concentração de actividades, exigindo uma mão-de-obra bastante numerosa, utilizando equipamentos importados bastante simples, e foi incentivada pela exportação de bens de consumo baratos em direcção às economias desenvolvidas, assim como por um mercado nacional em expansão (Harris, 1987, pp. 31-45). Liepitz chamou a este primeiro período de desenvolvimento dos países recentemente industrializados a «taylorização primitiva» (Liepitz, 1985, pp. 74-78). Nessa altura, foram realizados certos investimentos, não apenas pelas sucursais de sociedades multinacionais, mas também por firmas locais, porque estes (investimentos) ofereciam às pequenas empresas múltiplas possibilidades de encontrar uma abertura prometedora. Os países recentemente industrializados exploram o facto de apresentarem, à partida, a vantagem de uma mão-de-obra numerosa, barata e já disciplinada. Além disso, este primeiro período foi uma experiência crucial para os empresários locais. Permitiu-lhes, igualmente, estabelecer laços comerciais com o estrangeiro e uma concepção industrial *moderna*. Deste

---

[42] As populações locais eram utilizadas em processos «frágeis» de subcontratação, ficando o controle do canal de distribuição internacional na mão dos colonizadores.

modo, puderam conhecer métodos comerciais mais elaborados e as tecnologias ocidentais, e acumular capitais com vista a uma eventual transformação numa indústria mais avançada, graças a uma substancial ajuda por parte do Estado e, por vezes, de associados estrangeiros[43].

11. Temas de reflexão

• Um mapa étnico pormenorizado da África Negra desafia qualquer memória que não se socorra de uma sólida experiência de campo – são infinitos os movimentos, os conflitos, as migrações, os avanços de uns, a rejeição de outros. Daí as misturas e as tensões que se encontram através de todo o Continente Negro, onde o povoamento foi sempre feito por meio de vagas humanas sucessivas que se sobrepuseram ou repeliram mutuamente. Ainda não é estável. Pelo contrário.

• Mas sublinhemos que, se o investimento material (as máquinas) pode ser adquirido no mercado mundial, o mesmo não se passa com o investimento humano (os conhecimentos e as competências, largamente tácitas), cuja insuficiência constitui, muitas vezes, um dos factores de bloqueio do desenvolvimento económico dos países do Terceiro Mundo. Porém, se um país utilizar plenamente uma vantagem comparativa para se apropriar de um excedente elevado, e para adquirir as tecnologias mais adequadas ao seu capital humano, é capaz de se envolver em processos de recuperação muito rápidos. Essa recuperação vem «depois» e, portanto, não é pressionada pelos limites dos ganhos da produtividade que a evolução das tecnologias impõe nos países mais avançados. O único verdadeiro limite à rapidez do crescimento é a capacidade de aprendizagem colectiva das técnicas e das relações sociais inerentes a uma economia capitalista moderna.

• No entanto, e mais uma vez, o debate a propósito dos países em desenvolvimento tende a restringir-se a uma dicotomia excessivamente redutora. Opõe-se a acumulação estatal, considerada ineficaz e geradora de corrupção, à acumulação privada, eficaz, decerto não igualitária, mas considerada um mal necessário e temporário. É facto que muitos Estados, tendo concentrado nas suas mãos o essencial da poupança de um território – rendas provenientes da exploração de recursos naturais, apoio público ao desenvolvimento ou apenas pedidos de empréstimos ao exterior –, a desbarataram

---

[43] Stepfen Ellis e Yves-A. Fauré (2000); *Empresas e Empresários Africanos*; Editora Vulgata, p. 150.

em despesas improdutivas ou, pior ainda, a «privatizaram» através da corrupção, gerando grandes fortunas privadas totalmente improdutivas para o território, porque investidas em bens imobiliários e em produtos financeiros no exterior. Mas é ingénuo pensar que a acumulação privada conduz necessariamente ao desenvolvimento do território. Os detentores de fortunas privadas são agentes capitalistas que passam a ter acesso a todas as possibilidades de investimento no espaço total da economia mundial. Não têm qualquer motivo para privilegiar o seu território de origem.

• A prudência recomenda-lhes mesmo que não concentrem a sua fortuna desse modo, porque ela ficaria sujeita às arbitrariedades e, eventualmente, à espoliação pelo Estado. Por outras palavras, adoptar, sempre que possível, uma lógica nómada constitui para eles um comportamento racional e hoje fácil de realizar. Para que o enriquecimento rápido de certas famílias e de certos grupos – uma forte desigualdade inicial, portanto – estimule o crescimento da riqueza média, é preciso que estejam reunidas numerosas condições estatais, políticas e mesmo culturais, que assegurem o reinvestimento produtivo em massa dessas fortunas no território. Neste caso, o Estado desempenha sempre um papel central, quer seja restritivo ou fortemente estimulante.

• Em todo o caso, a verdadeira questão é a do papel do Estado, onde se formou uma burguesia nacional, verdadeiramente preocupada com o desenvolvimento. Ao comando de um Estado forte – ou seja, intervindo deliberadamente nas circulações internas e externas, na moeda, na partilha espacial e social da riqueza – existiu desenvolvimento económico, quaisquer que fossem as vias adoptadas, vias que, aliás, variam entre países e, em cada país, com o tempo. A crise do desenvolvimento é sempre uma crise de Estado.

• No meio deste contexto internacional, caracterizado pela emergência do novo paradigma das tecnologias de informação e telecomunicações e do fenómeno da globalização, a África permanece confrontada com vários problemas que existem desde a independência, acrescidos do passivo da dívida, dos desafios demográficos e da saída de quadros (conhecimento).

• A opção por uma economia estatizante tem sido suportada por diversas circunstâncias e orientações políticas que se reforçam mutuamente: o cultural de perda de poder e, consequentemente de renda, associado à ideia de que, na situação africana, a aquisição de riquezas depende principalmente do acesso ao poder do Estado pela função.

II
Condicionalismo Sociocultural

Instituições e cultura, primeiro; a seguir, o dinheiro; mas desde o princípio, e cada vez mais, o factor essencial e recompensador cabe ao conhecimento[1].

Esse casamento de ciência e técnica inaugurou uma era que Simon Kuznets denominou «crescimento económico moderno». Não só a extraordinária aglomeração de inovações tornou a Segunda Revolução Industrial tão importante – o uso de combustíveis líquidos e gasosos em motores de combustão interna, a distribuição de energia e força via corrente eléctrica, a sistemática transformação de matéria, as comunicações aperfeiçoadas (telefone e rádio), a invenção de máquinas accionadas pelas novas fontes de energia (veículos motorizados e utensílios domésticos) –, mas também, e acima de tudo, o papel do conhecimento formalmente transmitido.

1. Conhecimento formalmente transmitido

O conhecimento das sociedades em concreto (entenda-se, em todas as suas dimensões) só é possível graças a uma análise rigorosa das suas bases económicas enquadradas numa matriz comportamental.

Os filósofos do Iluminismo serviram-se de um preceito simples, mas aparentemente muito poderoso: quanto mais capazes formos de usar a razão para entendermos o mundo e para nos entendermos a nós próprios, mais capazes seremos de moldar a História à nossa medida. Para controlarmos o futuro, é necessário que nos libertemos dos hábitos e dos preconceitos do passado[2].

De facto, não há ninguém que veja o mundo com uma visão pura de preconceitos. Vêem-no, sim, com o espírito condicionado por um conjunto definido de costumes, instituições e modos de pensar. A história da vida

---
[1] Landes, David S. (1998); *Riqueza e a Pobreza das Nações*; Rio de Janeiro, Editora Campus, p. 308.
[2] Giddens, Anthony (2000); *O Mundo na Era da Globalização*; Lisboa, Editorial Presença, p. 15.

individual é, acima de tudo, uma acomodação aos padrões tradicionalmente transmitidos, na comunidade, de geração para geração.

Nos últimos anos, o estudo dos aspectos sociais na economia ganhou maior importância, contribuindo, nomeadamente, para uma melhor interpretação da falência de muitos projectos de internacionalização. Tornou-se central questionar os objectivos e os instrumentos das políticas de apoio ao desenvolvimento para que sejam considerados os aspectos socioeconómicos e culturais na sua análise, planeamento e execução. Surge, deste modo, a expressão «desenvolvimento adaptado», na medida em que se leva em consideração, para além do Sistema de Ciência e Tecnologia[3], a base sociocultural dos Países em Desenvolvimento (PED).

2. A cultura

A cultura consiste no conjunto de normas específicas aprendidas (e apreendidas) com base em atributos essenciais partilhados: língua, religião, valores e sistemas de valores, crenças, comportamentos, atitudes, vida material (tecnologia) e interacções sociais, entre outros.

O estudo das diferenças culturais tem um alcance muito importante. A vida moderna pôs muitas civilizações em contacto próximo. Nunca, mais do que hoje, a civilização teve necessidade de ter indivíduos conscientes do sentido da cultura, capazes de verem, sem temor nem recriminação, e com objectividade, o comportamento socialmente condicionado de outros povos. No entanto, enquanto estes não puderem ser compreendidos, os principais factos que condicionam o relacionamento podem transformar simples incompreensões em comunicações ininteligíveis.

O conjunto das ideias de uma dada cultura forma um *sistema*, de tal forma que a compreensão de cada parte, ou de cada elemento, só será possível se se tiver em atenção o todo onde estão integradas. Porém, o conjunto das ideias está, por sua vez, interligado com a totalidade da sociedade onde está inserido.

Para Geert Hofstede, um dos primeiros estudiosos a relatar os impactos das diferenças culturais no mundo dos negócios, «não existe uma racionalidade económica universal, porque a nacionalidade de cada um limita a sua racionalidade. O que quer dizer que quem tem valores diferentes recorre a diferentes análises racionais. Por isso, os valores básicos são o *core* estável de uma cultura e, porque são aprendidos no início da

---

[3] Ver o capítulo «Inovação, Tecnologia e Desenvolvimento».

vida de forma inconsciente, depois dos 10 anos não se alteram mesmo que o indivíduo mude de país e de cultura»[4].

3. A comunidade e a sociedade

A **comunidade** tribal é a mais antiga forma de sociedade conhecida. É, segundo a expressão de Marx, «uma extensão da família», que foi a primeira célula social, ou, ainda, resulta da união de várias famílias pelo casamento ou qualquer outro meio. Embora um pouco mais elaborada do que na família, a divisão do trabalho, no seio da comunidade tribal, é muito limitada. As técnicas laborais são arcaicas e a produtividade é fraca[5].

A finalidade do trabalho não é propriamente a produção[6], mas, pura e simplesmente, a subsistência da colectividade e dos seus membros. Não existe propriedade privada dos bens de produção. O tipo de propriedade existente é «comunal», ou seja, o território ou o solo pertencem à tribo, considerando-se cada membro co-proprietário.

A comunidade é formada por pessoas unidas por laços naturais ou espontâneos, assim como por objectivos comuns que transcendem os interesses particulares de cada indivíduo. Um sentimento de «pertença» à mesma colectividade domina o pensamento e as acções das pessoas, contribuindo cada membro para a unidade ou a união do grupo. A comunidade é, pois, um todo orgânico, no seio do qual a vida ou o interesse dos membros se identificam com a vida e o interesse do conjunto.

Segundo José Feliciano (1998), centrando-se em particular sobre a população rural do Sul do rio Save, em Moçambique, «a economia Thonga foi vista pelos europeus como primitiva e selvagem, em virtude das suas principais características: baixo nível de necessidades e produtividade, rara utilização da energia, fraca tecnologia e geral isolamento das populações que integram os grupos domésticos»[7].

Na **sociedade**, em contrapartida, as relações entre as pessoas estabelecem-se na base dos interesses individuais. São, portanto, relações de competição, de concorrência ou, pelo menos, relações sociais com um cunho de indiferença relativamente aos outros indivíduos. A troca comercial é o exemplo mais típico de uma relação societária, na medida em que cada um dos participantes procura extrair o maior lucro possível nesta troca.

---

[4] Conceição, Sofia (2003); «O Valor da Diferença», in *Ideias & Negócios*, n.º 57, Março de 2003, pp. 58-61.
[5] Rocher, Guy (1989); *Sociologia Geral – A Organização Social*, Lisboa; Ed. Presença, p. 47.
[6] Na perspectiva da criação de excedentes.
[7] Feliciano, José Fialho (1998); *Antropologia Económica dos Thonga do Sul de Moçambique;* Maputo, Arquivo Histórico de Moçambique, p. 151.

Poder-se-ão distinguir dois tipos de sociedade (sociedade tradicional e sociedade tecnológica) a partir de aspectos como a estrutura económica, a organização social e a mentalidade[8].

4. Sociedade tradicional

Estrutura económica e social da sociedade tradicional: uma economia simples e de subsistência, apresentando uma fraquíssima produtividade de trabalho e deficiente capacidade de acumulação.

As redes comerciais são muito curtas e limitam-se a trocas com parceiros, situadas na mesma zona, podendo, por vezes, estender-se a locais pouco distantes, embora com linhagens aliadas.

A sociedade tradicional pode caracterizar-se como uma sociedade restrita (com baixa densidade populacional) em que o parentesco constitui uma vasta rede de interdependência e de ajuda. «Em sequência da dinâmica de casamentos surge um alargamento em extensão do número dos membros e, verticalmente, como um alargamento da profundidade genealógica do grupo. Os próprios discursos de poder tecem-se nessa mesma rede, numa construção ideológica de uma vasta unidade de membros cuja unidade (horizontal) se fundamenta na 'ligação' a um antepassado comum do qual (verticalmente) todos descendem. Segmentos de diferentes linhagens, linhagens pertencentes a diferentes clãs e clãs de origens diversas afirmam-se, em termos ideológicos, como descendentes de um mesmo antepassado comum. O chefe da *família* é o Pai; Pai é também denominado *o mais velho* do segmento da linhagem.»[9]

A sociedade é, pois, dividida por categorias sociais de origem familiar e grupos de idade[10]: a primeira idade, a primeira infância, os jovens, os jovens casados, os pais e as mães de família, os viúvos e as viúvas, os anciãos e os defuntos.

Mentalidade da sociedade tradicional: por um lado, baseia-se no empirismo, fruto da observação paciente e atenta das coisas; por outro, é conservadora, sendo, por conseguinte, pouco receptiva à mudança. O *pensamento mítico* contribui para justificar, na ausência de ciência, a tradição numa ordem, simultaneamente humana e supra-humana, em que o sagrado, o quotidiano e o útil se interligam. Assim, a *magia* está para a acção como o mito está para o pensamento. Ambos operam a síntese entre o sagrado e o profano, a integração do visível e do invisível.

---
[8] Rocher, Guy (1989); *Ob. cit.*, p. 47.
[9] Feliciano, José Fialho (1998); *Ob. cit.*, p. 155.
[10] O estatuto social melhora com a idade: respeita-me porque sou mais velho!

4.1. Case Study

Um boato que agitou a cidade...

Um boato agitou a cidade de Maputo: centenas de pessoas foram «arrastadas» no princípio da tarde para o «Snack-Bar Sitoe», junto à Praça dos Combatentes, para testemunhar uma hipotética história de um casal de amantes que, no final do acto sexual, não mais se conseguiu separar.
Este «snack-bar», que se localiza no fim do prolongamento da Av. Julius Nyerere, tem um serviço de aluguer de quartos. O hipotético casal teria para lá se deslocado, para manter relações sexuais, na manhã de ontem, facto que, segundo mirones, se teria consumado.
A polémica história de que, depois do acto, o casal não mais conseguiu separar-se surge quando uma das vendedoras do Mercado de Xiquelene deu pela falta de uma das amigas que, eventualmente, teria abandonado o seu posto de trabalho na companhia de um homem, para manter relações sexuais nas proximidades.
Só que, com a demora da vendedora, algumas companheiras teriam ido à busca da amiga «desaparecida», até que se chegou à triste conclusão de que a suposta «desaparecida» teria sido vista a entrar com um homem no «Sitoe», donde o casal nunca mais saiu.
 Diz-se que um dos trabalhadores daquele estabelecimento é quem teria revelado que num dos quartos se encontrava um casal «preso», pois o homem não conseguia livrar-se da mulher. Em pouco tempo, a história correu todo o Xiquelene e de seguida invadiu os bairros da Polana-Caniço, Ferroviário e Maxaquene.
Não tardou então que a multidão começasse a afluir ao local e se concentrasse defronte do estabelecimento, na tentativa de testemunhar «in loco» o insólito acontecimento. Cada minuto que passava iam chegando pessoas de diferentes pontos daqueles bairros e não só, de tal modo que a dado momento o trânsito de viaturas e de peões ficou afectado no troço compreendido entre a Praça dos Combatentes e o Mercado Compound.
Para ter o controlo da situação, a gerência do bar encerrou todos os portões e solicitou o apoio da Polícia da 12.ª Esquadra que respondeu positivamente, enviando para o terreno um contingente composto por mais de dez homens.
Quando a nossa Reportagem chegou ao local, a polícia clamava já por reforços, pois temia que a curiosidade da multidão pudesse degenerar em actos violentos, porquanto muitos eram os que se apoiavam nas grades, para espreitar o que estaria a acontecer no interior do bar.
Cada um contava a sua versão dos factos, mas, no geral, a que se ouvia é que o casal se encontrava naquelas condições desde as primeiras horas da manhã. Dizia-se também que a mulher em causa teria tido, há dias, uma discussão com o marido (trabalhador nas minas da África do Sul) durante a qual ele se teria mostrado contrariado com a sua esposa, pelo facto de, alegadamente, ter descoberto que ela o traíra, facto que ela sempre desmentiu.
Tal rumo dos acontecimentos teria enfurecido o marido que se teria visto na obrigação de procurar os serviços de um curandeiro sul-africano que, na sequência da preocupação do ofendido, ofereceu um cadeado que automatica-

> mente se iria trancar, logo que a esposa se envolvesse num acto sexual com quem quer que fosse e que, se ele não abrisse com a chave em sua posse, o casal traidor não mais se separaria.
> Entretanto, o «Notícias», que se deslocou ao terreno, teve acesso ao estabelecimento e, na companhia da Polícia, visitou toda a casa. Resultado: não foi visto nenhum casal sexualmente unido. A gerência do «Sitoe» mostrou-se agastada com os factos veiculados que considera simplesmente difamatórios e tendenciosos.
> Mostrava-se preocupada com a concentração das pessoas, pois temia que a qualquer momento o bar fosse tomado de assalto, com todas as consequências previsíveis, em termos de prejuízos.
> Quanto a nós, tudo o que se pode concluir é que tudo não passou de um simples boato como aquele que, em meados do ano passado, foi veiculado à volta de um grupo de ladrões que não teria conseguido abandonar as instalações da «Per Cent», por os seus componentes terem alegadamente ficado gordos no interior da loja.
>
> In *Notícias* (Maputo, Moçambique), 23/02/2001

5. Sociedade tecnológica

Estrutura económica da sociedade tecnológica: enquanto a sociedade tradicional vive e se organiza no meio natural, na sociedade tecnológica o meio técnico interpõe, entre o Homem e a natureza, uma série de máquinas complexas e de conhecimentos. Há um aumento da produção (criação de excedentes) devido a três factores: o investimento, a melhor divisão do trabalho e a deslocação da mão-de-obra. Dá-se uma ruptura entre o produtor e o consumidor: a família não é mais do que uma unidade de consumo (em contraponto à família tradicional que consome o que produz).

Organização social da sociedade tecnológica: uma organização social complexa (a fragmentação da personalidade gera um risco de conflitos de papéis[11]). A família deixa de ser o elo de ligação. O estatuto social já não é apenas o herdado e revela-se também o adquirido. Numa sociedade centrada na produção, profissionalizada, burocratizada e urbana, o estatuto social depende da actividade exercida, do grau de escolaridade e relacionamento, podendo ser melhorado ou piorado. Existe uma multiplicidade de movimentos sociais e de elites que se sucedem a um ritmo rápido. A sociedade civil faz-se representar através do voto.

Mentalidade da sociedade tecnológica: desmistifica os conhecimentos — a racionalidade fundamenta-se na convicção de que as coisas

---

[11] Exemplo: estou a falar como deputado da Nação e não como presidente da Assembleia-Geral do Benfica.

encontram a sua explicação nelas próprias e não no exterior, no mito. Fé no progresso: nos antípodas da mentalidade tradicional, a mentalidade tecnológica valoriza a mudança porque entende que, através do progresso, «é sempre possível» melhorar. Ênfase na instrução. Desmistificação moral e pluralismo religioso: o bem-estar individual ou colectivo são mais valorizados. Sentimento de superioridade.

Para muitos já existe uma **sociedade pós-tecnológica** em que prepondera o sector terciário. É caracterizada por ser uma civilização do lazer e dos meios de comunicação de massa. Nela imperam o anonimato e as estruturas políticas, os movimentos sociais e a participação. O consumidor surge como o elemento mais importante da cadeia de valor.

Paulatinamente, o elo de ligação da família deixa de ser os pais para serem os filhos (elevada taxa de divórcios e pais solteiros).

5.1. Case Study

Sucessão de «régulos» vai deixar de ser por parentesco

A medida visa estancar a cultura monárquica e cimentar o espírito de democracia

A sucessão de «régulos» no país vai deixar de ser com base em laços de parentesco e passará a efectivar-se por eleições democráticas ao nível das comunidades. A medida, segundo afirmou Fernando Dava, director-geral do ARPAC, visa estancar a cultura monárquica que o processo de sucessão somente por indivíduos da mesma família ou clã procura perpetuar, num país actualmente a ser regido por leis democráticas.

Fernando Dava disse que, a ser tolerada a sucessão de autoridades comunitárias com base em afinidades comunitárias, o país estaria a admitir dois sistemas simultâneos num mesmo Estado – a monarquia e a democracia – e isto estará a colidir com as leis que regulam a actividade político-administrativa e económico-social em vigor no país.

Falando ao «Notícias», à margem do curso de capitação das autoridades comunitárias da etnia Ndau, abrangendo três províncias do Centro e Sul, nomeadamente Manica, Sofala e Inhambane e que hoje encerra no Chimoio, Fernando Dava disse que a sucessão de «régulos» com base em afinidades familiares subentende a coexistência no país de dois Estados que colidem permanentemente, o moderno (democrático) e o tradicional, defendido pelos líderes comunitários. Até ao momento, segundo aquele dirigente, os líderes tradicionais julgavam-se vitalícios, numa altura em que a própria Lei 15/2000, de 20 de Junho, que oficializa a relação entre as autoridades comunitárias e o Estado, não é divulgada aos destinatários e, consequentemente, estes não a conhecem, continuando a conduzir os destinos das suas comunidades com base em práticas tradicionais já ultrapassadas com a mistura hoje de culturas e com a globalização.

> Esta lei, segundo Dava, estabelece que a indicação de líderes comunitários é democrática, ou seja, com base em eleição e isto, segundo argumentou, por si só mostra que, em caso de incapacidade ou morte de qualquer líder comunitário, não será a família deste a indicar o sucessor, mas sim a respectiva comunidade.
> «Os parentes não podem obrigatoriamente suceder o trono de um seu familiar falecido, por exemplo, porque não estamos num Estado monárquico. Os líderes comunitários são eleitos por confiança que determinada comunidade deposita num dado indivíduo e não por familiaridade ou linhagem», disse Dava.
> Questionado se tais situações iriam levantar clivagens tendo em conta que nalgumas comunidades os líderes tradicionais são escolhidos por serem detentores exclusivos de alguns segredos e mitos tradicionais locais, Dava disse que isto reflecte problemas mitológicos que infelizmente continuam a afectar a maioria da população africana, sustentados pelo alto índice de analfabetismo e ignorância, especialmente nas zonas rurais.
> Outra questão debatida no curso, segundo Dava, foi a fidelidade das autoridades comunitárias às leis e às instituições do Estado. Sobre esta matéria, disse que, ao abrigo da Lei 15/2000, o «régulo» que num acto de infidelidade ao Estado satisfazer interesses de um partido político em que esteja filiado, a comunidade poderá ver-se no direito de o retirar do cargo e eleger uma outra pessoa que se identifique com os interesses e anseios do público local.
> Sobre a legislação da autoridade comunitária no país, Dava disse que o encontro mostrou claro que a Lei 15/2000 não é conhecida pelos próprios destinatários, porque não está sendo divulgada àquele nível, acontecendo que apenas as instituições governamentais é que a dominam.
> Ainda sobre a legislação sobre a autoridade tradicional, a fonte afirmou que os «régulos» continuam a usar práticas proibidas pelo mundo moderno, tais são os casos de feitiçaria, obscurantismo e curandeirismo, tudo isso por não conhecerem as leis que regulam a sua actividade e a sua relação com o Estado.
>
> In *Notícias* (Maputo, Moçambique), 24/03/2003

6. Um mundo multipolar e multicivilizacional

Como refere Samuel Huntington (1999, p. 28), «no mundo pós-guerra fria as diferenças mais importantes entre os povos não são ideológicas, políticas ou económicas. São culturais. Os povos e as nações estão a tentar responder à mais básica questão que os seres humanos enfrentam: quem somos nós? E respondem a esta pergunta da forma mais tradicional, tendo como referência o que mais conta para eles. As pessoas definem-se em termos de ascendência, religião, língua, história, valores, costumes e instituições. Identificam-se com grupos culturais: tribos, grupos étnicos, comunidades religiosas, nações e, a um nível mais amplo, civilizações. As pessoas usam a política não só para promoverem os seus interesses, mas também para definirem a sua identidade. Só sabemos quem somos quando sabemos quem não somos e, frequentemente, contra quem somos».

Acicatada pela modernização, a política global está a ser reconfigurada segundo determinadas linhas culturais. Os povos e os países com culturas análogas aproximam-se, em contraponto aos que têm culturas diferentes. Estas diferenças provocam comportamentos diversos, assimétricos e, por vezes, irracionais. Quer por motivos de simples lógica moral (respeito pelos semelhantes), quer, ainda, pelo cuidado a ter com os investimentos (necessidade de os rentabilizar), importa ter em atenção os mínimos sinais de perturbação social, geralmente antecedida pela perturbação política.

Estas diferenças de comportamento intra e extracivilizacional derivam de:
- Sentimento de superioridade (e, por vezes, de inferioridade) face a pessoas que são entendidas como muito diferentes;
- Receio e falta de confiança em tais pessoas;
- Dificuldade de comunicação com elas em resultado de diferenças na língua e no comportamento social;
- Falta de familiaridade com os princípios, motivações, estruturas e práticas sociais dos outros[12].

7. A heterogeneidade cultural africana

Em África quase todos os países são heterogéneos, visto que incluem dois ou mais grupos étnicos.

Como resultado, existem muitos países divididos em que as diferenças e os conflitos entre estes grupos desempenham um papel importante na política do país. A profundidade desta divisão varia, normalmente, ao longo do tempo. Divisões profundas, no interior de um país, podem levar à violência generalizada ou ameaçar a sua própria existência. É mais provável que esta última ameaça ocorra, induzindo movimentos para a autonomia ou a separação, quando as diferenças culturais coincidem com diferenças de localização geográfica.

Como os processos de autonomia não são fáceis (se o fossem, provavelmente a convulsão também não seria menor), é razoável aceitar que existe uma tendência, por vezes pouco sublime, para o abuso do poder pelos grupos maioritários.

---

[12] Huntington, S. (1999); O *Choque das Civilizações e a Mudança da Ordem Mundial;* Lisboa, Gradiva, p. 150.

Em extremo, se a cultura e a geografia não coincidem, *pode tentar for çar-se*[13] esta coincidência quer pelo genocídio, quer por migração forçada.

8. As sociedades africanas e o Estado-nação

Existe, desde há muito, um grande debate teórico sobre a definição de uma nação. No entanto, parecem estar todos de acordo em que o vector nuclear abarca dimensões como a opinião subjectiva das pessoas no referente ao conceito de identidade nacional (e, também, étnica e religiosa). Independentemente dos indicadores observáveis, utilizados para definir um grupo étnico ou uma nação – língua, história comum, limitação geográfica, padrões culturais, entre outros –, a questão decisiva parece ser a percepção que uma pessoa individual tem sobre a esfera a que pertence e a que os outros pertencem[14].

8.1. O modelo europeu

Poucos Estados africanos podem ser considerados como Estados-nação, se por Estado-nação se entender que cada nação tem o seu Estado, ou que cada Estado é constituído somente por uma nação. Pelo contrário, os Estados africanos são um reflexo da esfera dos interesses em África de um grupo de Estados-nação europeus durante o final do século XIX.

Como já referimos, as fronteiras geográficas dos Estados africanos do presente não reflectem qualquer desenvolvimento histórico africano. São quase todos artificiais, e o seu aparecimento formal não teve em atenção as realidades africanas. Esta realidade distingue-se dos princípios dominantes na Europa, no que diz respeito à motivação ideológica dos Estados-nação – o nacionalismo. Pode definir-se nacionalismo como a expressão política de uma vontade de que cada nação tenha o seu próprio Estado – um Estado-nação[15].

O processo de evolução europeia pode, de uma forma simplificada, ser descrito como um empenhamento de nações relativamente homogéneas em estabelecer os seus próprios Estados, num contexto de «implosão» dos impérios debilitados. Isto significa que se tratava de nações relativamente «autoconfiantes» que procuravam o seu próprio Estado.

---

[13] Pelos grupos maioritários.
[14] Bondenstam (1990); pp. 94-95.
[15] Gellner, 1983, p. 2.

O nacionalismo, em África, surgiu no âmbito de um sistema existente de Estados, criados pelos poderes coloniais. O processo de luta pela independência uniu as diferenças. Essas alianças foram, no entanto, circunstanciais. Com o fim dos conflitos, perderam o conteúdo que as originou.

Porém, esses Estados muito raramente incluíam apenas uma nação, pelo que os novos detentores do poder tiveram, como uma das suas principais tarefas, a criação de uma nação para o espaço geográfico que vieram a dominar. Por outras palavras, considerou-se que se podia criar uma consciência nacional de forma administrativa, a «partir de cima». Tecnicamente, denominava-se «projecto de Estado-nação».

Na prática, só excepcionalmente os novos Estados conseguiram formular e implementar uma política que possibilitasse a criação dessa nação. Tudo aponta para que nos encontremos num período histórico em que as tentativas dos últimos trinta anos para criar em África Estados-nação do tipo europeu tenham consequências catastróficas[16].

A crise do Estado-nação africano tem a ver com as dificuldades em desenvolver uma consciência nacional, de uma maneira rápida, em substituição de um «sistema», limitado geograficamente, de lealdades dentro de famílias, parentes, grupos étnicos ou nações.

Uma maneira de contrariar estas tendências de crise seria fazer ajustamentos das fronteiras internacionais. Contudo, estes têm sido tabus em África, até ao momento. A Organização de Unidade Africana (OUA), numa resolução de há muito tempo, determinou que as linhas fronteiriças internacionais não deviam ser alteradas[17]. Mesmo que as elites políticas africanas continuem a manter este princípio, a evolução pode levar a que esses ajustamentos se façam naturalmente, sob sangue e fome[18]. Desta forma, os mesmos poderão vir a ser considerados como a única possibilidade de impedir que os conflitos locais alastrem ou que causem correntes migratórias consideráveis, tanto dentro do Continente como fora dele.

---

[16] Não é difícil encontrar exemplos actuais de formações nacionais que têm dificuldades em se manter unidas: República Popular do Congo, Somália, Sudão, Libéria, Ruanda e, mais recentemente, a Nigéria e a Costa do Marfim.
[17] O princípio de conservar as fronteiras existentes encontra-se já nos primeiros estatutos da OUA, que foram adoptados aquando da sua formação em 1963 (Davidson, 1991, p. 274).
[18] A Somália é um caso paradigmático. Actualmente, no mesmo «Estado formal», existem, de facto, dois governos.

8.2 A legitimidade do Estado-nação

Um projecto de Estado-nação é dinâmico e autoconfigurável. O facto de um governo dar início à constituição de um Estado-nação[19] não implica necessariamente que a tarefa seja completada com sucesso. A sua evolução pode ser interrompida e pode, também, sofrer retrocessos. Tal como vimos na Europa[20], mesmo períodos longos de tentativas de integração podem não ser suficientes[21].

O conceito de desenvolvimento predominante – a modernização através do denominado progresso técnico – previa que a África seguiria o mesmo caminho que a Europa, mas mais tardiamente. O Estado-nação como forma de gestão adquiriu quase o estatuto de «direito natural». Se a existência do Estado-nação europeu não se revelou irredutível, a posição do Estado-nação africano é mais precária. Na maior parte dos casos, ele ainda não está constituído. Isto tem consequências quando se pretende analisar o colapso político e administrativo que está a decorrer em alguns destes jovens Estados.

Na maior parte dos países africanos, em que a identificação da população com o Estado-nação ainda é muito fraca, cada política que falha representa uma crise, também para as possibilidades de desenvolvimento do Estado-nação. Um Estado-nação em decadência só a custo poderá constituir um enquadramento suficientemente forte para o desenvolvimento de um sistema multipartidário e democrático que funcione.

9. Sistemas políticos: multipartidários *versus* unipartidários

A democracia parlamentar é a forma de direcção política que surgiu com o aparecimento dos Estados-nação e a industrialização na Europa. Os sistemas multipartidários equilibravam os grupos de interesses na sociedade, diluindo as tensões trazidas pelo desenvolvimento económico. Tentou-se, assim, corrigir os desequilíbrios sociais, de dimensão regional, à medida que eles iam surgindo.

Um argumento africano importante a favor do sistema unipartidário é que o sistema multipartidário em África se poderia vir a basear em identidades étnicas e, desse modo, contrariar a consolidação do Estado-nação.

---

[19] Como foi o caso, em África, após a cessação da colonização.
[20] Os casos da ex-Jugoslávia e da ex-URSS são disso exemplo.
[21] Nilson, Anders e Abrahamsson, Hans (1998); *Moçambique em Transição – Um Estudo da História de Desenvolvimento durante o Período 1974-1992*; Maputo, GEGRAF, p. 250.

No âmbito de um sistema de um só partido, seria mais fácil equilibrar os diferentes grupos de interesses internos em nome da unidade nacional. Assim, o sistema unipartidário é posto contra o sistema multipartidário na perspectiva em que se considera ser mais eficiente.

As críticas aos sistemas unipartidários africanos utilizam como ponto de partida a mesma carga ideológica que o Ocidente dirigiu contra as ditaduras da União Soviética e da Europa de Leste. Devemos lembrar que os sistemas unipartidários da Europa de Leste estavam ideologicamente motivados porque representavam a «ditadura do proletariado», isto é, o poder ditatorial da classe trabalhadora sobre as outras classes sociais. Os dirigentes africanos tencionavam, com os sistemas unipartidários, diminuir as tensões internas, só que não tinham uma classe social[22] para poderem criar nações e Estados-nação.

Isto significa que as dificuldades com a constituição da nação, que os dirigentes africanos modernistas esperavam poder solucionar com a ajuda de sistemas unipartidários, nunca constituíram qualquer preocupação para aqueles que formularam a crítica aos sistemas unipartidários africanos. As exigências impostas aos governos africanos – de passar de ditadura (sistema unipartidário) para democracia (sistema multipartidário) – não têm em consideração o problema da consolidação do Estado-nação. Pelo contrário, essas exigências subordinaram-se à contradição ideológica global da década de oitenta. Nessa contradição, a transição de sistema unipartidário para sistema multipartidário estava relacionada com a transição de uma economia planificada para uma economia de mercado. A maioria dos sistemas unipartidários de África, que tentou estabelecer economias planificadas, está agora a transitar para economias de mercado e para sistemas multipartidários. Contudo, isso não irá provavelmente solucionar as suas dificuldades em constituir a nação[23].

Por outro lado, em alguns casos, a argumentação africana era uma tentativa de ocultar o poder ditatorial de uma pequena elite. Noutros, os sistemas de um partido tinham por objectivo encontrar um sistema de governação «moderno» para uma sociedade em que as pessoas se identificavam sobretudo com a família ou o clã, e não com a nação. Nesse tipo de sociedade, os partidos com base nacional correm o risco de se tornarem elementos estranhos, independentemente se existem em sistemas multipartidários ou em sistemas unipartidários. Talvez o erro tenha sido a utilização de uma parte da tradição política ocidental – o sistema de partidos com cobertura nacional –, acreditando que isso seria um caminho para a

---

[22] Em bom rigor até tinham, mas não o denominado «proletariado».
[23] Nilson, Anders e Abrahamsson, Hans (1998); *Ob. cit.*, p. 252.

democracia, ao mesmo tempo que o Continente carecia de Estados-nação consolidados como fundamento para a democracia[24].

10. A aculturação ou assimilação

A afirmação de uma identidade cultural nacional em África tem sido, generalizadamente, atravessada por um processo político contraditório: a ocidentalização das elites em simultâneo com a rejeição dos modelos de desenvolvimento sociopolíticos ocidentais. Trata-se de um processo difícil.

«A rejeição do Ocidente é uma opção impossível.»[25] A necessidade de implementar um modelo próprio de desenvolvimento não implica necessariamente a rejeição de outros.

Se as sociedades não ocidentais querem modernizar-se, devem fazê-lo à sua maneira. O Japão, por exemplo, fê-lo apoiando-se nas suas tradições, instituições e valores. A evolução foi serena.

O tremendo sucesso económico da Ásia tem vindo a comprovar que aquele não se deveu apenas à importação bem-sucedida das melhores práticas ocidentais, mas também ao facto de as sociedades asiáticas *terem conservado* determinadas características tradicionais das suas culturas – por exemplo, uma forte ética de trabalho –, integrando-as num sistema produtivo moderno[26].

De acordo com este raciocínio, Huntington conclui que «os dirigentes políticos que têm a soberba de pensar que podem dar uma nova forma à cultura das suas sociedades estão condenados ao insucesso. Enquanto incorporam elementos da cultura ocidental, tornaram-se impotentes para suprimir ou eliminar os elementos essenciais da sua cultura indígena. Pelo contrário, o vírus ocidental, uma vez inoculado numa outra sociedade, é difícil de eliminar. O vírus persiste, mas não é fatal; o paciente sobrevive, mas jamais é o mesmo. Os dirigentes políticos podem fazer história, mas não fogem à história. Produzem países dilacerados: não podem criar sociedades ocidentais. Infectam o país com uma esquizofrenia cultural que se torna a sua característica continuada e definidora[27]».

---

[24] Nilson, Anders e Abrahamsson, Hans (1998); *Ob. cit.,* p. 253.
[25] Huntington, S. (1999); O *Choque das Civilizações e a Mudança da Ordem Mundial;* Lisboa, Gradiva, p. 180.
[26] Fukuyama, Francis (1999); *O Fim da História e o Último Homem;* Lisboa, Gradiva, p. 236.
[27] Huntington, S.. (1999); *Ob. cit.,* p. 180.

10.1. Case Study

Mãe processa emissários do rei por rapto da sua filha para núpcias

Num gesto sem precedentes na história da Suazilândia, a mãe de uma jovem escolhida para noiva do rei processou dois emissários do monarca por lhes terem raptado a filha, que levaram para «núpcias reais» em local secreto.

Lindiwe Dlamini levou os emissários do rei M'swati III a tribunal, acusando-os de terem raptado a filha, Zena Mahlangu, 18 anos, depois da cerimónia anual da «Dança dos Juncos» realizada a 15 de Setembro último, em que o monarca escolhe uma virgem para nova mulher.

Rei absoluto, M'swati III, 34 anos, já tem nove mulheres e, de acordo com a legislação do país, está acima da lei, não podendo ser detido ou mesmo processado.

Nestas circunstâncias, a mãe de Zena Mahlangu optou por processar os dois emissários encarregues do rapto da jovem, que frequentava uma escola, de onde desapareceu.

Logo na primeira sessão, o julgamento foi adiado indefinidamente.

Com Zena foram raptadas outras duas jovens – Noliqhiwa Ntentesa e Sandra Dlamini, ambas de 17 anos – também elas escolhidas no baile de Setembro para noivas do rei.

As três jovens foram levadas das escolas que frequentavam, sem consentimento, nem conhecimento dos pais, para serem preparadas e apenas uma delas escolhida para «esposa do rei».

Lindiwe Dlamini, directora da empresa nacional de Correios e Telecomunicações, goza de grande respeito popular e conseguiu obter para a sua causa o apoio de organizações de defesa dos direitos humanos da mulher e de associações de pais, que esperam uma decisão dos tribunais que ponha termo aos «desejos arbitrários e caprichosos» do rei swázi.

O pai de Ntentesa, professor universitário, afirmou ao jornal «Times of Swaziland» que, «se tivesse dinheiro necessário, tinha actuado como Lindiwe Dlamini».

No entanto o pai da terceira jovem, o ex-polícia Sipho Dlamini, declarou-se «extremamente feliz» por uma filha sua ter merecido a escolha do rei.

«Como swázi genuíno, acredito que o rei não faz mal», referiu o ex-agente ao mesmo jornal. Ironicamente, no entanto, a actuação do monarca viola uma ordem do ano passado, mas ainda em vigor, que proíbe manter relações sexuais com menores, para combater a propagação da SIDA. Associações civis acusaram M'swati III de violar a sua própria lei ao escolher menores como esposas. O monarca, que reconheceu o erro, impôs a si próprio uma multa – de uma vaca – pela violação do decreto.

A Suazilândia, um pequeno reino encravado na África do Sul, é um dos países da África Austral mais afectados pela epidemia da SIDA, cujo vírus foi contraído por um em cada quatro adultos swázis.

In *Notícias* (Maputo, Moçambique), 23/10/2002

11. Cultura e modelos económicos e sociais

Geert Hofstede publicou na década de oitenta estudos muito interessantes em que sugeria que as «diferenças de nacionalidade têm muita importância no mundo dos negócios»[28].

O seu modelo, criado para estudar e classificar as diferenças culturais nacionais, baseia-se em cinco princípios: maior ou menor distância hierárquica; individualismo *versus* colectivismo; sociedades patriarcais *versus* sociedades matriarcais; maior ou menor controlo da incerteza; orientação a longo prazo *versus* orientação a curto prazo.

Estes cinco índices – independentes e localizados em função das diferenças de cultura – foram identificados durante o projecto de investigação que permitia medir as distâncias culturais entre as subsidiárias da IBM em 64 países.

Ainda segundo Hofstede, o agrupamento que se faz dos países, como consequência dos resultados obtidos relativamente às diferentes dimensões, explica as raízes das diferenças culturais, que devem ser compreendidas à luz da sua história comum. Por exemplo, todos os países latinos registam níveis semelhantes nas «dimensões hierárquicas» e no «controlo de incerteza». Estes países herdaram parte da sua civilização do Império Romano, caracterizado pela existência de uma autoridade central em Roma e um sistema legal que abrangia todos os cidadãos. Isto «estabeleceu nos cidadãos valores complexos reconhecidos ainda nos dias de hoje – a centralização promove distâncias hierárquicas, e a enfâse nas leis promove controle de incerteza». O factor «distância hierárquica» pode ser, de forma estatística, relacionado com o uso da violência ao nível da política doméstica ou das desigualdades de rendimento num país. Também o «individualismo» está correlacionado com a riqueza nacional (PIB) e com a mobilidade de classes sociais de uma geração para a seguinte. Por sua vez, «o elevado controlo de incerteza» associa-se ao catolicismo romano e à obrigação legal de, em países desenvolvidos, os cidadãos terem de apresentar um bilhete de identidade.

Para colaborar com este estudo, poderemos apresentar alguns exemplos que permitem ilustrar o impacto das diferenças culturais. No Japão, é importantíssimo que cada empresário/gestor se faça acompanhar por um cartão de visita que entrega a todos os membros da comitiva anfitriã. Os dirigentes muçulmanos ficam embaraçados se o seu interlocutor numa

---
[28] Conceição, Sofia (2003); «O Valor da Diferença», in *Ideias & Negócios*, n.º 57, Março de 2003, pp. 58-61.

negociação for uma mulher. Em África, quanto mais cedo for marcada a reunião, maior é o respeito que demonstram. Os horários de trabalho e de lazer, as técnicas de negociação, as relações hierárquicas, o peso dos contratos escritos *versus* acordos verbais, etc., são tratados de forma diferente de país para país, de região para região.

Estes modelos comportamentais também podem ser formalizados ao nível das relações de trabalho.

Quadro 8: Modelos económicos e sociais

Anglo-saxónico	Alemão/Japonês
Mobilidade laboral	Estabilidade do emprego
Individualismo	Pertença a grupo/empresa
Respeito pela diversidade	Procura de homogeneidade
Prémio do esforço individual	Lealdade ao grupo e à empresa
Propriedade baseada na dispersão dos capitais	Propriedade baseada em famílias ou instituições
Hierarquias bem definidas	Co-gestão
Rapidez na tomada de decisão	Decisão por consenso
Procura permanente da eficiência	Procura da estabilidade e segurança
Maximização dos lucros	Maximização da quota de mercado
Prémios de produtividade; salários baseados na *performance*	Salário igual para categorias semelhantes; menores diferenças

Fonte: Esperança, Paulo (2000): MIMEO.

Naturalmente que terá de existir uma relação entre as expectativas de comportamentos sociais e a sua remuneração. Um empregado do modelo anglo-saxónico terá uma «segurança» laboral muito inferior ao alemão/japonês, logo o seu ordenado deverá ser superior (custo do risco de perda de emprego).

12. Cultura e cooperação económica

> Muammar Kadhafi, no seguimento do lançamento da União Africana em Durban em Julho de 2002, visitou alguns dos países da Comunidade para o Desenvolvimento da África Austral (SADC). Aquando da visita a Moçambique, recorrendo ao *Alcorão*, livro sagrado do Islão, Kadhafi disse que «quem deve um determinado valor deve reembolsá-lo sem juros[29]».
> O líder líbio referia-se a uma dívida de Moçambique de cerca de 140 milhões de dólares norte-americanos, contraída nos anos 80, em relação à qual as expectativas dos moçambicanos eram do perdão ou do reescalonamento, à imagem do que tem acontecido com a generalidade dos países ocidentais.
> Os governantes moçambicanos, nomeadamente o ministro dos Negócios Estrangeiros, Leonardo Simão, desdramatizaram a reacção dos *media* relativamente a esta afirmação e a alguns incidentes protocolares surgidos ao longo da visita, afirmando que o país tem de gerir as relações com os outros Estados e tem «uma visão larga do espectro de práticas e culturas institucionais em vários países».[30]

As alianças militares e as associações económicas promovem a cooperação entre os seus membros. A cooperação depende da confiança, e esta desenvolve-se mais facilmente entre instituições de valores e culturas comuns. A noção de «tempo» é decisiva nesta questão. Nesse sentido, é razoável aceitar-se que o sucesso desses acordos é directamente proporcional às ligações socioculturais activas (partilhadas) e aprendidas ao longo do processo (tempo).

À medida que uma relação de cooperação se desenvolve e, consequentemente, se afirma, é possível considerar-se atingida uma nova etapa, a integração. A integração é, pois, um estádio maduro da cooperação.

12.1. Integração regional e económica

A relação entre a cultura e o regionalismo é evidente na análise dos processos de integração regional. A integração económica é o epílogo dos processos de relacionamento regional.

---

[29] In *Notícias* (Moçambique) de 16 de Julho de 2002, p. 1.
[30] In *Boletim Lusa* (Moçambique) de 17 de Julho de 2002, p. 1.

Por ordem crescente de grau de integração, admitem-se quatro níveis possíveis de associação económica entre países:
1. Zona de comércio livre;
2. União aduaneira;
3. Mercado comum;
4. União económica.

A União Europeia, cujo processo de integração se iniciou em 1957 com o Tratado de Roma, já avançou muito na via da integração com a consolidação (embora ainda muito jovem) da união económica e monetária.

Quadro 9: Lógica cumulativa de integração

Grau de integração	Características
Agrupamento preferencial de comércio	Redução tarifária sobre produtos importados.
Zona de comércio livre	Livre circulação de bens, ou seja, não existem direitos.
Zona de comércio livre c/ pauta aduaneira comum	Distingue-se da anterior pelos direitos comuns sobre os bens importados de países terceiros.
União aduaneira	Livre circulação de mercadorias e factores produtivos. Pauta exterior comum.
União económica	Verdadeiro mercado comum, incluindo políticas económicas, sociais e fiscais tendencialmente convergentes.
União económica e monetária	Convergência completa das políticas da união económica e monetária integrada.
União política	Federação ou confederação de Estados com governos ou políticas centrais.

O processo europeu vingou devido ao enquadramento de diversos factores: iniciou-se com a Europa apreensiva quanto ao seu futuro político--social (vinha de duas guerras terríveis); assistiu-se a um período de espectacular crescimento económico (até aos anos setenta o crescimento foi constante); e os governantes acreditavam no projecto, criando uma máquina burocrática[31] eficiente.

---

[31] Burocracia = modo de administração em que os assuntos são resolvidos por um conjunto de funcionários sujeitos a uma hierarquia e a regulamentos rígidos, desempenhando tarefas administrativas e organizativas caracterizadas por extrema racionalização e impessoalidade, e também pela tendência rotineira e centralizada do poder decisivo, in *Dicionário Universal*, Texto Editora.

Esta *máquina*, funcionando, retirava poder casuístico aos governos. Isto significa que os governos tendem a ficar simples instrumentos das políticas decididas por unanimidade (mais ou menos forçada).

O mesmo não se pode afirmar na América Latina, onde o Mercosul e o Pacto Andino avançam muito lentamente. Vários autores[32] põem em causa, no curto prazo, a exequibilidade prática da maioria dos acordos de «Integração Regional das Economias» em África.

De facto, a articulação regional pressupõe uma articulação interna (nacional). As máquinas administrativas e judiciais, verdadeiros pilares da construção europeia, são muito débeis na maioria destes países[33].

Importa, contudo, realçar que estes acordos são objectivamente concebidos mais para alcançar «a cooperação do que a integração económica». Trata-se, pois, de uma etapa importante para os objectivos (político-económicos) de criação de espaços de livre circulação de bens.

13. A cultura e as organizações/empresas

Embora as organizações de um mesmo país possam denotar traços culturais comuns, não parece haver dúvidas de que cada organização se caracteriza por uma «personalidade» própria. Daqui emergem efeitos integradores (das pessoas na empresa) e diferenciadores (cada organização tem uma personalidade própria). Ambos estão estritamente relacionados, e é nesse cenário que a «gestão pela cultura» se posiciona.

As culturas nacionais organizacionais diferem ao nível dos procedimentos e das práticas de gestão, enquanto as culturas nacionais se diferenciam ao nível dos valores. Desta forma, gerir negócios internacionalmente significa lidar com diferenças de culturas nacionais e de organização, ao mesmo tempo. As culturas organizacionais são geríveis, enquanto as culturas nacionais devem ser consideradas como «dogmas» pelo gestor. Por outro lado, são as culturas organizacionais comuns entre fronteiras que unem uma multinacional.

Para tal, a comunicação intercultural aprende-se, mas alguns estão mais aptos a aprender do que outros. Aqueles que têm um ego demasiado desenvolvido, uma baixa taxa de tolerância pessoal em relação à incerteza e antecedentes de instabilidade emocional, ou são conhecidos como

---

[32] Ernâni Lopes (2001); *I Seminário Integração Social das Economias da África Austral*, Maputo.
[33] O modelo europeu, p. ex., apresenta alguns Estados centenários, com as suas instituições consolidadas.

racistas ou politicamente simpatizantes de causas colocadas em qualquer dos extremos, não são bons candidatos para uma formação que exige capacidade para se distanciarem das suas próprias convicções. Pessoas com estas características, provavelmente, não serão aptas para um processo de expatriação.

As normas (formais ou informais) que identificam e tornam específica a cultura organizacional indicam aos indivíduos aquilo que devem e não devem fazer numa determinada empresa. Elas são apreendidas ao longo da sua trajectória, e a sua evolução é efectuada em função do *management* *versus* mercado *versus* accionistas.

As possibilidades de intervenção sobre o pessoal, particularmente as mais recentes, não são, todavia, ilimitadas. Na verdade, quando chegam à organização, no começo da idade adulta, já os indivíduos apresentam um conjunto de valores tendencialmente consolidados, não podendo ser alterados com facilidade. O que a empresa pode fazer é seleccionar pessoas que já possuam um determinado conjunto de valores, determinar um padrão comportamental favorável e reforçar (por exemplo, com prémios e promoções) os indivíduos que, no quadro desse padrão, contribuam de forma mais significativa para os seus resultados.

Quadro 10: Uma tipologia de culturas organizacionais nas empresas

	Clã	Burocrático	Adaptativo	Cultura de realização
	Orientação Interna		Orientação Externa	
	Organicismo	Mecanicismo	Organicismo	Mecanicismo
Atributos	Coesão, participação, trabalho em equipa, sentimento de família	Ordem, regras e regulamentos, uniformidade	Empreendorismo, criatividade e renovação	Competitividade, alcance de objectivos
Estilo de liderança	Mentor, facilitador, figura parental	Coordenador, administrador	Empresário, inovador	Decidido, orientado para a realização
Ligações	Lealdade, tradição, coesão	Regras, políticas, procedimentos	Flexibilidade, espírito empresarial	Foco nos objectivos, produção, competição
Ênfase estratégica	Desenvolvimento humano, moral, implicação/ /empenhamento	Competitividade, alcance de objectivos	Inovação, crescimento, novos recursos	Superioridade no mercado, vantagem competitiva

Fonte: Adaptado de Deshpandé, R., Farley, J. U. & Webster, F. E. (1993). «Corporate culture, customer orientation, and innovativeness in Japanese firms: A quadrate analysis»; *J. of Marketing*, 57(1), pp. 23-37.

O quadro acima representado exibe uma classificação de quatro tipos de culturas organizacionais, resultante do cruzamento de dois eixos, nomeadamente, orientação interna-externa e flexibilidade (organicismo)--estabilidade (mecanicismo):
- A *cultura de tipo clã* caracteriza-se pelo organicismo e pela orientação interna. Está orientada para a participação de todos os membros organizacionais, sendo adaptada a envolventes em mudança rápida. A pertença à empresa é realçada, e as necessidades dos empregados são tomadas como o caminho para o alcance de níveis elevados de desempenho.
- A *cultura adaptativa* é do tipo orgânico e de orientação externa. O foco é colocado no meio envolvente, e a organização reforça a capacidade de detecção, interpretação e tradução de sinais ambientais em respostas organizacionais. Os valores centrais são a inovação, a resposta rápida e o espírito empreendedor.
- A *cultura burocrática* é mecanicista e de orientação interna. Valoriza uma forma metódica de conduzir o negócio e destaca as regras e os modos estabelecidos de funcionamento como garantes de previsibilidade e bom funcionamento. É, portanto, uma cultura adaptada a envolventes estáveis.
- A *cultura de realização* é de orientação externa e mecanicista. É por vezes apelidada de cultura de missão. O foco é colocado numa clara definição da visão organizacional, assim como na definição daquilo que cada empregado deverá fazer para alcançar esse objectivo. Esta cultura é mais adaptada a envolventes estáveis, podendo suscitar bons resultados se a gestão for capaz de gerir o processo de definição de objectivos e de o articular com um sistema de recompensas que reforce a competitividade.

Nenhum dos tipos culturais expostos é intrinsecamente superior aos outros. A selecção natural sugeriu as melhores práticas para cada situação, quer no aspecto macro (país), quer micro (empresa). Também aqui a lógica é contingencial: o que importa é edificar/alimentar uma cultura organizacional mais adequada à estratégia da empresa. Por exemplo, uma empresa posicionada no mercado e firmemente orientada para a inovação não deverá ser dotada de uma cultura burocrática. No entanto, para outra empresa competindo numa envolvente estável e cujos resultados dependam do alcance de níveis elevados de previsibilidade e eficiência (sector maduro), a cultura burocrática poderá ser uma forma adequada de apoio à estratégia. Em mercados pouco previsíveis (grande assimetria de informação e poder, como na maioria dos Países em Desenvolvimento (PED)), a gestão adaptativa poderá ser a matriz mais eficiente. A *gestão da cultura* passa, por conseguinte, pela identificação e utilização adaptativa (podendo evoluir no tempo) de um conjunto de valores e normas adequados aos objectivos.

13.1. A cultura e os negócios

No passado, os padrões de comércio entre as nações seguiam, e assemelhavam-se, aos padrões das alianças entre as nações[34]. O proteccionismo, a ausência de informação e os sistemas de financiamento promoviam as trocas comerciais entre pares. O Mundo era mais *pequeno*. Hoje, os padrões do comércio são decisivamente influenciados pelo conhecimento e pela confiança. Os empresários tendem a fazer negócios com quem podem confiar: as más notícias *correm* depressa.

O investimento, nas relações de negócio, é baseado nas expectativas futuras de sucesso. As dúvidas são demolidoras para qualquer projecto.

13.2. Case Study

Venda de veículos em forma de peças

Quarteto rouba e desmonta viaturas
Polícia prende os malfeitores e manda recompor o automóvel

Quatro indivíduos indiciados de terem roubado uma viatura, no sábado findo, com recurso a chaves falsas e, desmontando-a posteriormente, para a sua posterior venda em peças, foram ontem obrigados a recompô-la, numa operação que decorreu durante quase todo o dia de ontem na Primeira Esquadra da Polícia da República de Moçambique.
Trata-se de uma carrinha «Nissan» que, segundo a Polícia, foi roubada na noite do último sábado, com recurso a chaves falsas, na baixa da cidade.
Jacinto Cunha, porta-voz da PRM a nível da cidade de Maputo, disse que, depois de roubarem a viatura, os gatunos levaram-na até à zona residencial de Khongolote, onde foram desmontá-la com o propósito de a colocar no mercado sob a forma de peças.
Iniciada a operação de busca, foi identificado um indivíduo que vendia pneus idênticos aos da viatura procurada e, feitas as investigações, descobriu-se que, realmente, faziam parte da carrinha roubada.
Identificado o veículo, a Polícia deteve os indiciados do roubo e obrigou-os a recompô-lo.
Tratou-se de uma operação sem precedentes que levou centenas de mirones às imediações da Primeira Esquadra para assistir ao processo de recomposição da viatura. O que mais chamou a atenção dos cidadãos que ontem acorreram à

---

[34] Caracterizados por uma grande *volatilidade*.

> Esquadra foi o facto de não ser normal ver, defronte da mesma, gente montando uma viatura munida de todo o equipamento para o efeito.
> Para dar maior seriedade ao assunto, a polícia contratou um mecânico para supervisionar os trabalhos e, até ao final do dia, a parte física da viatura estava toda recomposta. Faltavam apenas pequenos arranjos.
> A perícia com que trabalhavam os indiciados do roubo deixou claro o seu grande domínio da parte mecânica de um veículo.
> Escoltados por um agente da polícia, os indiciados de roubo de viaturas montaram o carro num à-vontade e relaxados, como se nada tivesse acontecido.
> A Polícia diz que, depois de fazer o termo de entrega do veículo ao respectivo proprietário, será iniciada nova investigação, para se apurar o possível envolvimento deste bando noutros casos de veículos roubados em Maputo.
>
> In *Notícias* (Maputo, Moçambique), 7/3/2001

14. A cidadania: confiança *versus* ética

O alargamento do perímetro de influência comercial, ou seja, a possibilidade de negociar fora do nosso bairro, da nossa aldeia leva a que a base de negociação deixe de ser a confiança pessoal, para ser a confiança instrumental (sistema judicial).

Vender a quem não conhecemos, e comprar não se sabendo a origem, deixou de ser a excepção, para ser bastante usual. Para além deste tipo de questões (quantificação do risco), todos quantos se preocupam em descortinar a actividade económica através da janela ética ficam perplexos com o panorama.

Colocam-se repetidamente questões como: devemos comprar a uma empresa que emprega crianças em idade escolar? E as crianças têm alternativas?! Apostar na escolaridade? Como?

Em relação à corrupção – a maior barreira ao investimento –, têm razão os que sustentam que não é interessante entrar em países onde reina a corrupção. Há quem advogue que não se devem pagar *luvas*! Nunca! E os que assim não pensam[35] que fazem?[36] Ou será aceitável defender (*quiçá* em nome da melhoria da situação dos mais pobres) que, se não há outro remédio para se entrar num país, há que aceitar a corrupção, embora se tenha, por isso mesmo, uma obrigação acrescida de, a partir de dentro, tentar eliminar essa situação.

---

[35] Muitas vezes, os concorrentes!
[36] Pois, como defende Patrick Murphy, se se entra neste jogo, não vende mais o que tem melhor produto, mas o que mais suborno paga. *Eighty Exemplary Ethics Statements,* University of Notre Dame Press, 1998.

Não queremos ser moralistas, mas a experiência sugere que quem entra em *processos escuros*, mais tarde ou mais cedo, «tropeça». Pensamos que importa publicitar todas as situações anómalas. Os cidadãos começam a ficar atentos a estas questões. Trata-se, no fundo, da sobrevivência da paz social.

Manuel Moreira (1998) sugere que «a moral não se opõe ao lucro, do mesmo modo que a técnica não se opõe ao humanismo, nem a eficácia à cultura. Numa concepção de empresa como comunidade de pessoas, é não só possível, mas desejável, conjugar os objectivos económicos com a realização do que o homem tem de mais humano. Só assim podemos esperar que a nova era que se anuncia seja de profunda humanização, a era do humanismo empresarial».

Em suma, a necessidade da ética não deverá ser vista como uma imposição externa, como temiam os economistas no passado (e alguns continuam temendo hoje), mas uma condição de equilíbrio e estabilidade do sistema socioeconómico. Isto quer dizer, no plano individual, que o projecto de vida de uma pessoa e a sua actuação diária não podem, sem mais, reger-se apenas pelos critérios da economia: a ausência de regras éticas levará, em espiral, a condutas que podem acabar contradizendo o próprio desenvolvimento.

Nesta perspectiva, gostaríamos de acrescentar uma nova dimensão: a da cidadania. Trata-se de um princípio de solidariedade. Mas não só! É também de elementar bom senso. Ninguém gosta de se sentir ultrapassado. Contudo, a distância entre ricos (em todos os sentidos) e os pobres parece aumentar.

Importa assumir uma nova atitude. Marçal Grilo (2002) sugere que «os países mais ricos e com maiores recursos não podem deixar de ter em conta o que se passa no mundo à sua volta e têm hoje a obrigação de fazer um grande esforço no sentido de proporcionar aos países mais desfavorecidos os meios e os instrumentos que lhes permitam (nas palavras de Roland Berger) 'levantar-se economicamente e juntar-se à comunidade internacional de que fazem parte por direito, mas de cuja vida económica, financeira, cultural e social se encontram definitivamente afastados'. Este apoio não deve traduzir-se apenas na disponibilização de pacotes financeiros, qualquer que seja a sua dimensão. Com efeito, estes países, devido ao insucesso de muitas das políticas conduzidas no passado recente por parte de muitas organizações internacionais ou de cooperação bilateral, continuam a necessitar de apoios nas áreas de educação, da formação das infra-estruturas e, sobretudo, no domínio da racionalização das políticas públicas e no combate à corrupção»[37].

No entanto, estas sugestões não têm sido genericamente acatadas.

---

[37] Fundação Calouste Gulbenkian (2002); *Cidadania e Novos Poderes numa Sociedade Global*; Publicações Dom Quixote, p. 227.

15. Temas de reflexão

• Nos últimos anos, o estudo dos aspectos sociais na economia ganhou maior importância, contribuindo, nomeadamente, para uma melhor interpretação da falência de muitos projectos de internacionalização. Tornou-se central questionar os objectivos e os instrumentos das políticas de apoio ao desenvolvimento para que sejam considerados os aspectos socioeconómicos e culturais na sua análise, planeamento e execução. Surge, deste modo, a expressão «desenvolvimento adaptado», na medida em que se leva em consideração, para além do Sistema de Ciência e Tecnologia, a base sociocultural dos PED.

• O conjunto das ideias de uma dada cultura forma um *sistema*, de tal forma que a compreensão de cada parte, ou de cada elemento, só será possível se se tiver em atenção o todo onde estão integradas. Porém, o conjunto das ideias está, por sua vez, interligado com a totalidade da sociedade onde está inserido.

• A comunidade é formada por pessoas unidas por laços naturais ou espontâneos, assim como por objectivos comuns que transcendem os interesses particulares de cada indivíduo. Um sentimento de «pertença» à mesma colectividade domina o pensamento e as acções das pessoas, assegurando a cooperação de cada membro a unidade ou a união do grupo. A comunidade é, pois, um todo orgânico, no seio do qual a vida ou o interesse dos membros se identificam com a vida e o interesse do conjunto.

Na sociedade, em contrapartida, as relações entre as pessoas estabelecem-se na base dos interesses individuais. São portanto relações de competição, de concorrência ou, pelo menos, relações sociais com um cunho de indiferença relativamente aos outros indivíduos. A troca comercial é o exemplo mais típico de uma relação societária, na medida em que cada um dos participantes nesta troca procura extrair o maior lucro possível.

• O processo europeu vingou devido ao enquadramento de diversos factores: iniciou-se com a Europa apreensiva quanto ao seu futuro político-social (vinha de duas guerras terríveis); assistiu a um período de espectacular crescimento económico (até aos anos setenta, o crescimento foi constante); e os governantes acreditavam no projecto e criaram uma máquina burocrática eficiente.

O mesmo não se pode afirmar na América Latina, onde o Mercosul e o Pacto Andino avançam muito lentamente. Vários autores põem em causa, no curto prazo, a exequibilidade prática da formação da maioria dos acordos de «Integração Regional das Economia» em África.

De facto, a articulação regional pressupõe uma articulação interna (nacional). As máquinas administrativas e judiciais, verdadeiros pilares da construção europeia, são muito débeis na maioria destes países.

Importa, contudo, realçar que estes acordos são objectivamente concebidos mais para alcançar «a cooperação do que a integração económica». Trata-se, pois, de uma etapa importante para os objectivos (político-económicos) de criação de espaços de livre circulação de bens.

O processo de evolução europeia pode, de uma forma simplificada, ser descrito como o empenhamento de nações relativamente homogéneas em estabelecer os seus próprios Estados, num contexto de «implosão» dos impérios debilitados. Isto significa que se trata de nações relativamente «autoconfiantes» que procuravam o seu próprio Estado.

O nacionalismo, em África, surgiu no âmbito de um sistema existente de Estados criados pelos poderes coloniais. O processo de luta pela independência uniu as diferenças. Essas alianças foram, no entanto, circunstanciais. Com o fim dos conflitos, perderam o conteúdo que as originou.

Porém, esses Estados muito raramente incluíam apenas uma nação, pelo que os novos detentores do poder tiveram como uma das suas principais tarefas a criação de uma nação para o espaço geográfico que vieram a dominar. Por outras palavras, considerou-se que se podia criar uma consciência nacional de forma administrativa, «partindo de cima». Tecnicamente, denominava-se «projecto de Estado-nação».

Na prática, só excepcionalmente os novos Estados conseguiram formular e implementar uma política que possibilitasse a criação dessa nação. Tudo aponta para que nos encontremos num período histórico, no actual momento, em que as tentativas dos últimos trinta anos em criar em África Estados-nação do tipo europeu tenham consequências catastróficas.

A crise do Estado-nação africano tem a ver com as dificuldades em desenvolver uma consciência nacional, de uma maneira rápida, em substituição de um «sistema», limitado geograficamente, de lealdades dentro de famílias, parentes, grupos étnicos ou nações.

• A democracia parlamentar é a forma de direcção política que surgiu com o aparecimento dos Estados-nação e da industrialização na Europa. Os sistemas multipartidários equilibravam os grupos de interesses na sociedade, diluindo as tensões trazidas pelo desenvolvimento económico. Tentou-se, assim, corrigir os desequilíbrios regionais à medida que eles iam surgindo.

Um argumento africano importante a favor do sistema unipartidário é que o sistema multipartidário em África se poderia vir a basear em identidades étnicas e, desse modo, contrariar a consolidação do Estado-nação. No âmbito de um sistema de um só partido, seria mais fácil equilibrar os diferentes grupos de interesses internos em nome da unidade nacional. Assim, o sistema unipartidário é posto contra o sistema multipartidário na perspectiva em que se considera ser mais eficiente.

• Concomitantemente à necessária afirmação de uma identidade cultural nacional, assiste-se a um processo político contraditório: a ocidentalização das elites com a rejeição dos modelos de desenvolvimento sociopolíticos ocidentais. Trata-se de um processo difícil.

«A rejeição do Ocidente é uma opção impossível.» A necessidade de implementar um modelo próprio de desenvolvimento não implica necessariamente a rejeição de outros.

Se as sociedades não ocidentais querem modernizar-se, devem fazê-lo à sua maneira. O Japão, por exemplo, fê-lo apoiando-se nas suas tradições, instituições e valores. A evolução foi serena.

O tremendo sucesso económico da Ásia tem vindo a comprovar que aquele não se deveu apenas à importação bem-sucedida das melhores práticas ocidentais, mas também ao facto de as sociedades asiáticas *terem conservado* determinadas características tradicionais das suas culturas – por exemplo, uma forte ética de trabalho –, integrando-as num sistema produtivo moderno.

Os dirigentes políticos que têm a soberba de pensar que podem dar uma nova forma à cultura das suas sociedades estão condenados ao insucesso. Enquanto incorporam elementos da cultura ocidental, tornam-se impotentes para suprimir ou eliminar os elementos essenciais da sua cultura indígena. Pelo contrário, o vírus ocidental, uma vez inoculado numa outra sociedade, é difícil de eliminar. O vírus persiste, mas não é fatal; o paciente sobrevive, mas jamais é o mesmo. Os dirigentes políticos podem fazer história, mas não fogem à História. Produzem países dilacerados: não podem criar sociedades ocidentais. Infectam o país com uma esquizofrenia cultural que se torna a sua característica continuada e definidora.

III
A Competitividade de um País

A noção de competitividade é universal: é mais competitivo quem faz melhor. Contudo, a maioria das análises, ou modelos de competitividade, baseia-se em experiências ocidentais, em que a combinação e interacção entre um Estado relativamente forte com instituições e normas estabelecidas, um mercado com actores económicos e uma economia monetária desenvolvida, assim como uma sociedade civil com um elevado nível de educação/formação como complemento, são os elementos fulcrais.

Estas experiências divergem substancialmente no contexto africano, com Estados e instituições fracos, com poucos empresários nacionais e com um sistema social caracterizado muito mais pela reciprocidade e pelo sistema de redistribuição da economia familiar do que por uma economia monetária e de troca no mercado.

No entanto, o mundo não espera pela reorganização sociopolítica e económica destas ainda jovens nações. As empresas, particularmente as que têm mais capacidades financeiras, são muitas vezes avessas ao risco. Investem apenas quando julgam conhecer muito bem o projecto e as suas envolventes. Assim, enquanto investidoras, necessitam de modelizar os fundamentos para a análise da competitividade de um determinado país.

A figura 1 ilustra, de uma forma simples, a relação entre aspectos macro e microeconómicos do processo de análise de uma oportunidade de investimento. Como se constata, a competitividade depende de diversos factores que interagem. Uma das preocupações constantes do empresário é a optimização do seu relacionamento com esses factores a fim de ganhar vantagens sobre a concorrência. Importa, pois, dar um maior enfoque àqueles que poderemos considerar como fundamentos estruturais da competitividade.

Figura 1: Determinantes da Competitividade: *Framework*

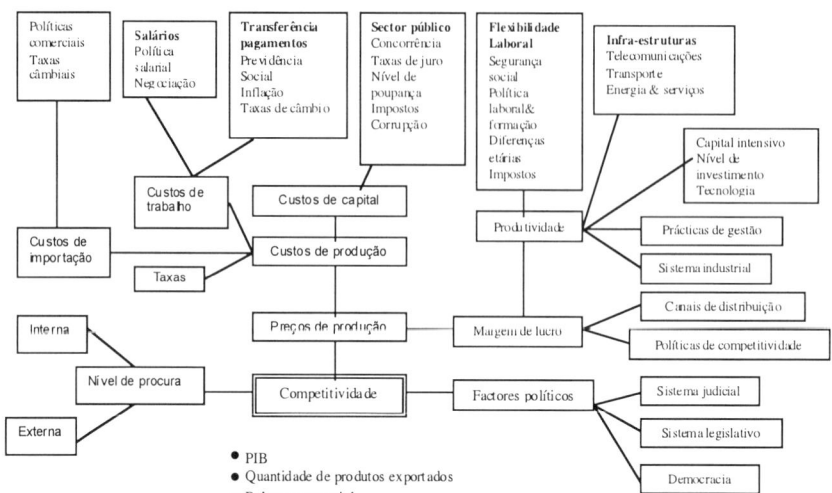

Fonte: Todo-Bom, Luís (1994); MIMEO.

1. Noção de competitividade

A hierarquização dos países, segundo a noção de competitividade (a sua capacidade para crescer), é tratada em diversas sedes e organizações internacionais. Estas elaboram anualmente relatórios com *rankings* cada vez mais tidos em conta nas opções de negócios adoptados pelas empresas internacionais. Os países são analisados a partir de uma matriz de critérios, e é realizada uma graduação: uns são considerados mais competitivos do que outros.

Para a análise da competitividade importa, entre outros, considerar como factores importantes:
- Capacidades de um país[1];
- Tecido produtivo e empresarial (as economias de escala, a complementaridade susceptível de criar sinergias e a concorrência são importantes);
- Sistema financeiro (acesso, promoção da poupança e concorrência);
- Recursos humanos (*management* e empreendorismo);
- Produtividade;

---

[1] O termo «capacidades» é a tradução entendida pelos autores de *capability*.

- Infra-estruturas comerciais (canais de distribuição para facilitar o acesso ao mercado);
- Uso de tecnologias e capacidade de diferenciar (para criar valor);
- Custos de *transacção* específicos (ética e corrupção).

Desta forma, é possível afirmar que a competitividade é um fenómeno estrutural.

O Fórum Económico Mundial e o Centro Harvard para o Desenvolvimento Internacional, no seu relatório sobre a Competitividade Global de 2001, consideraram que a Finlândia, os Estados Unidos da América e o Canadá lideravam o *ranking* dos 75 países estudados, em contraponto à Nicarágua, à Nigéria e ao Zimbabwe[2]. Este relatório define a competitividade como a capacidade de um país para alcançar o crescimento económico contínuo a médio prazo – que se entende ser de cinco anos.

O crescimento de um país não implica necessariamente a estagnação ou a recessão dos outros. A formulação e a implementação de boas políticas poderão promover o crescimento simultâneo. Mesmo assim, faz sentido classificar os países segundo a sua capacidade de alcançar o crescimento. Qualquer país está interessado em saber se as suas políticas estão numa trajectória correcta, ou seja, se, em comparação com as outras, se podem considerar melhores.

2. Capacidades de um país

Dentro do processo de globalização, o investimento directo estrangeiro (IDE) deverá ser, porventura, a consequência mais agradável para qualquer governante[3]. Neste sentido, a capacidade de atrair investimento é dada pela interpretação, por parte dos investidores, do contexto sociopolítico e económico.

Os países lutam por captar a maior parte do IDE que circula pelo mundo. A competição para atrair projectos é feroz e, normalmente, envolve vantagens fiscais, compromissos em infra-estruturas e até mesmo promessas sobre os cursos e currículos leccionados nas universidades locais.

Para o êxito das políticas governamentais, é muito importante a credibilidade das instituições públicas como órgãos reguladores, regulamentadores e decisores, assim como a estabilidade macroeconómica. Os resultados obtidos traduzem a qualidade da governação. Questões respeitantes à *good governance* tornaram-se centrais na análise do mérito como países-destino

---

[2] O estudo pode ser consultado em www.weforum.com.
[3] É sinal de que as suas políticas públicas estão a funcionar correctamente (são bem aceites pelos investidores).

de investimentos. Como funciona o sistema judicial? Os governos mudam constantemente de leis? Há corrupção generalizada? Os governos são estáveis e verdadeiramente responsáveis (pode confiar-se nos compromissos)? O banco central é independente?

Figura 2: Capacidades de uma Nação

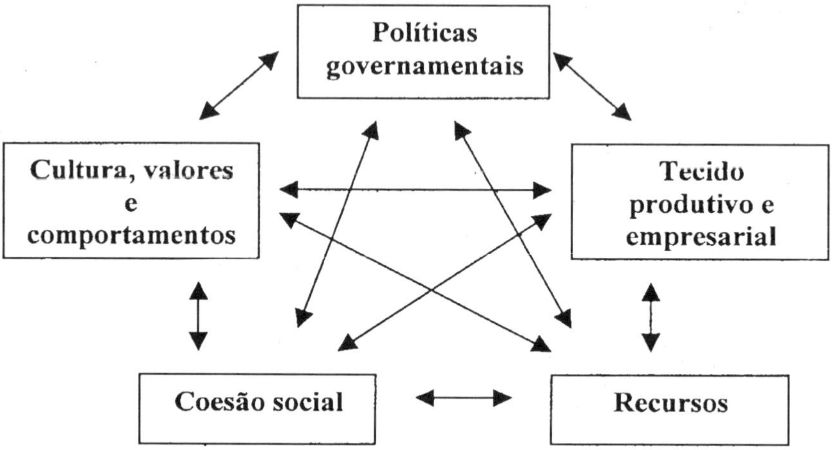

```
                    Políticas
                    governamentais
              ↗          ↑          ↘
    Cultura, valores  ←→           Tecido
          e                        produtivo e
    comportamentos                 empresarial
         ↕                              ↕
      Coesão social    ←→           Recursos
```

Fonte: Adaptado de Kotler, P.; Jatusripitak, S.; Maesincee, S. (1997); *The Marketing of nations: a strategic approach to buiding national wealth*, Ed. Free Press.

A estabilidade macroeconómica refere-se sumariamente à manutenção de inflação a níveis baixos, ao equilíbrio orçamental, ao valor e à estabilidade relativa da taxa de câmbio, à concorrência e competitividade do sistema financeiro e à confiança entre operadores de mercado. Por vezes, negócios situados em nichos de mercado interessantes são seriamente prejudicados devido a dificuldades insanáveis do contexto macroeconómico.

Para os países menos desenvolvidos, o acesso à tecnologia «importada» é crucial. Alguns destes países são «bons» a importar tecnologias novas. Contudo, quando a importação é coordenada pelas instituições públicas responsáveis pelo planeamento, onde a burocracia, a falta de quadros e a corrupção imperam, a grande maioria de projectos revela-se de uma completa ineficiência.

Particularmente na última década, as empresas são as maiores responsáveis pela captação de investimento e criação de riqueza. Desta forma, e sobretudo quando conseguem atrair IDE, elas introduzem no mercado não só novas tecnologias, como também inovam em termos organizacionais e de processo, optimizando a eficiência produtiva do país anfitrião. Assim sendo, os países, ao terem capacidade de captar IDE, tornam mais competitivo o Sistema de Ciência e Tecnologia (SCT), melhorando, igualmente, as balanças de pagamentos e comercial.

Por outro lado, esta metodologia de análise[4] da competitividade de um país permite estudar o mercado a médio prazo. As empresas fornecem pistas para investimentos não especulativos, ou seja, estruturais. Há naturalmente o efeito imitação. Os analistas estão atentos às vagas de investimento criando verdadeiras modas.

Por isso, e ironicamente, alguns dos países bem classificados no *ranking* poderão estar circunstancialmente em crise[5]. Contudo, a sua capacidade de inflectirem, ou seja, de retomarem a tendência de crescimento do ciclo económico é manifestamente melhor.

3. Tecido produtivo e empresarial

A «industrialização», sabemo-lo agora, não é um fenómeno instantâneo[6] que subitamente propulsionaria os países para a modernidade económica, mas um processo em evolução contínua sem aparente conclusão, em que a modernidade de hoje depressa se transforma na antiguidade de amanhã[7].

Alguns estudiosos do desenvolvimento económico procuram justificar o atraso do Terceiro Mundo pela relutância dos países ricos em investir nos países pobres. A acusação não se sustenta na História nem na lógica. Os homens de negócios sempre estiveram dispostos a «ir onde se possa fazer bom uso do dinheiro». É claro que têm as suas preferências: procuraram sempre minimizar os riscos e maximizar o conforto; também preferiram os climas amenos aos hostis, os lugares próximos aos muito distantes, as culturas conhecidas às estranhas[8].

Por vezes cometeram-se grandes equívocos. Apesar do maior cuidado e prevenção, nem todo o investimento compensa. É uma questão de risco. Mas isso não impede os homens de negócios e investidores de tentarem de novo. Não é a falta de dinheiro que impede o desenvolvimento. O maior impedimento é o diferencial social, cultural e tecnológico – a falta de conhecimentos e de competência técnica. Por outras palavras, a falta de talento e de capacidades para usar o dinheiro[9].

---

[4] Os países mais competitivos são os que captam mais IDE.
[5] O ataque terrorista de 11 de Setembro de 2001 acelerou uma crise económica nos EUA. Contudo, a capacidade de inflectir o ciclo económico será, com certeza, muito maior do que nos países menos competitivos.
[6] Fukuyama refere-se, essencialmente, às tentativas de industrialização acelerada forçada.
[7] Fukuyama, Francis (1999); *O Fim da História e o Último Homem;* Lisboa, Gradiva, p. 105.
[8] Landes, David S. (1998); *Riqueza e Pobreza das Nações*; Rio de Janeiro, Editora Campus, p. 301.
[9] Landes, David S. (1998*); Ob. cit.,* p. 301.

O **tecido produtivo e empresarial** refere-se essencialmente à competência de um país para estimular novas invenções e adoptar tecnologias de ponta inventadas noutras nações. Os países que mais investem em Investigação e Desenvolvimento (I&D) são naturalmente os que alcançam maiores taxas de inovação. Como resultado da entrada das invenções no mercado, os países mais inovadores desfrutam de uma maior prosperidade.

Figura 3: Tecido produtivo e empresarial

Infra estruturas de comunicação e telecomunicações

- Sistema financeiro
- Trabalhadores
- Fornecedores
- Concorrentes
- Instituições
- Universidades
- Clientes
- Sociedade
- Estado

Empresa

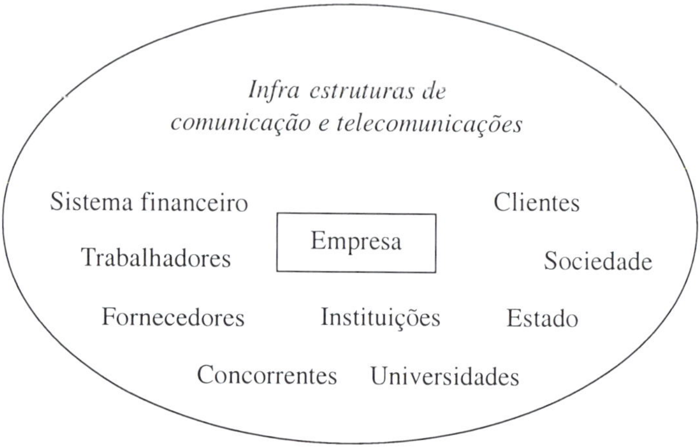

A existência de diversas unidades económicas promove a concorrência[10], favorece a criação de sinergias e de parcerias[11], formais ou informais, e cria o efeito «imagem»[12], proporcionando, deste modo, condições para o aumento da competitividade.

4. A estabilidade política

A instabilidade política e social, relativamente generalizada em África, não se compadece com quaisquer tipos de acordos jurídicos de integração e livre circulação. Pretende-se dizer com isto que a deslocação individual ou, sobretudo, maciça da população, pressionada pela fome ou pela guer-

---

[10] Importante para a introdução da inovação/diferenciação.
[11] Permite às empresas concentrarem-se no seu *core business*, subcontratando actividades complementares.
[12] Os *seguidores* correm atrás de oportunidades. Quanto maior for o *cluster*, maior será a qualidade da mão-de-obra de qualidade disponível.

ra, motivada por perseguições, imperativos ou afinidades tribais, se faz à revelia dos controlos e da delimitação das fronteiras, bem como dos piedosos acordos de circulação[13].

Outro aspecto que importa ter presente, pois em certa medida representa algo de inovador[14], é a intervenção sistemática de exércitos regulares de certos países nos Estados vizinhos, por razões pretensamente humanitárias, que, na maioria dos casos, se destina a proteger as próprias fronteiras, derrubar governos hostis ou, pura e simplesmente, «ocupar» o terreno[15].

A degradação dos sistemas políticos da África Ocidental está a contribuir para um novo cenário de «arrumação» de fronteiras, agora com um cariz dominantemente étnico. Os conceitos de Nação e Soberania, tão firmes noutros tempos na Europa, podem não fazer um percurso idêntico em África[16].

Lamentavelmente, esta é a imagem predominante nos círculos económicos internacionais. Refere-se inúmeras vezes que a África Subsariana é um «continente perdido», um espaço desestruturado, sem garantia de investimentos, com um reduzido mercado interno (em termos de qualidade), apenas útil como eventual produtor/exportador de matérias-primas (se for possível a sua exploração, para além dos enclaves do petróleo). Em suma, um grande espaço sem relevância no sistema económico mundial.

A SAER relativiza esta posição e conclui que «não é necessariamente assim, por duas razões:
- A África Subsariana é uma das duas áreas de expansão potencial do capitalismo à escala mundial (a outra é a República Popular da China);
- Se forem definidas e implementadas uma política adequada de cooperação (pelos Estados e instituições responsáveis) e uma estratégia de internacionalização correcta por parte das empresas, o potencial de crescimento destes mercados é enorme. Caso contrário, não é de excluir a ocorrência de uma espiral descendente e a emergência de um processo auto-alimentado de retrocesso».

---

[13] SAER (2001); *Estratégia Económica e Empresarial de Portugal em África* – Vol. VI – *Conclusões*; p. 75.
[14] No caso concreto, «específico do território africano».
[15] SAER (2001); *Ob. cit.*, Vol. VI, p. 75.
[16] SAER (2001); *Ob. cit.*, Vol. VI, p. 76.

4.1. Case study

> Temendo redução de poderes
> **Kumba Yalá prepara dissolução do Parlamento**
>
> O Presidente da Guiné-Bissau disse ontem que vai dissolver a Assembleia Nacional (Parlamento) e convocar eleições antecipadas. Kumba Yalá fez esta inesperada declaração durante um encontro com os comerciantes do principal mercado de Bissau, e as razões que invocou foram alegadas «movimentações políticas» no âmbito do Parlamento «com o objectivo, através da Constituição da República em processo de revisão», de lhe «subtrair poderes significativos». «Estas movimentações têm apenas como objectivo criar mais confusões no país para continuar a enganar o povo», afirmou, acrescentando que o «machado já está preparado para derrubar o Parlamento».
> De acordo com o calendário vigente, as próximas eleições estão previstas para Novembro/Dezembro de 2003, mas Kumba Yalá disse que elas serão realizadas dentro de 10 meses, antecipando assim por um ou mais dois meses a data inicialmente prevista.
> Sobre a justificação para a dissolução do Parlamento, Kumba Yalá afirmou que a actividade deste órgão «é de natureza pedagógica e política e não de natureza subversiva, como está a acontecer agora».
> O chefe de Estado prometeu ainda «explicar ao povo o que se passa no Parlamento» guineense e garantiu que não vai dar tréguas aos oportunistas.
> Referindo-se à situação económica difícil dos países, Kumba Yalá advertiu que «quem não pode que saia, porque há outros que podem», numa clara alusão ao PM [primeiro-ministro], Alamara Nhassé, sustentando que «o país tem de arrancar em definitivo para o desenvolvimento».
> «A Guiné-Bissau não pode ficar pendurada nos interesses de um pequeno grupo de pessoas», acusou, sem, contudo, explicar a que interesses se referia.
> Nas últimas semanas, Bissau assistiu a uma sucessão de rumores que apontam para a exoneração do actual PM, Alamara Nhassé, tendo em conta as óbvias más relações entre ele e o Presidente da República.
> Kumba Yalá, à semelhança do seu homólogo são-tomense, Fradique de Menezes, disse que vai efectuar uma deslocação por todo o país, para avaliar a vontade popular sobre a matéria constitucional.
> «Que tipo de regime é que o povo quer? Semipresidencial ou presidencial?», são estas as questões que Kumba Yalá irá colocar à população, quando a Guiné-Bissau tem um regime presidencial com pendor parlamentar.
>
> In *Notícias* (Maputo, Moçambique), 15/11/2002

Isto leva-nos a questionar se na realidade os Estados são os actores principais para estabelecer, ou ameaçar, a segurança dos cidadãos. Na ordem mundial, pós-bipolar, podemos observar como os Estados se desmoronam, principalmente devido a fraquezas internas. Por diferentes razões, a legitimidade do Estado foi corroída e, em muitos casos, não se conseguiu manter a segurança colectiva e individual dos cidadãos, assim como a sua crença numa estabilidade a longo prazo no âmbito das fronteiras existentes.

Figura 4: Formação do índice de estabilidade política

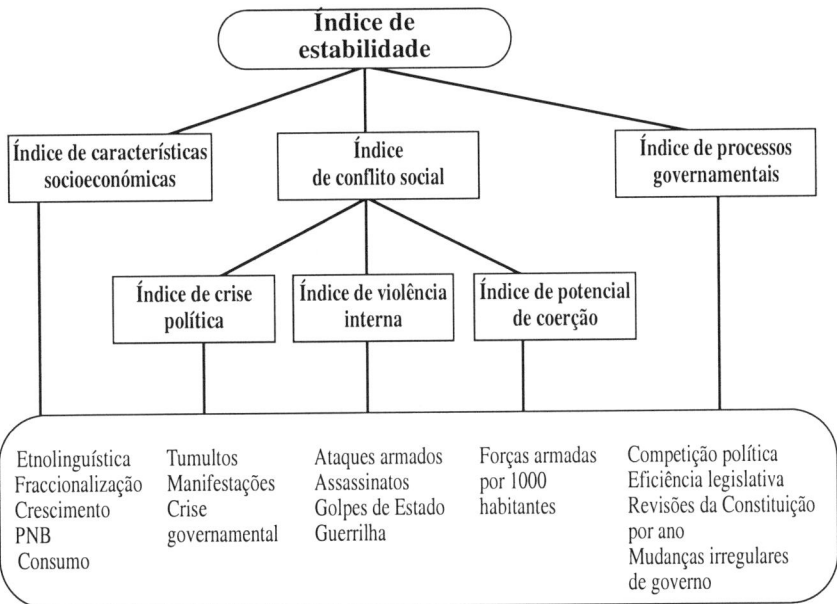

Este contexto de instabilidade provoca uma assimetria de informação. Um gestor experiente interpreta o cenário com alguma serenidade. Serenidade não deve significar «adormecimento». Na gestão, é muito importante que toda a equipa sinta que está a ser orientada por quem sabe «o que se passa». A necessidade de um profundo conhecimento ao nível sociocultural, facilitando a adaptação e a integração da empresa com as diferentes comunidades, obriga a um cuidado especial com os recursos humanos.

5. Sistema financeiro

Solow[17] compara as determinantes do crescimento económico com um banco de três pernas: a primeira perna do banco é a taxa de poupança e investimento (e, assim, indirectamente, a taxa de crescimento do capital nacional);

---

[17] Robert Solow recebeu o prémio Nobel da Economia em 1987.

a segunda é a taxa de crescimento demográfico (e assim, indirectamente, a taxa de crescimento da força de trabalho); a terceira é o índice de progresso tecnológico (e assim, indirectamente, a produtividade das combinações entre capital e mão-de-obra). Tomadas no seu conjunto, a taxa de poupança e investimento de um país e o crescimento demográfico determinam as quantidades de capital e de mão-de-obra existentes para produzir *output*[18].

O desenvolvimento económico exige recursos de capital, o que, por sua vez, implica a capacidade de poupar e de investir. Porém, a poupança e o investimento são praticamente impossíveis quando os rendimentos estão abaixo do mínimo necessário à subsistência – quando as pessoas têm de consumir todo o seu rendimento para poderem sobreviver. Nos países demasiadamente pobres, para que *todos* os rendimentos possam estar acima da subsistência, a teoria neoclássica exige uma desigualdade significativa no rendimento, de modo que pelo menos alguns possam poupar. De facto, de acordo com a teoria neoclássica, apenas dez por cento dos que têm rendimentos, os do topo da escala dos rendimentos, bastariam para poupar o suficiente, de forma a produzir os recursos de capital necessários ao desenvolvimento económico. Para testar as conclusões neoclássicas, relativas à poupança e ao desenvolvimento económico, Lewis[19] estudou a Revolução Industrial na Europa e ficou surpreendido ao descobrir uma relação causa-efeito precisamente oposta à relação assumida na teoria neoclássica. Em vez de ser a poupança a conduzir ao desenvolvimento económico, constatou o inverso; foi o desenvolvimento económico que provocou rendimentos mais elevados e possibilitou mais poupança[20].

5.1. As técnicas clássicas de mobilização de recursos

No debate teórico acerca do desenvolvimento discute-se a criação e a utilização de excedentes, a partir da suposição básica de que a manutenção do bem-estar da nação só pode acontecer através de um Estado-nação forte e de uma modernização forçada. Os compêndios sobre a teoria económica liberal partem, também, do princípio de que o desenvolvimento económico tem por objectivo a industrialização e a modernização da economia tradicional das zonas rurais. Assim, a questão da mobilização de recursos concentrou-se em redor de um recurso importante para o desenvolvimento, nomeadamente o factor de produção chamado capital.

---

[18]McCarty, M. H. (2001); *Como os Grandes Economistas Deram Forma ao Pensamento Moderno*; Prefácio, p. 279.
[19] Arthur Lewis, co-laureado com Theodore Shultz com o prémio Nobel da Economia em 1979.
[20] McCarty, M. H. (2001); *Ob. cit.,* p. 305.

No âmbito desta teoria económica são, em princípio, discutidos factores: a poupança, os investimentos, os sistemas de crédito e juros.

5.2. O papel da poupança

O volume da poupança nacional depende das poupanças que os habitantes fazem, a nível individual, em função das receitas disponíveis, e daquilo que o Estado pode poupar a partir de receitas de impostos, direitos alfandegários e outras tarifas.

O ponto de partida desta teoria consiste na «hipótese de receitas absolutas» formulada por Keynes. Este defende que as pessoas consomem mais quando as suas receitas aumentam. No entanto, ele afirma que esse aumento do consumo acontece numa proporção mais baixa do que o aumento das receitas. Assim, o crescimento económico e a modernização tornam-se completamente decisivos para a evolução da tendência de poupança. Nos últimos anos, esta teoria tem vindo a ser completada, e desenvolvida, por exemplo, pela influência que o ciclo de vida exerce na tendência para poupar. Acresce, ainda, a necessidade de estatuto social que o indivíduo tem, bem como as suas expectativas sociais como factores determinantes da poupança privada.

A poupança pública depende, entre outras coisas, da existência de um sistema eficiente de impostos que proporcione receitas ao Estado. Neste aspecto, é de especial importância que o imposto sobre o rendimento seja progressivo. O problema, nesta área, é que o Continente Africano, por uma série de razões, não tem um sistema fiscal eficiente. Um dos capítulos mais difíceis que os compêndios podem tentar abordar é a forma como cobrar os impostos sobre as importações e diferentes formas de impostos de circulação. Ao mesmo tempo, a cobrança de impostos, por parte do Estado, implica que o poder de compra da população diminui e, consequentemente, diminuem também as suas possibilidades de fazerem poupança privada. Por isso, muitos académicos preferem discutir diferentes medidas para diminuir as despesas do Estado.

5.3. O papel dos investimentos

Considera-se que o crescimento económico é decisivo para o volume da mobilização de recursos. O acréscimo das receitas e das actividades económicas amplia a base para a cobrança de impostos. Esta situação levanta também a questão sobre a utilização do excedente.

Entretanto, o debate sobre o significado dos investimentos para o crescimento económico foi lançado já durante o debate russo dos anos vinte. Feldman foi um dos economistas que demonstrou que o crescimento futuro aumentava à medida que a quota de investimento subia. Não se discutiam as implicações políticas e sociais muitas vezes decorrentes da travagem do consumo no momento presente. Harrod e Domar desenvolveram esse raciocínio e construíram um modelo que mostrava qual o nível de investimentos exigido para poder obter um certo ritmo de crescimento económico. Eles partiram do princípio de que as poupanças eram equivalentes aos investimentos e demonstraram que o ritmo de crescimento é decidido pela tendência marginal para fazer poupanças e pelo coeficiente de capital, isto é, o volume de produção gerado por uma certa soma de capital. Nos últimos anos, tem também sido demonstrada a importância que o capital humano e os investimentos, nas áreas da saúde e da educação, têm para o crescimento económico.

5.4. O papel dos sistemas de crédito

Ainda que estes modelos macroeconómicos contenham muito bom senso, o que pode explicar o desenvolvimento económico, os mesmos não deixam de ser difíceis de adaptar às condições africanas. As teorias partem do princípio que as poupanças aumentam quando as receitas aumentam, ainda que se verifiquem contradições em relação ao volume dessas poupanças. Temos muitas experiências de zonas rurais africanas que, contrariamente, demonstram uma elasticidade negativa dos preços, isto é, a produção diminui quando as receitas (os preços) aumentam. Um factor explicativo é que o agregado familiar camponês, beneficiando de um aumento de receitas, poderia satisfazer as suas necessidades monetárias com menos produção para venda.

As teorias partem também do princípio que as poupanças são investidas. Primeiro que tudo, num contexto africano, é difícil definir o termo poupança. Por exemplo, uma grande parte da poupança não é monetária, é a chamada poupança social. Além disso, não é certo que as poupanças monetárias possam, de facto, ser utilizadas para investimentos, simplesmente porque não existem sistemas de crédito que possam recolher as poupanças e muito menos transformá-las em créditos para conceder empréstimos para fazer investimentos. Simultaneamente, sabemos que esta falta de sistemas formais de crédito criou um grande número de sistemas informais de créditos em que as famílias e os indivíduos estabelecem sistemas colectivos, concedendo crédito uns aos outros.

5.5. O papel dos juros

Considera-se que os juros desempenham um papel importante para a tendência de fazer poupanças. Os juros são justificados pela importância de poderem recompensar uma pessoa por ela se abster de consumir no momento presente para o fazer mais tarde, pondo os seus excedentes à disposição de terceiros para fazer investimentos. A taxa de juro, por seu lado, depende da relação entre a procura e a oferta de créditos. A procura de créditos, por seu turno, depende da preferência de receitas imediatas em detrimento das receitas futuras. Quanto mais baixas forem as receitas de uma pessoa, maior valor ela confere, normalmente, às receitas imediatas, pelo que não tem apetência para fazer poupanças. Segundo este raciocínio, uma pessoa pobre está disposta a pagar um juro muito alto para obter um pequeno acréscimo às suas receitas actuais.

Por diferentes razões, é difícil transportar este raciocínio para as zonas rurais africanas. Em primeiro lugar, a taxa de juros não é decidida com base numa grande procura de créditos, mas sim numa pequena oferta de créditos. Os programas de reajustamento, com a sua política monetária restritiva, diminuíram dramaticamente a massa monetária, o que originou um aumento da taxa de juro. Porém, no caso africano[21], de uma forma geral, a taxa de juro é decidida politicamente. Em segundo lugar, a oferta de créditos é influenciada pela avaliação dos riscos corridos que o banco faz ao conceder empréstimos. Quando existem créditos disponíveis, o banco prefere emprestar o dinheiro a quem tem confiança, em vez de conceder empréstimos a pequenos empreendedores sem garantias reais.

Curiosamente, muitos dos compêndios de ciências económicas, ao nível da macroeconomia, ignoram, por completo, as condições sociais que se verificam nas zonas rurais (muitas vezes ao nível da microeconomia) e que constituem diferentes formas de limitações às técnicas de mobilização de recursos que acima mencionámos. Os compêndios de ciências económicas descrevem, muitas vezes, a mobilização de recursos em termos de planificação, *input* e *output*, juros e poupanças, isto é, como uma questão de arte de engenharia social. A literatura de ciências económicas evita, deliberadamente, fazer referência aos poderes político e social. Ignora assim, por exemplo, a importância atribuída à questão sobre quem é que se aproveita dos excedentes e quem é que toma as decisões sobre a sua utilização, bem como as condições prévias da acumulação.

---

[21] A sul do Sara, a África do Sul e, em menor escala, a Namíbia e o Botswana deverão ser as excepções.

Porém, não é possível discutir a mobilização de recursos em termos técnicos. Da experiência europeia, lembramos a importância das possibilidades emancipatórias da modernização para uma visão global, um projecto conjunto e alguma forma de confiança social nos cidadãos. As experiências mostram que as possibilidades de modernização de recursos são decididas especialmente pelo contexto produtor de legitimidade política e social em que essa mobilização se verifica[22].

5.6. Instrumentos de financiamento

Os sistemas financeiros desempenham duas funções económicas importantes: por um lado, procedem à criação de moeda e à administração dos mecanismos de pagamentos e, por outro, promovem o encontro entre aforradores e investidores, desenvolvendo, assim, a intermediação financeira.

O maior desenvolvimento do sistema financeiro de uma economia traduzir-se-á na capacidade de assegurar, de uma forma organizada e eficaz, os seguintes serviços[23]:
- Fornecer meios de troca que facilitem o comércio interno e externo;
- Mobilizar eficazmente a poupança, pela quantidade e qualidade de produtos financeiros que coloca à disposição dos aforradores;
- Permitir aos agentes económicos a realização de investimentos superiores à sua capacidade de poupança;
- Seleccionar os investimentos através da afectação eficiente do crédito;
- Reduzir o preço do crédito e limitar o risco através da informação que recolhe e põe à disposição dos agentes económicos.

A eficiência do sistema financeiro é função da concorrência, ou seja, da existência de vários operadores no mercado. Face à qualidade da proposta de projecto (Plano de Negócios) e ao grau de desenvolvimento do sistema financeiro, o empreendedor pode encontrar financiamento.

Os principais tipos (estádios) de financiamento para um projecto são:
- Fundos próprios do empreendedor e os dos seus principais colaboradores;

---

[22] Abrahamsson, Hans e Nilsson, Anders (1995): «The Washington Consensus» e Moçambique: a importância de questionar o modo de pensar ocidental sobre o processo de desenvolvimento do continente africano; PADRIGU (Centro de Pesquisa de Paz e Desenvolvimento Universidade de Gotemburgo), p. 189.

[23] Magriço, Victor (1995); *Sistemas Financeiros e Financiamento do Desenvolvimento;* CESA – Colecção documentos de trabalho, n.º 34.

- Fundos de amigos e eventuais parceiros do seu negócio;
- Bancos comerciais (descobertos bancários, empréstimos a curto ou a médio e longo prazo, contas caucionadas e desconto de letras comerciais);
- *Factoring;*
- *Leasing;*
- Capital de risco;
- Mercado de capitais.

A cadeia de financiamento pode ser composta por várias etapas. O estádio de desenvolvimento de um país está directamente relacionado com o preenchimento das citadas etapas.

Figura 5: Estádios de desenvolvimento de mobilização de capital

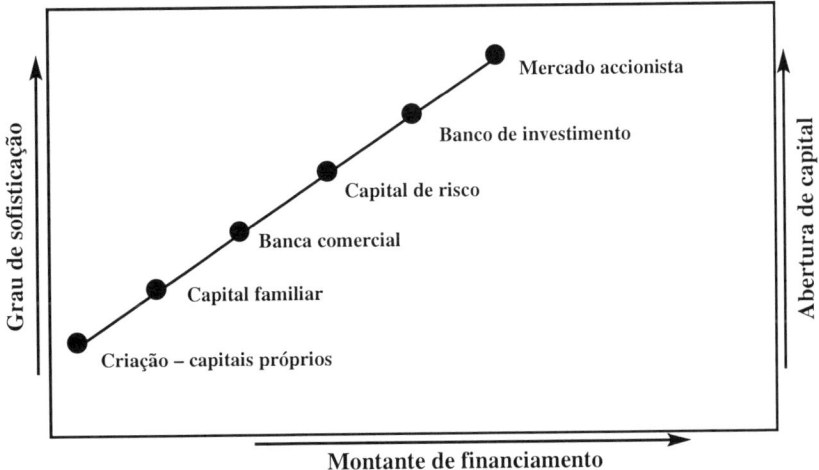

Vários estudos revelam que os países que têm melhores sistemas de intermediação financeira crescem mais rapidamente do que aqueles que não os possuem. De um ponto de vista teórico, esta conclusão não é surpreendente. Os mercados de capitais com melhor funcionamento canalizam o investimento para projectos com taxa de rendibilidade mais elevada e permitem igualmente aos investidores a diversificação do risco, tornando mais fácil a adesão a projectos mais arriscados[24].

---

[24] César das Neves, J., Rebelo, Sérgio (2001); *O Desenvolvimento Económico em Portugal;* Lisboa, Bertrand, p. 64.

5.7. A questão do risco

A análise de risco de investimento é uma prática valiosa, mesmo para além da actividade económica. Se o futuro fosse conhecido, onde encontraríamos oportunidade de escolher, de analisar e de desenvolver as capacidades que nos distinguem uns dos outros? Porque não conseguimos conhecer o futuro, temos de usar a inteligência e toda a informação disponível para melhor funcionarmos com o «desconhecido». Dessa forma, ao protegermo-nos, tanto quanto possível, contra os riscos futuros, tornamo-nos disponíveis para empreender novas actividades, sem as quais não há possibilidade de crescimento e desenvolvimento económico.

O desenvolvimento dos sistemas financeiros pode trazer um conjunto de benefícios ao nível do investimento na economia, tanto por via da mais adequada gestão do risco de liquidez, como através de uma melhor diversificação do risco de investimento em si e da resolução do problema da indivisibilidade inerente a esse processo[25].

Um dos processos de enfrentar o risco de investimento é através da sua transferência dos aforradores para os intermediários financeiros, ou seja, uma vez que os primeiros têm uma grande relutância em assumir o risco dos projectos de investimento, emprestando directamente ou tomando parte do capital das empresas, optam por depositar as suas poupanças junto dos intermediários que, por sua vez, financiam os investimentos. No entanto, dado que as instituições financeiras dispõem de uma base alargada de depositantes e de outras fontes de *funding*, estas podem financiar diferentes tipos de investimento.

Outro problema importante tem a ver com a questão da informação assimétrica entre financiadores e tomadores de empréstimos. Os primeiros têm uma maior informação do contexto sociopolítico e económico, enquanto os segundos têm uma melhor informação sobre a especificidade do projecto. Esta possível complementaridade pode permitir a criação de vantagens competitivas para o investimento. Da qualidade da informação resultará confiança na parceria.

5.8. A actividade de capital de risco

A actividade de *capital de risco* dedica-se, genericamente, a proporcionar capital a empresas novas ou em desenvolvimento, mas onde as possibilidades de sucesso e crescimento são atractivas, embora assumam um determinado grau de incerteza.

---

[25] Coelho, Filipe (2000); *Sistemas Financeiros e Desenvolvimento Económico;* Lisboa, Vega Editora; p. 41.

Assim, as principais características do Capital de Risco são:
- O capital investido não exige o pagamento de encargos financeiros;
- É um instrumento financeiro que assume a forma de uma participação temporária e, em regra, minoritária;
- Tem um papel de interlocutor activo;
- Criação de uma grande confiança entre as partes envolvidas no negócio consubstanciada na celebração de um acordo para-social[26].

O empreendedor, para além de melhorar a sua capacidade financeira, pode obter apoio de profissionais competentes e esforçados[27] na gestão da empresa.

Quadro 11: Conceitos-base de capital de risco

Capital de risco	Financiamento de capitais próprios fornecido normalmente a empresas jovens e não cotadas para permitir que comecem a desenvolver-se ou se expandam. Estes fundos permitem à empresa ter uma base para conseguir financiamentos bancários adicionais e são uma fonte barata de capital, nos estádios menos avançados do negócio, porque os dividendos podem ser adiados até que a empresa comece a dar lucro.
Capital semente	Quase sempre pequenos montantes de capital fornecido para transformar uma boa ideia num produto ou serviço comercializáveis. Pode estar ligado ao desenvolvimento do produto, mas raramente envolve o *marketing* inicial. É a forma mais arriscada de capital de risco, dado que o conceito, a tecnologia, o empreendedor ou o mercado ainda não têm provas dadas. Por esta razão, existe uma reduzida oferta deste tipo de capital. Alguns capitalistas de risco argumentam que o capital semente não deveria ser necessário porque a maior parte das pessoas tem a possibilidade de conseguir a mesma quantia utilizando as poupanças ou conseguindo uma hipoteca sobre a sua casa.
Capital de desenvolvimento	O capital de risco *later stage* investido, dois ou três anos depois de o negócio se ter tornado maduro, necessita de fundos extra para se expandir. A maior parte dos capitalistas de risco estão, de facto, a fornecer capital de desenvolvimento. Os rendimentos são menores, mas os riscos são também menores do que aqueles que ocorrem em investimentos *early stage*.
Plano de negócios	É o documento feito pelos gestores para justificar a sua aproximação aos investidores para um possível financiamento. Este deve conter resumos das demonstrações financeiras passadas e previsionais. Também deve conter detalhes dos produtos ou serviços, mercados, estratégia futura e perfis dos gestores. Deve ser um documento rigoroso e não muito longo.

Fonte: Adaptado de Banha, Francisco (2000); *Capital de Risco;* Lisboa, Bertrand Editora, pp. 314-316.

---

[26] Banha, Francisco (2000); *Capital de Risco;* Lisboa, Bertrand Editora, p. 228.
[27] Participam financeiramente no projecto, ou seja, partilham o risco.

5.9. O circuito poupança/investimento/crescimento

Todos os tópicos que suportam a tese de que o desenvolvimento financeiro é importante para o desenvolvimento económico podem ser estudados através da análise sistemática das funções que o sistema financeiro desempenha no processo de formação e acumulação de capital, conforme se ilustra na figura seguinte:

Figura 6: Sector financeiro/sector real da economia:
processo de formação e acumulação de capital *versus* funções do sistema financeiro

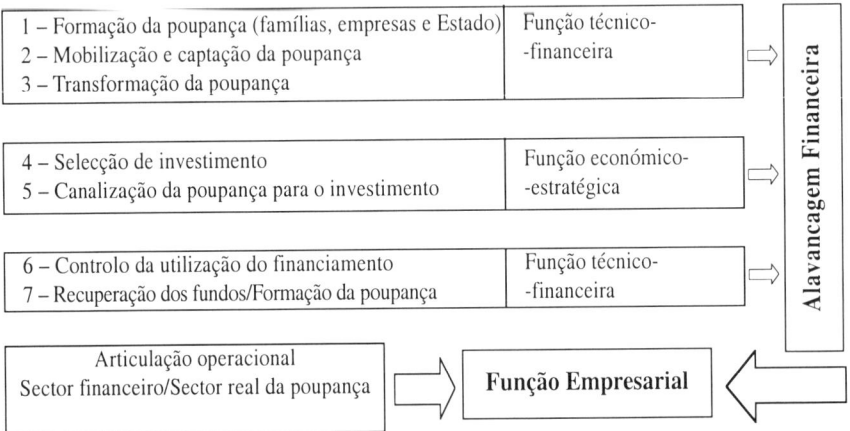

Fonte: Adaptado de Lopes, Ernâni (1996): *Transição para uma economia de mercado e desenvolvimento financeiro*; síntese da comunicação apresentada no Seminário sobre o Desenvolvimento dos Sistemas Financeiros, Luanda.

Qualquer um dos três tipos de agentes económicos (Famílias, Empresas e Estado) pode não consumir a totalidade do seu rendimento/receitas, dando origem ao processo de formação da poupança. Esta tanto pode ser utilizada em investimento directo em activos reais, como pode ser depositada no sistema bancário, constituindo-se como poupança financeira. Porém, dado que os agentes individuais têm, em geral, uma maior preferência pela liquidez (para consumo futuro de curto prazo ou para precaver qualquer imprevisto), preferem colocar as suas poupanças em depósitos bancários[28] de curto

---

[28] Recorde-se que nesta abordagem se assume que o sistema financeiro se baseia essencialmente no sector bancário, visto que o mercado de capitais está pouco desenvolvido ou é praticamente inexistente nos PED.

prazo, que representam um menor risco e uma menor perda de liquidez, em vez de fazerem investimentos directos em projectos produtivos de mais longo prazo. Os bancos, ao disporem de uma larga base de depositantes, podem disponibilizar fundos a longo prazo, para satisfazer as necessidades de financiamento dos investidores, mantendo, porém, uma boa base de reservas em activos líquidos. Os intermediários financeiros desempenham, assim, um importante papel na mobilização e transformação da poupança, reduzindo a fracção da poupança mantida sob uma forma líquida e improdutiva (Amable e Chatelain, 1995).

5.10. Crédito ao sector informal

Toda a gente concorda que a melhor forma de eliminar a pobreza é a criação de empregos. Mas os economistas reconhecem apenas um tipo de emprego, a saber, o emprego assalariado. Nos seus manuais não há nada designado por «trabalho independente». Os economistas criaram um mundo no qual temos de passar a nossa infância, e parte da nossa juventude, a prepararmo-nos para seduzir potenciais empregadores. Quando a nossa preparação está completa, apresentamo-nos ao mercado de trabalho para conseguir um emprego. Se alguém não consegue arranjar um emprego, é então que começam os problemas. Ou acaba na segurança social se, por acaso, viver numa economia industrial desenvolvida, ou na pobreza e na miséria, se viver numa economia menos desenvolvida[29].

Em muitos países do Terceiro Mundo, uma esmagadora maioria da população ganha a vida com o trabalho independente. Sem saberem onde integrar este fenómeno nos seus quadros analíticos, os economistas classificam-no numa categoria geral designada por «sector informal». Como não têm ferramentas analíticas para lidar com a situação, concluíram que não se trata de uma situação desejável: quanto mais cedo esses países eliminarem aquele sector informal, melhor ficarão. É vergonhoso[30]!

Em vez de apoiarem a criatividade e a energia das pessoas, promovendo e criando políticas e instituições, apressam-se a enfiá-las em caixas feitas com modelos preestabelecidos. Mas o sector informal é uma criação das pessoas, não dos planificadores ou dos economistas. Representa o próprio esforço das pessoas para criarem os seus empregos, para (sobre)viverem. Quem conheça minimamente as pessoas, ou a sociedade

---

[29] Yunus, Muhammad (2002); *O Banqueiro dos Pobres*; Difel Editora, p. 313.
[30] Yunus, Muhammad (2002); *Ob. cit.*, p. 315.

como um todo, deveria procurar, com entusiasmo e esperança, consolidar aquilo que já foi feito, levar esse sector informal a níveis mais elevados e dar-lhe mais eficiência, em vez de tentar destruí-lo e *puxar-lhe o tapete*.

5.11. Microcrédito

M. Yunus promoveu uma experiência muito interessante ao nível da concessão de microcrédito, no Bangladesh, culminando com a formação do Banco Grameen, em 1978. O crédito, disponibilizado sob a forma mutualista, privilegia as sociedades mais pobres, sem garantias, onde a inovação, a parceria (mutualista) e o empreendorismo são essenciais para o sucesso. Considera-se que, em regra, um indivíduo sem terra é mais empreendedor do que os pequenos agricultores, porque estes estão ligados à terra; a sua vida leva-os a ser mais conservadores, de visão mais estreita e virada para dentro. Mas os *sem-terra*, que não têm ligações à terra, são provavelmente mais móveis, mais receptivos a novas ideias e, portanto, mais empreendedores. A sua condição de miséria faz deles uns lutadores. E, não estando ligados à terra, estão libertos do estilo de vida tradicional.

Segundo Yunus (2002), «o pagamento dos empréstimos por pessoas sem garantias revelou-se funcionar muito melhor do que os pagamentos de empréstimos por pessoas que apresentavam grandes garantias. De facto, mais de 98 % dos nossos empréstimos são pagos porque os pobres sabem que essa é a única oportunidade que têm para escapar à pobreza. E não têm qualquer interesse em falhar ou em voltar atrás. Se forem excluídos do sistema de empréstimo, como poderão sobreviver?». Concluindo a ideia, refere que «as pessoas mais abastadas não se interessam por aquilo que a lei lhes possa fazer, pois sabem como manipulá-la. As pessoas que estão no fundo da escala têm medo de tudo; portanto, querem fazer as coisas bem porque a isso são obrigadas. Não têm escolha».

O objectivo do microcrédito é promover a auto-ajuda, colocando no mercado operadores económicos que estavam excluídos do mesmo pelas regras habituais do sistema financeiro, criando, para além de crescimento económico, regras éticas (como a confiança) importantes para o desenvolvimento.

Como ter acesso ao crédito

Descobrimos que a formação de um grupo era crucial para o sucesso das nossas operações. Individualmente, uma pessoa pobre sente-se exposta a todo o tipo de perigos. A pertença a um grupo confere-lhe um sentimento de protecção. O indivíduo isolado tende a ser imprevisível e incerto relativamente ao seu comportamento. Mas a pertença a um grupo cria apoio e pressão desse mesmo grupo, aperfeiçoa os padrões de comportamento e fornece confiança.

Mais ou menos subtil, a pressão exercida pelo grupo mantém os seus membros unidos na concretização dos objectivos gerais do programa de crédito.

O sentimento de competição, dentro do grupo e entre vários grupos, incita-os a fazer o melhor possível. É difícil controlar os clientes individuais; mas, se forem membros de um grupo, é muito mais fácil. Além disso, confiar a tarefa de supervisão inicial ao grupo reduz o trabalho do funcionário do banco e aumenta a autoconfiança do grupo.

A dinâmica do grupo é importante: como é o grupo que aprova o empréstimo pedido por cada membro, ele sente-se moralmente responsável pelo empréstimo. Assim, se algum dos membros tiver problemas, o grupo normalmente ajuda-o. Por isso, um candidato a um empréstimo tem de formar um grupo de pessoas, e os membros desse grupo devem ter características comuns, não familiares, como mentalidades semelhantes e estatutos económicos e sociais similares.

Os empréstimos são concedidos de forma individual. Embora exista um sistema de repartição de responsabilidades, formalmente cada um dos beneficiários é pessoalmente responsável pelo seu próprio empréstimo.

Resolvemos de igual modo que os grupos deveriam ser formados autonomamente, em vez de serem formados por nós. A solidariedade do grupo seria mais forte, se este fosse o resultado de negociações dos seus próprios membros.

«Toda a vida lhe foi dito que não prestava, que, sendo mulher, só trazia miséria para a família, porque tinha de pagar o dote e não tinham posses para isso. Ouvira a mãe ou o pai dizerem muitas vezes que a deviam ter matado à nascença. De facto, nunca ouviram nada de positivo acerca dela ou da sua vida. Para a sua família, era apenas mais uma boca para alimentar, outro dote a pagar.

Mas hoje, pela primeira vez na vida, uma instituição tinha confiado nela o seu dinheiro. Está espantada. Promete a si mesma nunca desiludir a instituição que tanto confiara nela. Lutaria para que todo o dinheiro fosse pago. E consegue-o.»

Quando uma mulher paga a primeira prestação, fica bastante entusiasmada porque provou a si própria que é capaz de ganhar dinheiro para pagar a dívida. Depois vêm a segunda e a terceira. Para ela, é uma experiência extraordinária. Descobre o valor das suas próprias capacidades e isso, para ela, é fonte de uma enorme alegria: é uma alegria palpável e contagiosa que se propaga a todas as pessoas que encontra. Descobre que vale mais do que diziam e que possui em si algo que desconhecia que tinha.

O empréstimo do Grameen não consiste apenas em dinheiro, é uma espécie de passaporte para a exploração e descoberta de si. Quem recebe o empréstimo começa a explorar o seu próprio potencial e a descobrir a criatividade que se escondia em si.

In Yunus, Muhammad (2002), *O Banqueiro dos Pobres*; Difel Editora, pp. 149-153

6. Recursos humanos

Os recursos humanos serão porventura a área funcional, nas empresas, à qual se deverá dar mais atenção. A escassez e a insuficiência, em matéria de recursos humanos, quer em quantidade quer em qualidade, com que a generalidade das empresas se defronta levam ao insucesso de muitos investimentos.

O nível de formação profissional, na maioria dos países africanos, é muito baixo. As políticas governativas, ao tentarem obrigar os investidores estrangeiros a empregar quadros locais, têm dificultado a captação de IDE. Desta forma, para além dos investimentos, não permitem a aprendizagem – *learning by doing* – normal nestes processos.

Algumas das dimensões fulcrais do conceito de capital humano que importará destacar são: a capacidade de empreender; o empenhamento no trabalho e a capacidade de adaptação. Mas, em bom rigor, se parte dos quadros sentir que o seu perfil de colaboração na empresa depende da raça ou da nacionalidade, qual será a sua motivação? Qual será o seu empenhamento?

A capacidade de assumir riscos e de inovar tem de ser estimulada e recompensada, do mesmo modo que o sentimento de realização, a excelência e o empenhamento. Os indivíduos, as organizações e os países afirmam-se pela sua capacidade de criar e produzir.

É fundamental que exista um elevado conhecimento das competências e das características socioculturais dos gestores que representam a empresa no estrangeiro, assim como clareza na definição das estratégias e capacidades de decisão delegadas. Neste sentido, é necessário especificar em concreto o quadro de responsabilidades operacionais e de gestão de todos os quadros.

Figura 7: Quem toma a decisão

Distribuição
Qual é a melhor altura para entregar?

Retalhista/cliente
Que vou comprar?

Fabrico
Qual é a melhor maneira de fabricar?

Design
Quantos devo sugerir ao meu cliente

Compras
Quando deverei encomendar?

Marketing
Que tipo de campanha?

Métodos
Qual o processo e quanto tempo demora o fabrico de cada peça?

Produção
Como devo gerir a minha gama de produtos?

Dimensões
Como posso evitar desperdícios?

Custo
Qual será o custo de produção?

Fonte: Adaptado de Caroline Daniels, N. (1997), *Estratégias Empresariais e Tecnologias de Informação*, Lisboa, Caminho, p. 171.

A confiança entre representantes *versus* representados deverá ser recíproca. Os gestores terão constantemente de tomar decisões multidisciplinares e sem o «normal» suporte informativo (considerando que a gestão se baseia na utilização de informação disponível).

Assim, aquando do início do processo de internacionalização, os quadros superiores devem, de preferência, ser encontrados dentro da empresa mãe[31]. Trata-se de promover uma extensão da matriz original (organizacional, relacional e comunicacional) para o novo projecto, com as necessárias adaptações à realidade local. Os quadros deslocados, pelo menos na fase de implementação, deverão possuir o *know-how* do negócio. Conhecendo a cultura da empresa, assim como as suas diferentes áreas funcionais e respectivas especificidades, podem desta forma relacionar-se (comunicar) com maior facilidade com os restantes quadros.

6.1. *Case Study*

Direcção e trabalhadores em rota de colisão efectiva

A DIRECÇÃO e os trabalhadores da XXX[32], uma empresa sedeada na Matola, andam há meses de costas voltadas. O director-geral da empresa é acusado de ser arrogante, prepotente e de cometer sistemáticos abusos contra a integridade moral dos trabalhadores, muitos dos quais são despedidos sem justa causa. XX, o director-geral, admite haver um mau relacionamento na sua empresa, situação que na sua óptica teve como mote a introdução pelo patronato de um conjunto de medidas alegadamente destinadas a aumentar a produtividade e acabar com os preguiçosos.

Segundo dados fornecidos há dias por um grupo representativo dos trabalhadores, desde finais do semestre passado que a situação na empresa vem sendo desconfortável, devido sobretudo aos sistemáticos despedimentos sem justa causa, às admissões arbitrárias de parentes e amigos do director-geral, parte dos quais se juntam, em muito pouco tempo, a ele no coro de insultos proferidos indiscriminadamente para os trabalhadores.

Aparentemente, segundo os trabalhadores, o Conselho de Administração da Empresa, sediado em Portugal, não tem conhecimento das atitudes grosseiras do director-geral destacado para Maputo, a quem acusam de se referir, vezes sem conta e de forma injuriosa, não só aos governantes moçambicanos como também aos moçambicanos em geral, afirmando que não percebe a razão por que festejam o dia 25 de Junho.

«Vocês não estão independentes porque continuam a depender dos portugueses e merecem ser escravos porque são pretos. Queixem-se onde quiserem que ninguém me vai fazer nada. Este país foi vendido», dizem os trabalhadores, citando o DG da XXX.

---

[31] Já provaram dominar as competências e possuem uma maior estabilidade profissional.
[32] Os autores entenderam omitir o nome da empresa para não ferir susceptibilidades.

Ainda de acordo com os trabalhadores, no dia 12 de Junho último foi quando a bronca estalou verdadeiramente, com XX a convocar uma reunião geral para acusar os trabalhadores de incompetência e preguiça. Deu um prazo de 24 horas para cada um entregar à sua secretária uma carta pedindo demissão da empresa, na qual não devia, no entanto, constar a data da sua elaboração. A ideia de XX, de acordo com os trabalhadores, era colocar a data e assinar o pedido de demissão, fugindo dessa forma à responsabilidade civil que implica a rescisão unilateral de um contrato de trabalho.

«Alguns trabalhadores fizeram essas cartas, mas a maioria não o fez, o que o levou a dizer-nos que estava declarada uma guerra contra todos os que não tinham acatado a sua ordem. De lá para cá, vivemos um autêntico inferno. Toda a situação de desconforto que ele criou e vem sustentando impede-nos de reivindicar parte dos direitos que decidiu retirar, nomeadamente o subsídio de Natal. Ele já jurou que enquanto estiver na direcção da empresa não vai aumentar salários a ninguém e realmente está a cumprir...», disseram os trabalhadores.

O QUE DIZ XX

A nossa Reportagem deslocou-se recentemente àquela empresa onde, depois de vários adiamentos, foi recebida por XX que começou por reconhecer que reina na sua empresa um mau relacionamento entre ele e a massa laboral. Segundo ele, tudo isso resulta da contundência das medidas adoptadas com o objectivo de aumentar a produtividade e acabar com os preguiçosos.

Em relação às práticas referidas pelos trabalhadores, nomeadamente a ordem para elaborarem cartas de demissão sem data, a nossa fonte disse que as mesmas se destinam a «controlar» aqueles trabalhadores improdutivos e incapazes de realizar o trabalho tal como ele recomenda, indivíduos que considera importante «livrar-se deles». Tal, na sua óptica, poderá despertar uma preocupação geral no seio dos trabalhadores que assim passarão a fazer mais e melhor, em menos tempo, nem que tal implicasse «virar as costas às normas laborais vigentes em Moçambique».

«Eu não posso continuar com pessoas que só me dão prejuízos. Tenho que tomar medidas para rectificar o comportamento das pessoas, e quem não se sentir satisfeito pode recorrer às instâncias que achar competentes. Cancelei o subsídio de férias e, no seu lugar, pago prémios de competência somente àqueles que, de facto, merecem» – disse XX que, entretanto, não se referiu ao método em vigor na empresa para determinar o nível de competência merecedora do prémio.

Sobre os insultos que é acusado de «distribuir indiscriminadamente» pelos 35 trabalhadores da empresa, XX justificou dizendo que tudo não passa de um esforço para denegrir a sua imagem, tendo desafiado os trabalhadores a apresentar provas.

In *Notícias* (Maputo, Moçambique), 4/9/2002.

Cerca de três meses depois...

> **Director da XXX recolhe aos calabouços**
>
> O Juiz do Tribunal Judicial da Cidade da Matola, Benjamim Manuel, ordenou ontem a detenção imediata de XX, um cidadão português director-geral da XXX, situada naquela urbe. XX é acusado de ter agredido, na semana passada, uma sua trabalhadora, Elisa Chemane, quando esta não pôde, por razões de funcionamento, apresentar uma factura na altura solicitada pelo seu patrão.
>
> Na origem da detenção preventiva do director está o facto de haver indícios apontando que dentro de poucos dias ele poderá deixar temporariamente o país, sem responder em juízo pelas suas acções.
>
> XX, que recolheu ao fim da tarde de ontem à Cadeia da Machava, antes de lá chegar teria oferecido uma grande resistência para acatar a ordem do Tribunal, permanecendo nos seus escritórios, mesmo depois de lhe ter sido apresentado o mandado de captura.
>
> Foi preciso esperar uma hora para que ele fosse depois retirado das instalações da XXX com o recurso ao uso de uma força da 2.ª Esquadra da PRM, na presença de oficiais do Tribunal Judicial da Cidade da Matola, da Liga dos Direitos Humanos, na pessoa da sua presidente, Alice Mabote, e de José Caldeira, advogado de XX.
>
> Recorde-se que o director da XXX num passado muito recente envolveu-se em outros casos de espancamento aos seus trabalhadores, acções seguidas de procedimentos pouco transparentes de despedimentos sem justa causa, o que, não raras vezes, é feito num clima de tensão e mal-estar geral no relacionamento entre o patrão e a massa laboral.
>
> É de registar que ainda ontem nas instalações da XXX registaram-se posições divergentes quanto à legalidade desta detenção preventiva, com o advogado Caldeira a defender que não se justifica este procedimento, porque o crime invocado não dá direito à prisão preventiva. Por seu turno, Alice Mabote sustenta que XX tinha que ser detido, numa medida que visa garantir que vá responder em Tribunal, uma vez havendo receios de que a qualquer momento pode se ausentar do país, mesmo que seja temporariamente.
>
> in *Notícias* (Maputo, Moçambique) 19/12/2002

6.2. A educação e a competitividade

O desenvolvimento económico depende da capacidade empresarial. A capacidade empresarial depende dos incentivos económicos e das capacidades humanas que levam os empresários a responder continuamente a alterações nos benefícios e custos do comportamento económico.

Theodore Schultz[33] iria alterar a definição de capital de Solow, incluindo essas capacidades humanas (acrescentando talvez uma quarta perna ao banco de crescimento de Solow). Muito mais do que os *suspeitos* habituais – edifícios e máquinas, materiais e existências que as empresas com-

---
[33] Theodore Schultz recebeu o Prémio Nobel da Economia em 1979, juntamente com Arthur Lewis.

pram e substituem quando estão depreciados –, a definição de capital de Schultz inclui competências e conhecimentos humanos, recursos tão intangíveis que necessitam de investimentos em educação, saúde e na capacidade de iniciativa de os trabalhadores se movimentarem na procura de oportunidades de uma vida melhor[34].

Um exemplo muito interessante de crescimento económico acelerado é o dos países asiáticos, como a Coreia do Sul, Taiwan e Hong Kong. Estes países têm crescido a taxas que têm permitido duplicar o rendimento de dez em dez anos.

O que é que acontece nestes países? Costumava dizer-se que este crescimento era o resultado do trabalho efectuado por burocratas extremamente competentes que tinham canalizado recursos para os sectores mais produtivos da economia. Esta visão do crescimento asiático desmoronou-se nos últimos anos, em parte devido ao trabalho do economista americano Alwyn Young. Young[35] demonstrou que o principal responsável por este crescimento foram as enormes taxas de investimento quer em capital físico (captação de IDE e baixas taxas de juro), quer em capital humano.

Existe alguma evidência empírica que sugere que a educação é essencial para o processo de adopção tecnológica. Os efeitos do IDE parecem ser mais eficazes e ter maiores consequências sobre o crescimento em países com um nível de educação elevado, na medida em que mais facilmente podem ter efeitos multiplicadores (imitação). O investimento na educação é, pois, uma condição necessária ao crescimento da economia.

Os países, ao apostarem em políticas de financiamento eficaz da educação, poderão estar a facilitar a redistribuição dos rendimentos, uma vez que se alarga a base reprodutiva (mais cidadãos podem estudar).

Mas será que investir em capital humano é uma condição suficiente para melhorar a competitividade? Há vários estudos que indiciam que não. Há um estudo interessante de Lant Pritchet, do Banco Mundial, que mostra que, se o capital humano fosse completamente determinante no processo de desenvolvimento, a *performance* das economias africanas, que fizeram em geral grandes investimentos no domínio da educação, deveria ser muito melhor do que aquilo a que temos assistido[36].

A formulação e modificação de sistemas educativos são tarefas a longo prazo que exigem muita paciência, especialmente porque o aumento do

---

[34] McCarty, M. H. (2001); *Ob. cit.*, p. 295.
[35] Young, Alwyn (1995); «The Tyranny of Numbers: Confronting the Statistical Realities of the East Asian Growth Experience», *Quartely Journal of Economics,* 110, 641-80.
[36] Rebelo, Sérgio (2001); «Educação, capital humano e desenvolvimento económico»; *Globalização, Desenvolvimento e Equidade*; Lisboa, Publicações Dom Quixote, p. 85.

nível médio de educação, em si, é um processo muito lento e difícil (normalmente vai contra o espírito conservador destas sociedades). Além disso, são necessários vários anos para se poder começar a medir os seus efeitos.

A África Subsariana optou por uma massificação da escolaridade obrigatória, nos períodos imediatamente a seguir à independência. No entanto, as crises financeiras das duas últimas décadas, associadas às guerras civis em alguns países, e a instabilidade social consequente levaram à diminuição drástica da rede escolar, reduzindo desta forma os investimentos em capital humano. A despesa de educação por estudante caiu cerca de um terço, e as matrículas nas escolas primárias atingem hoje apenas dois terços das crianças elegíveis. Um terço dos licenciados abandonou o Continente Africano, privando os seus países dos benefícios dos seus conhecimentos técnicos.

7. Os factores da produtividade

O crescimento da economia é uma consequência do manuseamento eficiente dos factores de produção. No fundo, eles reflectem o bom ambiente dos negócios.

Quadro 12: Os cinco factores de produção

Terra	A terra e os recursos naturais são utilizados para produzir casas, carros e outros produtos.
Trabalho	As pessoas serão sempre os recursos mais importantes. Podem produzir mercadorias e serviços, embora estejam, desde a introdução da tecnologia na produção, a ser substituídos por máquinas.
Capital	O capital inclui máquinas, ferramentas, equipamentos e outros meios de produtividade.
Informação	As tecnologias de informação revolucionaram o mundo dos negócios na medida em que é possível determinar, com uma relativa precisão, as ofertas e as necessidades, e a isto responder com produtos e serviços.
Empreendorismo	Todos os recursos no mundo têm pouco valor se os empreendedores não utilizarem por vezes o risco de promoverem novos negócios utilizando os recursos existentes.

Peter Drucker, no seu livro *Post-Capitalist Society*, refere que o principal factor de produção não é o capital, os recursos naturais ou o trabalho, mas sim o *conhecimento* que advém do uso da informação.

A produtividade é o indicador básico da saúde de uma economia. A utilização eficiente dos recursos disponíveis proporciona um menor custo de bens e serviços para os consumidores domésticos e para os mercados internacionais, aumentando a competitividade dos países. Além disso, o crescimento da produtividade é determinante para o crescimento da rentabilidade das empresas. Desde que exista uma competição justa e livre, no longo prazo, é a produtividade que comanda a evolução dos salários, permitindo um aumento dos padrões de vida dos cidadãos.

7.1. Custo unitário do trabalho

É muita vezes anunciada a ideia de «salários baixos» como vantagem competitiva para um processo de internacionalização. Nada mais errado. O gestor deve basear a sua análise no custo unitário do trabalho (salário *versus* produtividade).

A noção de produtividade é complexa. Depende, numa primeira abordagem, da optimização dos recursos, ou seja, cresce sempre que se consegue produzir mais a partir da mesma quantidade de recursos. Assim, a produtividade pode crescer tanto aumentando a eficiência do processo produtivo, sem alterar o que é produzido, como aumentando o valor dos bens e serviços produzidos, ou ainda se houver uma combinação de ambas as possibilidades.

Para além da criatividade e da iniciativa individual, o aumento da produtividade depende da «criatividade» das empresas em aproveitar as várias possibilidades de mudança, no sentido de produzirem mais eficientemente produtos e serviços com maior valor acrescentado.

O capital humano[37], a inovação tecnológica, o *management*, o contexto sociopolítico, o sistema judicial, a capacidade de os trabalhadores se movimentarem à procura de oportunidades de uma vida melhor e a exposição à concorrência são factores determinantes da produtividade.

8. A importância das infra-estruturas comerciais

Considera-se que as redes comerciais são de extrema importância, não só para uma relação dinâmica entre a cidade e o campo (ou para a melhoria dos padrões de vida da população, particularmente a camponesa), mas também para o fortalecimento da legitimidade política[38].

---

[37] Educação, disciplina, experiência e formação.
[38] A população, não encontrando mérito no Estado como promotor do seu desenvolvimento (p. ex., através da criação de canais de distribuição que escoem os excedentes e incentivem a circulação de moeda), tende a não se reconhecer como representada.

As estratégias promovidas pelos PED africanos atribuíram uma ênfase exagerada à produção sem terem demonstrado o interesse correspondente pelas condições necessárias para um comércio eficaz. Isto deve ser compreendido com base quer nas experiências da exploração coloniais, quer, ainda, nas matrizes sociopolíticas entretanto adoptadas. O próprio conceito «comércio» tornou-se, na altura das independências, um símbolo de trocas desiguais. Foi, então, bruscamente substituído por um conceito de distribuição, baseado em mecanismos de planeamento central que se veio a demonstrar ser ineficiente.

O sistema do mercado oficial, ineficiente, ia-se corroendo cada vez mais à medida que o mercado paralelo aumentava rapidamente. Restaram armazéns vazios, camiões parados e empregados *à espera...* Alguns ainda continuam!!!

Deste modo, desapareceram as condições para os comerciantes poderem exercer a sua actividade em termos legais.

A produção agrícola para venda diminuiu de forma drástica, na sequência do desaparecimento dos canais de distribuição: não faz sentido criar excedentes se não há processo de os escoar. Importa, pois, analisar, com maior detalhe, o conceito de «canal de distribuição», assim como a importância dos intermediários.

8.1. Os canais de distribuição

O comércio, como todas as actividades económicas, apresenta uma série de procedimentos, denominações e conceitos que caracterizam e ajudam a interpretar a sua intervenção na economia e na sociedade.

Assim, pode considerar-se que o circuito de distribuição é o itinerário percorrido por um produto ou serviço do estádio da produção ao do consumo. Este itinerário é suportado por um conjunto de indivíduos e empresas denominados intermediários. Quanto mais longo for o circuito, mais alargado será o tipo de intermediários que dele fazem parte[39].

Um canal de distribuição comporta diferentes categorias de intermediários. No sector do comércio, é usual a adopção da designação de «Cadeia de Valor Alimentar» para o respectivo canal de distribuição.

---

[39] Lendrevie, J., Lindon, Dionísio, P., Rodrigues, V., (1993), *Mercator, Teoria e Prática do Marketing*, Lisboa: Publicações Dom Quixote, p. 245.

Figura 8: Elementos do canal de distribuição ou cadeia de valor alimentar

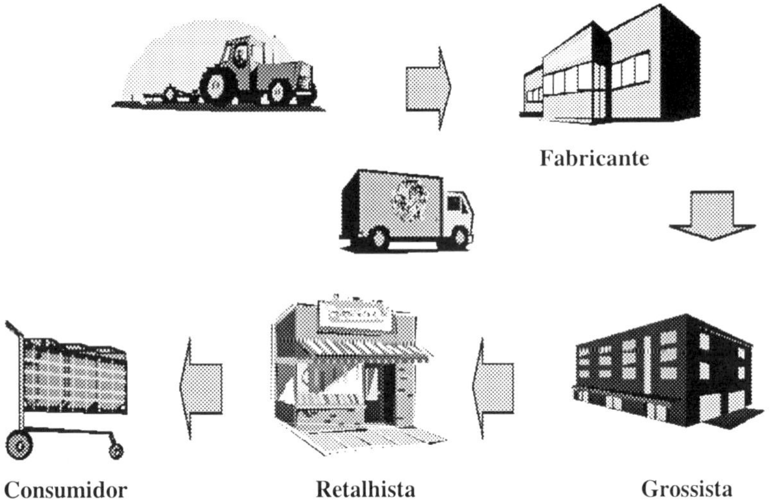

Fabricante

Consumidor   Retalhista   Grossista

A escolha dos canais de distribuição está entre as decisões mais complexas com que os gestores têm de se confrontar. Os gestores deparam com processos alternativos de abordar o mercado-alvo, desde a venda directa até à utilização de vários tipos de intermediários.

Os intermediários são instituições que facilitam o fluxo de bens e serviços entre as empresas e os seus mercados finais. As suas principais funções são:
- Reunir informações sobre os clientes e concorrentes;
- Desenvolver e disseminar mensagens persuasivas para estimular a compra;
- Entrar em acordo sobre o preço e outras condições para que se possa realizar a transferência de propriedade ou posse;
- Assumir riscos relacionados com a operação do canal;
- Encomendar, fornecer condições para armazenagem e movimentação de produtos físicos;
- Fornecer condições de pagamento, quer aos compradores, quer aos vendedores[40].

As suas tarefas, no canal, podem ser especificadas de uma forma simples, desagregando, umas vezes mais do que outras, o nível de intervenção dos vários agentes no canal de distribuição. A desagregação (ou número de níveis de intermediação que constituem o circuito) denomina-se *profundidade* ou *dimensão de um canal de distribuição*.

---

[40] Kotler, Philip (2000), *Administração de Marketing*, 10.ª edição; S. Paulo: Prentice Hall, p. 511.

Figura 9: Dimensão dos canais de distribuição e níveis de desagregação

Venda directa	Produtor ⟶ Consumidor
Um nível	Produtor ⟶ Retalhista ⟶ Consumidor
Dois níveis	Produtor ⟶ Grossista ⟶ Retalhista ⟶ Consumidor
Três níveis	Produtor ⟶ Grossista ⟶ Grossista especializado ⟶ Retalhista ⟶ Consumidor

Fonte: J. Lendrevie, D. Lindon, P. Dionísio, V. Rodrigues (1993): *Mercator, Teoria e Prática do Marketing,* Publicações Dom Quixote, p. 248.

Naturalmente que as economias mais desenvolvidas são caracterizadas por possuírem canais mais curtos (menor número de intermediários). Isto deve-se essencialmente à melhor circulação da informação e dos produtos (logística)[41].

Particularmente na última década, o dinamismo que caracterizou o sector provocou alterações na posição relativa dos vários intervenientes nos canais de distribuição. Estas alterações criam alguma dificuldade na diferenciação entre o comércio grossista e o retalhista. Ambas as actividades, na prática, tocam de perto a vida quotidiana das pessoas. Assim, uma melhor definição dos conceitos «comércio» e «distribuição» ajudará a criar as fronteiras operativas.

Os termos «comércio» e «distribuição» são frequentemente usados como sinónimos, embora o primeiro seja considerado como referindo-se mais à função da venda, e o último mais aos quadros logísticos[42].

Na distribuição, particularmente na denominada «distribuição moderna», a logística assume, hoje, um papel importantíssimo na cadeia de valor de uma empresa. A empresa grossista, considerada como a *expert* da logística dentro do canal de distribuição, surge como *pivot* de uma série de funções (transporte e armazenagem) e interesses (a montante e a jusante), por vezes contraditórios, entre o custo da função de intermediação e a importância da integração da relação entre a oferta e a procura. Pode dizer-se, então, que o intermediário, se não acrescenta valor aos produtos, acrescenta-lhes utilidade.

---

[41]Em extremo, pode considerar-se que a venda através da Internet só tem um nível: do produtor ao consumidor.
[42] CEE (1996), *Livro Verde sobre o Comércio,* Lisboa, Novembro, p. 4.

9. Custos de transacção específicos

O processo de descolonização, iniciado na década de cinquenta[43], deixou os países recentemente independentes numa espécie de limbo. Numa primeira fase, optaram por sistemas de economia central. Mais recentemente, por imposição dos doadores e das instituições financeiras internacionais, tentam rejeitar o controlo central da actividade económica, mas sem terem criado as instituições essenciais para operar numa economia de mercado. Nos países ocidentais, para se formarem *instituições de mercado,* foram necessárias gerações, séculos mesmo, de interacções repetidas, durante as quais os jogadores desenvolveram laços de confiança no comportamento consistente de outros jogadores. Em África tenta-se *saltar* etapas.

O problema da «terapia de choque» é que não dá tempo suficiente para a construção de instituições que proporcionem um enquadramento essencial aos mercados livres:
- Instituições legais, incluindo requisitos para o licenciamento da actividade económica e profissional, leis protectoras da propriedade e do cumprimento de contratos e leis para reestruturação da dívida e distribuição de activos nas falências;
- Instituições sociais e políticas, incluindo suporte ideológico para a realização individual e estatuto social para os bem-sucedidos;
- Instituições financeiras facilitadoras de todas as interacções complicadas que têm de estabelecer entre os pequenos fornecedores de materiais e peças e os grandes utilizadores industriais[44].

Sem este tipo de instituições, o resultado das novas interacções da actividade económica é incerto e poucas empresas estão dispostas a correr os riscos.

A função das instituições legais, políticas e financeiras é «institucionalizar», passe a redundância, ou seja, tornar rotineiro o ingrediente mais necessário das economias de mercado: a confiança. A confiança institucionalizada não nasce de um dia para o outro. Por não conseguir estabelecer laços de confiança, a África fica sujeita ao risco de desilusão e, por fim, de colapso – um resultado que o resto do mundo tem um interesse claro em evitar, embora, até agora, não tenha sabido como ajudar a fazê-lo.

---

[43] Embora nos Países Africanos de Língua Oficial Portuguesa só se tenha iniciado em 1974.
[44] McCarty, M. H. (2001); *Ob. cit.,* p. 463.

9.1. Corrupção

O impacto económico perverso da corrupção parte do pressuposto de que – em maior ou menor medida – os estados controlam ou influenciam a distribuição de lucros relevantes e a imposição de custos e outras onerações, que dependem do poder discricionário de governantes ou funcionários públicos. Quando os indivíduos e as empresas percepcionam que podem almejar a tratamento favorável, de forma a obter um favor ou evitar um custo, podem ser tentados a pagar para o obter. Não têm, em geral, alternativas.

Esta é a raiz do suborno. Existe um contexto em que o agente corrupto está incumbido de distribuir um benefício que é escasso. O suborno clarifica quem tem acesso ao benefício[45]. Assim, a competitividade não é uma condição suficiente para o potencial sucesso empresarial.

Pobreza, má qualidade dos cuidados de saúde, baixa esperança de vida e distribuição desigual do rendimento e dos cuidados de saúde são endémicos através do mundo. Muitos países têm taxas de crescimento muito baixas ou mesmo negativas. Mesmo alguns países favorecidos com recursos naturais apresentam taxas de crescimento e níveis de rendimento *per capita* baixos. Outros, especialmente no antigo bloco soviético, exibem fracos níveis de crescimento económico, apesar de uma força de trabalho bem treinada[46].

Mesmo assim, existe um paradoxo. Organizações internacionais de financiamento, tais como o Banco Mundial, muitas vezes têm dificuldade em localizar projectos aceitáveis. Como é que isto pode acontecer, quando as necessidades são tão escandalosamente grandes? As defeituosas instituições públicas e privadas são uma raiz do problema. Governos que funcionam de forma miserável significa que a assistência exterior não estará a ser usada de uma maneira eficaz. Países com baixo rendimento, e os que registam baixas taxas de crescimento, estão muitas vezes em dificuldade, porque não são capazes de usar os seus recursos humanos e materiais de uma forma eficiente[47].

---

[45] Susan Rose-Ackerman (2002); *Corrupção & Governo*; Editora Prefácio, p. 9.
[46] Susan Rose-Ackerman (2002); *Ob. cit.*, p. 20.
[47] Philip Keefer e Stephen Knack (1995) examinaram o impacto das instituições governamentais no investimento e no crescimento em 97 países no período de 1974 a 1989. A sua medição da qualidade do Governo combina índices de corrupção com risco de expropriação, fora de lei, risco de quebra de contratos pelo Governo e a qualidade da burocracia. Os autores mostram que medições da qualidade das instituições governamentais são tão boas na explicação do investimento e crescimento como as medidas de liberdade política, liberdades civis e frequência da violência política.

Os países necessitam de reformas institucionais difíceis de concretizar. Construir barragens, auto-estradas e facilidades portuárias é tecnicamente fácil de empreender. Reformar governos e promover um forte sector privado são tarefas mais subtis e difíceis, que não podem ser reduzidas a um projecto de engenharia.

A tensão entre as capacidades dos países em vias de desenvolvimento e as exigências da ajuda internacional, assim como das organizações de financiamento, decorre de origens tão diversas como a história e a cultura dos países envolvidos. Para os críticos, as organizações internacionais não apreciam as instituições e os hábitos locais, e falham na adaptação dos seus programas às circunstâncias de cada país em particular. Apesar de esta realidade ser indubitavelmente verdade em alguns casos, não é verdade que o seja em todos. Alguns países têm instituições que estão mal adaptadas aos seus próprios objectivos, ditos de desenvolvimento.

Podemos avançar bastante na compreensão dos fracassos do desenvolvimento, percebendo como o interesse próprio é bem ou mal gerido. A melhor maneira é dada pelo arquétipo do mercado competitivo, onde o interesse próprio é transformado em actividades produtivas que conduzem ao uso de recursos eficientes. O pior caso é a guerra – uma luta pela riqueza que acaba por destruir a base de recursos que começou por originar o combate. Entretanto, existem situações em que as pessoas usam os recursos, tanto para fins produtivos como para ganhar vantagem, na divisão de benefícios da actividade económica – chamadas pelos economistas de *rent seeking*[48] (Bhagwaqti, 1974; Krueger, 1974).

9.2. A ética

Não será preciso lembrar o quanto as sociedades podem poupar em custos de transacção pelo facto de os seus agentes confiarem uns nos outros a nível das interacções respectivas. Por conseguinte, acabam por ser mais eficientes do que as sociedades de fraco nível de confiança, que obrigam a contratos pormenorizados e a complexos mecanismos para impor a sua aplicação. Esta confiança não parte de mero cálculo racional, nasce de fontes religiosas ou éticas que nada têm a ver com uma visão da modernidade como oposta à tradição[49].

---

[48] *Rent-seeking* – uma transferência de bens e serviços de uma pessoa ou pessoas para si próprio em troca de uma decisão favorável em qualquer plano público de acção *(NT)*.
[49] José Manuel Moreira (1998); A Ética Empresarial e Responsabilidade Social da Empresa, *in* Jornadas Empresariais Portuguesas; *Encontro de Vidago*; Porto; AIP: p. 353.

A teoria dos jogos sugere que o próprio mercado constituía uma boa escola para a sociabilidade, ao providenciar incentivos à cooperação entre as pessoas em nome do enriquecimento mútuo (soma positiva). Convirá, contudo, não esquecer que, apesar de o mercado impor, até certo ponto, a sua disciplina de sociabilidade, o facto é que esta não emerge simplesmente, de forma espontânea, sempre que o Estado diminui a sua esfera de influência. A capacidade para a cooperação, a nível social, depende da existência prévia de hábitos, tradições e normas, que constituem, eles próprios, factores estruturantes do mercado[50].

Por isso, Fukuyama insistirá em que o Estado liberal é, em última instância, um Estado limitado, no qual a actividade governamental é severamente restringida pela esfera de liberdade individual. Mas, para que a sociedade deste tipo não se torne anárquica ou ingovernável, é necessário que seja capaz de se autogovernar nos níveis de organização social, situados aquém da esfera de influência estatal. Um sistema destes depende, no limite, não só da sua estrutura jurídica, mas também da capacidade de autocontenção dos próprios indivíduos.

Se as pessoas não forem capazes de se conjugar na prossecução de objectivos comuns, acabam por necessitar de um Estado interventor que providencie a organização não conseguida por aquelas. Há quase sempre um grande risco de que o Estado interventor seja corrupto, porque intervenção rima com corrupção, isto é, sempre que há alguma coisa intervencionada, ao depender da decisão de um terceiro, existe a possibilidade de haver um funcionário prevaricador ou um utente corrupto que procurem obter benefício injusto: o utente, tentando através do suborno corromper o funcionário, e o funcionário disposto a apressar o solicitado através de pagamento, prevaricando.

Um país com baixos níveis de capital social não se limitará a ter empresas pequenas, fracas e ineficientes; sofrerá também de corrupção generalizada por parte da sua administração pública. Isto é tristemente evidente em Itália, onde, ao passar-se do Norte e do Centro para o Sul, se constata uma relação directa entre atomização social e corrupção[51].

É no plano social que a observância das regras económicas não basta para assegurar a estabilidade a longo prazo da evolução da sociedade: se não se atende aos critérios éticos – metaeconómicos –, a vida acabará por se tornar impossível e a sociedade não terá garantido o que, em terminologia económica, costumamos designar por «equilíbrio estável ou prosperidade sustentada».

---

[50] Fukuyama (1989), *Ob. cit.*, p. 338.
[51] Fukuyama, *Ob. cit.*, p. 440.

Mais ainda: a crise moral não diz respeito apenas ao mundo dos negócios, encontramo-la também na política, na investigação, na docência, no exército e, naturalmente, também na vida privada e familiar. Há motivos para pensar que a causa última do problema está no âmbito pessoal e familiar, mais do que no económico, por muito que se diga que o capitalismo degrada a vida familiar. Têm por isso razão os que afirmam «que a moralização da actividade económica só se pode conseguir através da moralização dos indivíduos que nela actuam». Essa moralização (ou desmoralização) encontra os seus lugares privilegiados ali onde sempre estiveram: na família, na comunidade religiosa, na escola, nos valores que transmitem à opinião pública modelada através de diversos meios de comunicação...

Para João Bártolo, «os líderes empresariais reconhecem, cada vez mais, a existência de um novo risco, o risco ético, o qual, nas suas consequências negativas, pode revelar-se extremamente caro, porque não é delegável, nem transferível (não é segurável), podendo significar a exclusão de poder operar»[52].

9.3. Papel da economia informal

A chamada economia informal deve ser combatida se existir uma melhor. Esta economia não só representa um peso significativo na economia real, como também tem um enorme papel social: muita gente depende dela.

Estes operadores económicos, com o tempo, procuram maximizar as competências de gestão (necessitam de informação) e optimizar os financiamentos. O sistema financeiro acaba por, naturalmente, introduzir estes agentes na denominada economia (formal).

Para uma melhor caracterização, importa proceder a uma análise comparativa das práticas definidas por «formal» e «informal» na denominada rede comercial, tomando em conta a sua situação legal. O que leva a escolher um dos dois caminhos: formal ou informal?

---

[52] Bártolo, João (1998); A Ética Empresarial, *in* Jornadas Empresariais Portuguesas; *Encontro de Vidago*; Porto; AIP: p. 361.

Quadro 13: Classificação da rede comercial

Formal	Instituições com personalidade jurídica e registadas de acordo com o regulamento do licenciamento da actividade comercial. A rede comercial formal é diferenciada não só pela sua localização geográfica, mas também pela sua posição e serviços desempenhados na rede. A rede formal tem comerciantes grossistas, retalhistas, bares, pensões, etc.
Informal	Instituições sem personalidade jurídica e não registadas de acordo com a regulamentação existente ou não possuindo as características exigidas pela lei: instalações, condições de salubridade, etc.

O «formal» assume muitos «papéis», licenças e paga impostos às Finanças. A burocracia dos trâmites legais, a quantidade de papéis e autorizações exigidas, os pagamentos extra-oficiais, a distância entre os serviços que autorizam estas actividades e o local onde a actividade deve ser exercida são as dificuldades encontradas que levam um comerciante – na sua própria opinião – muitas vezes a ser informal. A opção por uma actividade informal é mais frequente nas zonas rurais, onde a demora no tratamento dos papéis é maior que nas zonas urbanas[53] e onde o controlo institucional é fraco.

Se o Estado diminuir o peso das formalidades, nomeadamente daqueles que não têm capacidade de controlar com equidade, os operadores económicos do sector informal deverão *passar* para o formal.

10. Os efeitos perversos da ajuda de emergência a nível local

Durante as últimas décadas, aumentaram dramaticamente os fluxos de ajuda internacional a África. Tanto a população camponesa faminta, afectada pelas guerras, pela seca ou pelas cheias, como a população urbana, com baixo poder de compra, necessitam de ajuda.

Contudo, os reflexos desta ajuda têm sido polémicos. Os doadores, ao fornecerem os excedentes da sua própria produção, quer agrícola quer de vestuário, fazem com que as frágeis indústrias locais deixem de ser competitivas. Em bom rigor, nem de competitividade se trata: está em causa comparar os custos de produção com algo que vai para o mercado[54] a custo zero.

---

[53] Ministério da Indústria e Comércio de Moçambique e Organização das Nações Unidas para a Alimentação e Agricultura (2000); *O processo de reabilitação da rede comercial e o desenvolvimento dos mercados informais*; Maputo; pp. 16
[54] Geralmente paralelo.

Os doadores, ao insistirem que a ajuda de emergência seja distribuída gratuitamente à população, têm a capacidade de, numa primeira fase, hipotecarem todos os investimentos do sector. Numa segunda fase, podem subir o preço porque já não existe concorrência. Não serão, porventura, os doadores os que irão, directamente, subir os preços: serão os seus intermediários nos programas de ajuda.

Esta circunstância faz com que a ajuda de emergência não seja inequivocamente positiva para o país receptor. Se se realizarem programas de aquisição, a preços e qualidade controlados, a um sector emergente local, eventualmente as consequências seriam mais simpáticas.

Actualmente, a comida e a roupa barata, muitas vezes oferecidas pelas instituições internacionais, destroem as condições para a produção local. Ironia patética.

11. A questão da SIDA

A SIDA está a matar, em África, jovens em idade reprodutiva e a deixar crianças órfãs, privando-as da orientação dos pais e do apoio necessário para encorajar o desenvolvimento do capital humano.

A relação entre a pobreza e a transmissão do vírus da SIDA está longe de ser simples. Se o fosse, a África do Sul, o país mais rico do Continente Africano, não teria o maior número de pessoas infectadas na região. Por outro lado, os «fiéis companheiros da pobreza» também encorajam o desenvolvimento da doença: subnutrição; falta de água potável; saneamento básico e condições de vida higiénicas; elevada incidência de outras doenças infecciosas, como tuberculose e malária; serviços públicos de saúde inadequados; comportamentos de risco; iliteracia e ignorância.

Vinte anos após a descoberta do vírus da SIDA, esta síndroma atinge em média, diariamente, 14 mil homens, mulheres e crianças. Na África Subsariana (onde 3,5 milhões de pessoas ficaram infectadas em 2001), a SIDA é a principal causa de morte, ocupando o quarto lugar na lista mundial das principais razões de morte. Hoje, no Mundo, cerca de 40 milhões encontram-se infectadas com o vírus do HIV – 4 milhões são crianças com menos de 15 anos, 28 milhões vivem em África e cerca de 95 % em países em vias de desenvolvimento. Em 2010, cerca de 40 milhões de crianças ficarão órfãs devido à SIDA.

Figura 10: A SIDA no Continente Africano

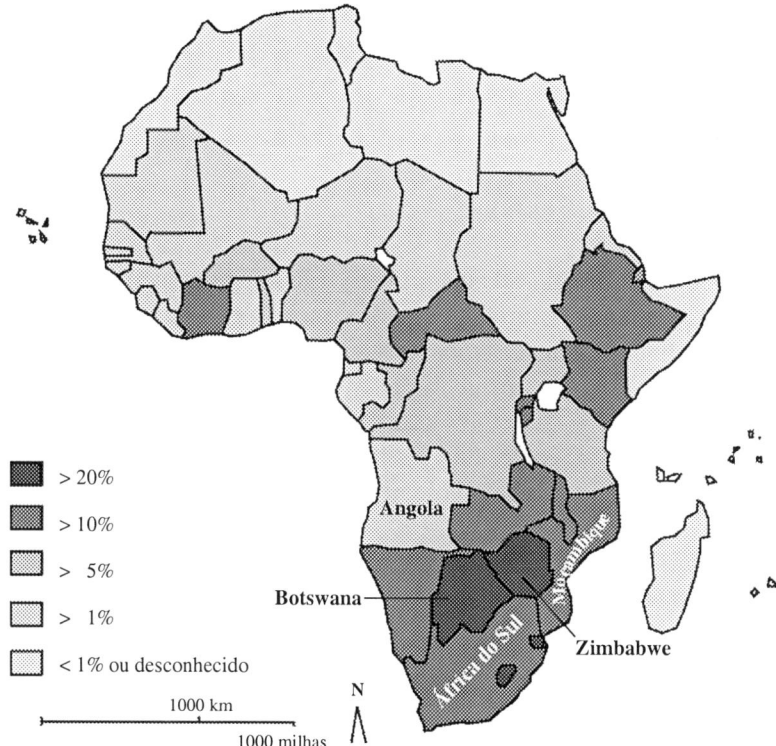

Fonte: OCDE, 2002.

11.1. Sociedades saudáveis

A saúde é, obviamente, essencial à capacidade de criar – e manter – o capital humano. Os trabalhadores saudáveis possuem mais energia física e força mental, e ausentam-se menos do trabalho. É precisamente na idade em que as pessoas têm um maior índice de actividade sexual que necessitam de ser mais produtivas. A sua produtividade, por sua vez, torna as empresas mais rentáveis. Uma força de trabalho saudável é um meio importante para atrair investimento directo estrangeiro[55]. Entretanto, é provável que adultos saudáveis realizem mais poupanças, não só porque esperam gozar de uma reforma prolongada, mas também porque não esgotam as suas reservas com doenças graves.

---

[55] Um inquérito – efectuado pela Reuters, 15 de Outubro de 1999 (citando um relatório do *Washington Post*) – a executivos revelou, por exemplo, que alguns já consideram a SIDA uma razão para não investir na África do Sul.

A SIDA poderá retirar à juventude a sua necessária irreverência. Tentar alterar a trajectória das políticas africanas necessita de muita energia. A juventude é portadora dessa energia.

Ninguém deve ser posto à margem. A exclusão é uma ameaça. A auto-exclusão é terrível.

12. Temas de reflexão

• A noção de competitividade é universal: é mais competitivo quem faz melhor. Contudo, a maioria das análises, ou modelos de competitividade, baseia-se em experiências ocidentais, em que a combinação e interacção entre um Estado relativamente forte com instituições e normas estabelecidas, um mercado com actores económicos e uma economia monetária desenvolvida, assim como uma sociedade civil com um elevado nível de educação/formação como complemento, são os elementos fulcrais.

Estas experiências divergem substancialmente no contexto africano com Estados e instituições fracos, poucos empresários nacionais e com um sistema social caracterizado muito mais pela reciprocidade e pelo sistema de redistribuição da economia familiar do que por uma economia monetária e de troca no mercado.

• A hierarquização dos países, segundo a noção de competitividade (a sua capacidade para crescer), é tratada em diversas sedes e organizações internacionais. Estas elaboram anualmente relatórios com *rankings* cada vez mais tidos em conta nas opções de negócios adoptados pelas empresas internacionais. Os países são analisados a partir de uma matriz de critérios e é realizada uma graduação: uns são considerados mais competitivos do que outros.

• Toda a gente concorda que a melhor forma de eliminar a pobreza é a criação de empregos. Mas os economistas reconhecem apenas um tipo de emprego, a saber, o emprego assalariado. Nos seus manuais não há nada designado por «trabalho independente». Os economistas criaram um mundo no qual temos de passar a nossa infância, e parte da nossa juventude, a prepararmo-nos para seduzir potenciais empregadores. Quando a nossa preparação está completa, apresentamo-nos ao mercado de trabalho para conseguir um emprego. Se alguém não consegue arranjar um emprego, é então que começam os problemas: ou acaba na segurança social se, por acaso, viver numa economia industrial desenvolvida, ou na pobreza e na miséria, se viver numa economia menos desenvolvida.

Em muitos países do Terceiro Mundo, uma esmagadora maioria da população ganha a vida com o trabalho independente. Sem saberem onde integrar este fenómeno nos seus quadros analíticos, os economistas classificam-no numa categoria geral designada por «sector informal». Como não têm ferramentas analíticas para lidar com a situação, concluíram que não se trata de uma situação desejável: quanto mais cedo esses países eliminarem aquele sector informal, melhor ficarão. É vergonhoso!

Em vez de apoiarem a criatividade e a energia das pessoas, promovendo e criando políticas e instituições, apressam-se a enfiá-las em caixas feitas com modelos preestabelecidos. Mas o sector informal é uma criação das pessoas, não dos planificadores ou dos economistas. Representa o próprio esforço das pessoas para criarem os seus empregos, para (sobre)viverem. Quem conheça minimamente as pessoas, ou a sociedade como um todo, deveria procurar, com entusiasmo e esperança, consolidar aquilo que já foi feito, levar esse sector informal a níveis mais elevados e dar-lhe mais eficiência, em vez de tentar destruí-lo e puxar-lhe o tapete.

• A escassez e a insuficiência, em matéria de recursos humanos, quer em quantidade quer em qualidade, com que a generalidade das empresas se defronta no decurso dos respectivos processos de internacionalização, levam ao seu insucesso.

Por outro lado, o nível de formação profissional é muito baixo na generalidade dos países africanos. As políticas governativas, ao tentarem obrigar os investidores estrangeiros a empregar quadros locais, têm dificultado a captação de IDE e, consequentemente, não permitem a aprendizagem – *learning by doing* – normal nestes processos.

Esta falta endémica de quadros fragiliza naturalmente o *management* da empresa. É fundamental para todos os intervenientes saber perfeitamente *quem toma a decisão*.

A confiança entre representantes *versus* representados deverá ser recíproca. Os gestores terão constantemente de tomar decisões multidisciplinares e sem o «normal» suporte informativo (considerando que a gestão se baseia na utilização de informação disponível).

Assim, aquando do início do processo de internacionalização, os quadros superiores devem, de preferência, ser encontrados dentro da empresa-mãe. Trata-se de promover uma extensão da matriz original (organizacional, relacional e comunicacional) para o novo projecto, com as necessárias adaptações à realidade local. Os quadros deslocados, pelo menos na fase de implementação do processo, deverão possuir o *know-how* do negócio. Conhecendo a cultura da empresa, assim como as suas diferentes áreas funcionais e respectivas especificidades, podem desta forma relacionar-se (comunicar) com maior facilidade com os restantes quadros. Já provaram dominar as competências e possuem uma maior estabilidade profissional.

• É muitas vezes anunciada a ideia de «salários baixos» como vantagem competitiva para um processo de internacionalização. Nada mais errado. O gestor deve basear a sua análise no custo unitário do trabalho (salário *versus* produtividade).

A noção de produtividade complexa. Depende, numa primeira abordagem, da optimização dos recursos, ou seja, cresce sempre que se consegue produzir mais a partir da mesma quantidade de recursos. Assim, a produtividade pode crescer tanto aumentando a eficiência do processo produtivo, sem alterar o que é produzido, como aumentando o valor dos bens e serviços produzidos, ou ainda se houver uma combinação de ambas as possibilidades.

• Os países necessitam de reformas institucionais difíceis de concretizar. Construir barragens, auto-estradas e facilidades portuárias é tecnicamente fácil de empreender. Reformar governos e promover um forte sector privado são tarefas mais subtis e difíceis, que não podem ser reduzidas a um projecto de engenharia.

• Os líderes empresariais reconhecem cada vez mais a existência de um novo risco, o risco ético, o qual, nas suas consequências negativas, pode revelar-se extremamente caro, porque não é delegável, nem transferível (não é segurável), podendo significar a exclusão de poder operar.

IV
Comércio Internacional

Desde que Adam Smith publicou *A Riqueza das Nações*, em 1776, a vasta maioria dos economistas tem aceitado a teoria de que o comércio livre, entre as nações, melhora o bem-estar económico geral. O comércio livre, habitualmente definido como ausência de tarifas, contingentes ou outras barreiras governamentais ao comércio internacional, permite, a cada país, especializar-se nos bens que consegue produzir, de modo barato e eficiente, relativamente aos outros países. A especialização permite a todos os países alcançarem rendimentos reais mais elevados.

Embora proporcione benefícios à economia no seu todo, o comércio livre afecta, de forma negativa, alguns particulares, especialmente os accionistas e trabalhadores das indústrias que perdem dinheiro e postos de trabalho face à concorrência dos bens importados mais competitivos. Alguns dos grupos que se vêem prejudicados pela concorrência estrangeira possuem poder político suficiente para obterem protecção contra as importações. Consequentemente, as barreiras ao comércio continuam a existir, sendo que os anos de abrandamento económico provocam a sua proliferação, não obstante os seus apreciáveis custos económicos.

Suponhamos que, por exemplo, a China vende bicicletas a 40 dólares, enquanto Moçambique as produz a 70 dólares. Que fazer? Facilitar as importações da China? Mandar para o desemprego as centenas de trabalhadores das fábricas moçambicanas? Qual será o valor de venda da bicicleta moçambicana? Qual será a margem máxima que o empresário utilizará ou, dito de outra forma, qual o preço que a população terá (capacidade) de pagar? Quando é que o empresário nacional será motivado a melhorar a sua competitividade (para baixar os custos de produção)? Será a bicicleta importante para a maioria da população? Finalmente, quantos milhões de cidadãos ficarão excluídos da aquisição de um equipamento fundamental em África[1]?

---

[1] A bicicleta é muito importante para a locomoção e o transporte de mercadorias no campo. Naturalmente que esta introdução de tecnologia (bicicleta) irá promover o progresso técnico e, consequentemente, o crescimento da economia.

Em jeito de previsão, a conclusão parece evidente e incontornável! Embora o proteccionismo possa ser considerado um meio de salvação de postos de trabalho, o mais provável é que se assista, de facto, a uma troca de empregos. Deste modo, o proteccionismo preserva os postos de trabalho de determinadas indústrias, em detrimento da destruição dos postos de trabalho de outras.

No seu relatório de 1987[2] sobre o desenvolvimento mundial, o Banco Mundial classificou 41 países em vias de desenvolvimento segundo a sua abertura ao comércio desde os anos sessenta. Dividiu as economias em dois tipos: as que eram voltadas para o interior, nas quais as exportações eram desencorajadas; e as que eram voltadas para o exterior, em que eram incentivadas as exportações. O Banco Mundial comparou, depois, estes grupos segundo um vasto leque de indicadores económicos[3].

As economias fortemente viradas para o exterior tinham mais rendimento *per capita* do que as viradas para o interior. O mesmo acontecia com o crescimento do PIB total, com o valor acrescentado da indústria e com os padrões de eficiência do investimento. Para todos estes critérios, as economias moderadamente voltadas para o exterior ultrapassavam as voltadas para o interior, se bem que por uma margem menor. O insucesso de uma orientação forte para o interior, tendo em vista a protecção da indústria nacional – e não apenas as exportações dos produtos industriais –, é um aspecto de particular interesse. O propósito de um país se virar para dentro era, precisamente, industrializar-se mais depressa.

Os três países mais virados para o exterior, segundo o relatório do Banco Mundial, eram Hong Kong, Singapura e a Coreia do Sul. Taiwan teria sido o quarto, se tivesse sido incluído na amostra, e teria reforçado ainda mais a ideia da correlação entre a abertura dos mercados e a taxa de crescimento do PIB. Contudo, os quatro dragões[4] adoptaram políticas mais diferentes do que geralmente se admite. A orientação de Hong Kong para o exterior deve-se a um comércio perfeitamente livre. Os outros países foram mais ou menos intervencionistas, utilizando os incentivos à exportação para ultrapassar os eventuais efeitos negativos da protecção da produção nacional.

---

[2] Embora seja um estudo antigo, os autores referem-no na medida em que sugere «pistas» para a mudança da estratégia de alguns governos nas suas políticas comerciais na década de noventa.
[3] Clook, Clive (2000); «Desenvolvimento Económico do Terceiro Mundo», in *Dicionário de Economia*; Lisboa; Principa, p. 837.
[4] Hong Kong, Singapura, Coreia do Sul e Taiwan.

Quadro 14: Países com crescimento mais rápido 1960-92

Países	Taxa de crescimento do PIB real *per capita* (% anual)
Coreia do Sul	6,5
Singapura	6,4
Hong Kong	6,2
Taiwan	6,1
Malta	5,4
Japão	5,3
Botswana	4,9
Portugal	4,7
Tailândia	4,6

Fonte: César das Neves, J., Rebelo, Sérgio (2001); *O Desenvolvimento Económico em Portugal*; Lisboa, Bertrand, p. 36.

Um consenso claro entre os principais economistas consiste na seguinte premissa: as políticas comerciais voltadas para o exterior são uma das chaves do desenvolvimento. E porquê?

A resposta da economia ortodoxa sugere que o comércio permite aos países explorarem a sua vantagen comparativa, possibilitando consumir bens diferentes daqueles que produz. Os preços nos mercados mundiais são os mediadores entre ambos. As teorias convencionais provam que, consequentemente, o comércio proporciona uma situação melhor a ambos os parceiros, desde que as barreiras às importações e outras políticas não afastem muito os preços nacionais dos preços mundiais. Para estes, as forças de mercado bastam, só por si, para conduzir a produção e o consumo no rumo certo. Neste sentido, o consumidor surge privilegiado, na medida em que só é obrigado a afectar recursos a produtos competitivos, ou seja, liberta recursos para o aumento do consumo ou do investimento, ou ambos.

Por outro lado, a protecção pode transformar alguns produtores nacionais em monopólios ou quase-monopólios, introduzindo, assim, uma ineficiência na medida em que exploram a sua força de mercado produzindo menos e cobrando mais (na ausência de concorrência, não têm incentivos para manter os preços baixos e aumentar a qualidade).

Dois dos maiores especialistas mundiais em comércio, Jagdish Bhagwati, da Columbia University, e Anne Krueger, da Duke University, destacaram, ainda, uma outra fonte de ineficiência que afecta tanto os países em vias de desenvolvimento como os países industrializados: a «busca de renda» (*rent-seeking*), vulgo, «a procura de lucros directamente improdutivos». Estes resultam dos esforços das empresas para explorar ou fugir às distorções causadas pela protecção. Por exemplo, as licenças de importação podem conduzir a uma diferença entre o preço oficial de um bem intermédio e o preço que um produtor nacional está disposto a pagar por ele. Esta «renda» é uma fonte potencial de ganho para alguém. São necessários recursos para dominar o mercado na aquisição de licenças ou para subornar os burocratas que decidem quais as empresas a que serão concedidas, ou, ainda, pressionarem os governos como forma de estes alterarem o padrão da protecção a favor desses grupos para se conseguir um aumento do nível geral de protecção[5].

1. O perigo das riquezas naturais

Costuma dizer-se que todos os «dragões» (à excepção de Hong Kong) tiveram governos muito intervencionistas. Mesmo no pressuposto de que essas intervenções, por sorte ou propositadamente, deixaram as economias com regimes comerciais voltados para o exterior, há uma questão que subsiste: o seu sucesso poderá ficar a dever-se ao facto de que «é importante intervir, desde que seja bem»!?! Não é a dimensão da intervenção que conta, segundo este argumento, mas antes a perícia com que ela é conduzida.

Um país que concentra as suas exportações num produto primário, relativamente ao qual possui uma vantagem importante, não aplica uma verdadeira estratégia de desenvolvimento. Trata-se de uma extroversão passiva, que visa a obtenção de divisas, à falta de outras soluções[6].

Assim, o Senegal exporta amendoim, Cuba, açúcar, a Costa do Marfim, cacau, o Chile, cobre, o Níger, urânio, e numerosos países, petróleo.

As receitas das exportações destes países dependem da evolução de um ou dois produtos. Caso o mercado mundial desça os preços, o país diminui as receitas. Sendo claro que é preferível ter recursos naturais (riquezas) a não os ter, estas não são, em si, um factor de desenvolvimento. Pelo contrário, podem ser uma maldição: incitam as nações a *deixa-rem-se viver* desse rendimento.

2. Estratégias extrovertidas baseadas nos produtos industriais

Alguns países do Sudoeste Asiático aplicaram, no princípio dos anos cinquenta, políticas de apoio às exportações. Esforçaram-se, então, por

---
[5] Clook, Clive (2000); *Ob. cit.*, p. 839.
[6] Teulon, Frédéric (1994); *Crescimento, Crises e Desenvolvimento;* Lisboa; Publicações Dom Quixote, p. 196.

seleccionar um limitado número de bens que podiam ter colocação no mercado mundial, começando por produtos que exigiam pouco capital e com tarefas relativamente simples a realizar (utilização da vantagem representada por uma mão-de-obra alfabetizada e barata). Embora tenham protegido o seu mercado interno de maneira selectiva, focalizaram a obrigação de eficiência, uma vez que os bens fabricados se destinavam à exportação. A atribuição de recursos fazia-se em função das vantagens comparativas, permitindo às exportações obter economias de escala e melhorar a situação da balança de pagamentos.

Foi em meados dos anos setenta que estes mercados conseguiram aberturas comerciais nos mercados internacionais, subvertendo a velha divisão do trabalho entre o Norte e o Sul que assentava na troca de produtos manufacturados por matérias-primas[7].

É verdade que estes países, especialmente a Coreia do Sul, tiveram governos intervencionistas. Isto é algo que eles têm em comum com quase todos os países em vias de desenvolvimento. A diferença não reside apenas na adopção de uma abordagem comercial virada para o exterior (lição número um), mas também no facto de essa abordagem ter moldado as formas de intervenção que assumiram relativamente à economia nacional (lição número dois). O efeito líquido (lição número três) foi o sistema de preços ter ficado bastante intacto, funcionando como aviso para o sector privado[8].

2.1. Qual o *papel* do governo?

Geralmente, uma abordagem comercial voltada para o exterior não implica uma política de *laisser-faire* (embora esta obrigue a uma política comercial voltada para o exterior). O Estado tem um papel fundamental no desenvolvimento. No entanto, por paradoxal que pareça, a maior parte dos governos grandemente intervencionistas do Terceiro Mundo negligenciam este papel, não focalizando as suas competências.

O governo tem vários papéis vitais a desempenhar e não possui recursos excedentários que possa desperdiçar. Por exemplo, o custo de um sistema legal eficaz é dinheiro público bem empregue. Os países necessitam de legislação que defina, de forma clara, os direitos de propriedade, os contratos, as responsabilidades, as falências – algo que a maioria dos países em vias de desenvolvimento já tem. Necessitam, contudo, de a aplicar eficazmente – são menos os que o fazem. Os gastos com infra-estruturas

---

[7] Teulon, Frédéric (1994); *Ob. cit.*, p. 197.
[8] Clook, Clive (2000); *Ob. cit.*, p. 837.

físicas e sociais são essenciais, pois há boas razões (ortodoxas) para acreditar que o sector privado fará muito pouco neste campo. Há inúmeros estudos que mostram que o retorno económico das despesas com a instrução primária, sobretudo para as raparigas, é extraordinariamente elevado. Os governos precisam de fazer mais, e não menos, nestas áreas, embora nenhuma destas tarefas obrigue o governo a ser monopolista.

Os governos têm feito opções muito discutíveis. Poderiam ter permitido que operadores privados construíssem e explorassem aeroportos, universidades e hospitais nas grandes cidades (onde, logicamente, é possível encontrar investidores interessados), libertando recursos para a construção de estradas, escolas e centros de saúde nas aldeias. Em vez de deixarem competir as empresas umas com as outras, criaram indústrias dirigidas pelo Estado e protegeram as suas enormes ineficiências da concorrência, particularmente da estrangeira.

Os defensores da intervenção estatal afirmam muitas vezes que «são realistas». Segundo eles, os mercados não são perfeitos e, por isso, os governos têm de intervir, particularmente nos países em vias de desenvolvimento. A experiência dos últimos quarenta anos de desenvolvimento mostrou, no entanto, que o maior problema do Terceiro Mundo reside na ausência de um bom governo e não propriamente nas forças de mercado[9].

3. Dois mitos: dívida e capacidade empresarial

Um argumento comum é que muitos países em vias de desenvolvimento estão condenados à estagnação económica, independentemente das políticas económicas adoptadas pelos seus governos, e isto devido a dois factores que escapam ao seu controlo: as suas dívidas insustentáveis e a falta de empresários dos próprios países. Ambas as ideias são polémicas.

Consideremos, em primeiro lugar, a dívida. Os custos da crise da dívida, nos anos oitenta, foram de facto elevados. Os capitais estrangeiros são importantes, não só em termos quantitativos, mas, sobretudo, devido ao *know-how* que os acompanha. No entanto, o problema da dívida, apesar de ser grave, não é, de modo algum, um obstáculo insuperável ao crescimento do Terceiro Mundo. O problema é o seu peso relativamente ao investimento produtivo. Mesmo nas épocas boas, o capital estrangeiro tem financiado apenas uma pequena parte dos investimentos realizados nos países em vias de desenvolvimento. Isto mostra que os governos não têm sabido, ou mesmo querido, captar investimento.

---

[9] Clook, Clive (2000); *Ob. cit.*, p. 840.

A seguir ao mito da dívida, vem o mito da ausência de empresários. A ideia de que, no Terceiro Mundo, há falta de espírito empresarial é discutível, ou mesmo ridícula. Os camponeses que semeiam outro produto, em resposta a uma alteração da política de comercialização do governo, são empresários. Também o são os operadores de táxis e *minibus* não registados que mantêm a maior parte das cidades do Terceiro Mundo em movimento. O mesmo acontece com os vendedores ambulantes, ou aguadeiros ou cambistas, e aqueles que concedem créditos à margem do sistema oficial. São-no, também, os que têm plantações de produtos ilegais, como coca, a quem muitos países negam a oportunidade de ganhar a vida por meios legais, bem como os contrabandistas de tudo e mais alguma coisa, que tanto comércio fazem entre países africanos, aproveitando-se das enormes distorções de preços criadas pelas políticas governamentais.

Admitimos que, em parte, o espírito empresarial é uma questão de competências – na escolha das técnicas, na gestão, nas finanças, na capacidade de ler a etiqueta do saco de fertilizantes. As competências têm de ser desenvolvidas e, em muitos países em via de desenvolvimento, a oferta é escassa. Mas não é imutável. O êxito da revolução agrária, na Índia e noutros países, mostra que os camponeses estão dispostos a aprender novas técnicas, desde que reconheçam que isso é vantajoso para eles (a revolução agrária inclui a introdução de variedades agrícolas com grandes níveis de produção, que obrigam à adopção de métodos diferentes e à utilização de *inputs* mais sofisticados, tais como fertilizantes e fornecimento garantido de água.)

3.1. Case Study

Para se ter uma ideia daquilo que o espírito empresarial pode conseguir, no Terceiro Mundo, atente-se no florescente negócio que é a exportação de vestuário no Bangladesh, um dos países mais pobres. Esta actividade começou por uma colaboração entre Noorul Quader, um burocrata transformado em empresário, e a Daewoo Company da Coreia do Sul. A nova empresa de Quader, a Desh, aceitou comprar máquinas de costura à Daewoo e enviar funcionários para receberem formação profissional na Coreia do Sul. Quando a fábrica Desh entrasse em funcionamento, seria a Daewoo a orientar a produção e a tratar da comercialização de 85 % das vendas. A Daewoo não concedeu nenhum empréstimo à Desh nem ficou com nenhuma quota na empresa. Mas mostrou-lhe como organizar um sistema de armazenagem, que foi autorizado pelo Governo. Isto constituiu um passo crucial. Transformou a exportação de vestuário numa zona económica especial – uma ilha de comércio livre no seio de uma economia altamente protegida.

> Em finais de 1979, os 130 formados da Desh voltaram da Coreia do Sul com três engenheiros da Daewoo para instalar as máquinas. A produção de vestuário começou em Abril de 1980 com 45 máquinas e 500 trabalhadores. Em 1980, a empresa fabricou 43 000 camisas no valor de 56 000 dólares. Em 1987, as vendas tinham aumentado para 2,3 milhões de camisas e 5,3 milhões de dólares – o que constituiu um crescimento superior a 92 % ao ano.
> A Desh teve tanto êxito que cancelou o acordo de cooperação com a Daewoo em Junho de 1981, 18 meses após ter iniciado o seu funcionamento. Começou a fazer a sua própria comercialização e a comprar as matérias-primas a outros fornecedores. O seu grande êxito ficou a dever-se maioritariamente a si própria. Por outro lado, verificou-se o abandono de grande parte do pessoal formado pela Daewoo. Dos 130 que foram para a Coreia do Sul em 1980, 115 tinham já deixado a empresa em 1987 – para constituir empresas próprias de exportação de vestuário. Em 1985, o Bangladesh tinha 700 fábricas de exportação de vestuário, contra nenhuma em 1979. Essas fábricas pertenciam à Desh e outros, que seguiram o seu exemplo[10].

Para além do aspecto das competências, é importante a existência de um enquadramento sistémico que dinamize o empresariado. Só através da criação de riqueza, resultante dos dividendos das empresas competitivas, é que os empresários se sentem motivados para reinvestir em actividades produtivas.

Ademais, à falta de enquadramento, associa-se o défice da génese do empresário descrito por Schumpeter. O que sucede, muitas vezes, é que os empresários são, na sua origem, funcionários públicos ou militares, dado que puderam utilizar as relações que cultivaram na administração para obterem as necessárias autorizações e, sobretudo, créditos bancários.

Por norma, seria o mercado o filtro do mérito do empresário. Simplesmente, os fundamentos do mercado (concorrência, informação, falências e sistema judicial) são frágeis na generalidade dos PED.

Em suma, ao nível do *management*, sabe-se, enfim, que as empresas africanas são o *teatro* de lutas, por vezes dramáticas, entre jovens diplomados e veteranos saídos das fileiras. Estes conflitos, que, por seu turno, degeneram em ajustes de contas ocultos, contribuíram para a produção de uma classe de quadros impotentes – os «quadros-agendas». Os jovens quadros que vêm *curto-circuitar* as esperanças de carreira dos veteranos são, com efeito, as presas de armadilhas que lhes são feitas pelos seus subordinados[11]: falsas avarias, montagens técnicas burladas, etc. Estes últimos procuram aí a prova definitiva da incompetência dos recém-che-

---

[10] Clook, Clive (2000); *Ob. cit.*, p. 842.

gados. Os jovens chefes, acreditando evitar o pior e para não serem apanhados em flagrante delito de ignorância, refugiam-se, então, nos seus gabinetes, fechando-se, também, definitivamente na sua incompetência. Seria, no entanto, possível propor percursos de integração que, obrigando os interessados a partir da base, permitam uma aprendizagem, tanto social como técnica, serena. Um tal processo tornar-se-ia tanto mais justificado quanto é necessário criar categorias homogéneas entre diplomados[12] de origens muito diversas (Europa, América, países africanos, países do Leste).

4. Os obstáculos políticos ao capitalismo africano

Por uma questão metodológica, importa analisar os constrangimentos que até hoje têm impedido o desabrochar de classes capitalistas locais, poderosas e eficazes, capazes de desempenhar um papel de primeiro plano na mutação económica das sociedades africanas.

Paul Henry (1988) distinguia os seguintes constrangimentos: a) a natureza muitas vezes oportunista ou ineficaz do poder do Estado e da ideologia política, desde o período colonial até hoje; b) a posição, passada e actual, de dependência de África na economia internacional, que deixa um défice de factores de produção e de possibilidades comerciais e impede o exercício da autonomia nacional; c) a ameaça de concorrência que representam os capitais estrangeiros mais substanciais, dotados de consideráveis vantagens não acessíveis aos empresários locais; d) a herança de uma sociedade e de uma cultura tradicionais inadaptadas, não oferecendo o apoio desejado e caracterizadas por obrigações particulares e por uma concepção oposta à acumulação individual; e) o estabelecimento ainda incompleto daquilo que os marxistas designam por relações sociais de produção (quer dizer, um sistema de classes suficientemente diferenciado, no qual o trabalho é ele mesmo submetido às leis do mercado); f) o contexto nacional imprevisível para os negócios, associado a um sistema de educação inadequado, pouco fiável, e a uma infra-estrutura de comunicações que aumenta o custo da produção e os riscos de ingerência das auto-

---

[11] Que encontram eco nos quadros do conservadorismo societal – respeito pelo mais velho –, entendendo-se por *respeito* a não-substituição, mesmo que por mérito de um ou manifesta incompetência do quadro mais antigo.
[12] Embora o título académico seja equivalente, o grau de exigência de cada Universidade é manifestamente diferente. Isto cria, sem dúvida, assimetrias de conhecimento e, consequentemente, frustrações.

ridades e de procedimentos inúteis; g) a qualidade dos esforços empregue nos negócios pelos próprios detentores locais de capitais[13].

Por outro lado, importa verificar se as culturas e as instituições sociais tradicionais são suficientemente adaptadas e, portanto, capazes de sustentar uma concepção capitalista local viável. De nada servirá se os Estados não tiverem conseguido criar a base institucional necessária a uma economia de mercado competitiva face às leis da concorrência e se, para mais, o poder do Estado, ele próprio, for exercido de uma forma arbitrária e ávida por elites que são fortemente hostis, quer em relação à possibilidade de desenvolvimento capitalista em si, quer em relação aos empresários nacionais[14] em particular. Por definição, os vestígios da cultura tradicional constituem, infalivelmente, entraves durante as primeiras fases de mutação económica. Mas, uma vez que esteja presente a imperiosa lógica do mercado capitalista, esta tende a desfazer estes constrangimentos que então desaparecem (Hirschman, 1965).

5. O poder do Estado e as origens políticas do capitalismo industrial

Todavia, antes de atingir este ponto, o espírito capitalista deve, primeiro, fazer o seu caminho numa sociedade de papéis ainda tradicionais e, talvez, mesmo hostis. Historicamente, foi necessário ultrapassar dois obstáculos-chave antes de aí chegar. Por um lado, como Marx e Weber reconheceram há muito tempo, e como Polanyi (1975), Gerschenkron (1966) e Moore (1969) sustentaram de maneiras diferentes, as forças do mercado e as relações comerciais raramente conseguiram, por si mesmas, provocar esta transição, de tal maneira que nunca para isso foram suficientes. Assim, a busca de ganhos económicos e as relações comerciais, por si sós, eram omnipresentes nas sociedades agrárias. Não são específicas do capitalismo moderno. A industrialização capitalista requer, antes, uma lógica muito diferente. Nesta, os empresários são forçados a concentrar os seus esforços no aumento da produtividade e da capitalização, considerados como os meios principais de assegurar a sobrevivência dos negócios. A serem confrontados com os constrangimentos, que se reforçam mutuamente, deverão apresentar um espírito racional e calculista para fazer face às pressões da concorrência comercial. Em compensação,

---

[13] Stepfen Ellis e Yves-A. Fauré (2000); *Empresas e Empresários Africanos*; Editora Vulgata, p. 132.
[14] Possíveis adversários políticos.

estes constrangimentos, e ainda mais estas pressões, pressupõem que os meios de produção, em particular o trabalho, estejam inteiramente submetidos às leis do mercado e totalmente libertos da protecção de relações impostas pelo costume, pela comunidade social.

Enquanto estas formas tradicionais de protecção continuarem parcialmente activas, os agricultores e os artesãos não estão completamente expostos às forças do mercado e poderão resistir a uma incorporação total numa economia monetária, enquanto consumidores – pois conservam elementos considerados de uma economia de subsistência, baseada em parte na reciprocidade –, e, enquanto produtores, dominam ainda os meios da autarcia. Por outro lado, faltam aos comerciantes os meios políticos para quebrarem o vigor que a sociedade tradicional ainda possui e estabelecerem uma economia completamente submetida às leis do mercado. Mesmo que estivessem para isso inclinadas, as classes comerciantes não dominam nem gerem os meios primários de produção que caracterizam as sociedades agrárias, a saber, a terra e os utensílios de trabalho. Assim, não podem proletarizar os campesinatos que vivem em autarcia, nem os artesãos urbanos ou rurais, enquanto não tenham a capacidade de utilizar a força civil ou os constrangimentos legais através do exercício do poder do Estado[15].

O mercado, enquanto mecanismo de transferência voluntária dos direitos de propriedade, ocupa um lugar limitado. Não há um verdadeiro mercado dos factores, a terra é pouco alienável, a maioria dos agentes é excluída do crédito bancário, os mercados financeiros são embrionários.

Mesmo com este contexto, a economia africana apresenta traços de alguma criatividade[16], demonstrados pelas iniciativas populares, pela emergência de novas organizações e espíritos engenhosos que escapam ao mercado formal. Não obstante a constatação de estagnação da produtividade, assim como a perda de competitividade externa de África, existem homens de negócios, particularmente na diáspora, que não têm por que invejar os melhores financeiros internacionais, com uma importante dinâmica comercial e financeira.

Isto não implica que apareça com facilidade uma «cultura de empresa»[17], nem que esteja em elaboração uma verdadeira classe de empresários inovadores. A História, longa, mostra que estes emergiram na maior parte dos países sempre que os comerciantes e os financeiros foram coa-

---

[15] Stepfen Ellis e Yves-A. Fauré (2000); *Ob. cit.*, p. 136.
[16] «A necessidade aguça o engenho.»
[17] As empresas são, geralmente, uma *continuação* da família.

gidos a correr riscos de empresa, geralmente por acção contingente do Estado. Há, aí, um processo de acumulação primitiva ou preliminar. Tornar-se-ão os homens de negócios africanos capitães de indústria? Só a História poderá responder.

A actual fraqueza de uma parte significativa dos empresários africanos deve-se essencialmente a dois factores: razões económicas que têm a ver com o domínio do capital mercantil e financeiro num contexto de subdesenvolvimento (fraqueza do mercado, escassez de capitais, especialização primária, desarticulação) e razões políticas ligadas aos modos de poder e às ténues distinções entre o espaço privado e o espaço público[18].

Esta fragilidade dos empresários de base local apela, em sua defesa, ao papel do Estado.

6. A defesa do Estado-providência

Tendo sofrido os horrores da Primeira Grande Guerra e da Grande Depressão, os povos dos países com maturidade tornaram-se menos dispostos a tolerar grandes variações de preços e de emprego. Para muitos, a disposição para sofrer instabilidade interna foi substituída pelo apoio ao planeamento central. Nesta linha sociológica, os partidos políticos identificavam grandes grupos de eleitorado e pressionavam o governo para a adopção de políticas de apoio a grupos de interesse.

Para surpresa dos seus críticos, o maior envolvimento do governo não «arruinou a economia» de imediato e, em muitos casos, acelerou efectivamente o crescimento económico. Contrariando os piores receios, o maior envolvimento do governo na economia não causou pressões para nacionalizações da indústria em larga escala – não houve derrapagem «no caminho escorregadio para o socialismo». De facto, em vez de controlarem activamente as empresas, os governos centrais fortes limitavam geralmente o seu envolvimento na actividade económica com regulamentações bastante frouxas e a ignorar as práticas da actividade económica[19].

Os defensores de um papel crescente do governo apontavam para uma longa história do seu crescente envolvimento nos mercados. O maior papel do governo nos assuntos económicos não foi conscientemente planeado, diziam, mas evoluiu como ideal político, revisto e trabalhado ao longo das

---

[18] Já inúmeras vezes referidos.
[19] McCarty, M. H. (2001); *Como os Grandes Economistas Deram Forma ao Pensamento Moderno*; Prefácio, p. 324.

mudanças das condições económicas fundamentais. O que os críticos rotularam como «Estado-providência» não nasceu de qualquer tipo de ideologia socialista, argumentavam os seus apoiantes. Pelo contrário, emergiu de um longo processo evolutivo, simplesmente porque as pessoas se tinham acostumado a restrições de mercado e gostavam delas. As pessoas acabaram por ver as regulamentações governamentais, não como decretos de um governo central demasiado poderoso, mas como resultado de processos democráticos vocacionados para proteger os direitos de homens e mulheres comuns.[20]

7. Implicações internacionais

Naturalmente, como todas as teorias, o Estado-providência também tem aspectos negativos. À medida que as nações com maturidade expandem o seu Estado-providência, ficam menos interessadas e empenhadas numa economia internacional saudável. Porque há-de um país envolver-se em problemas internacionais, se o envolvimento internacional traz menos benefícios que centrar a atenção nos problemas internos? As relações internacionais são intrinsecamente mais incertas e menos controláveis que as relações internas. As pessoas tendem a reagir à incerteza e à perda de controlo com comportamentos egocêntricos e hostilidade para com os estrangeiros. Portanto, em vez de proporcionar os meios e as motivações para a cooperação internacional reciprocamente benéfica, o Estado-providência pode encorajar o isolacionismo, a hostilidade e até a agressão[21].

Já nos anos quarenta, Myrdal sugeriu que «para substituir a desintegração internacional pela harmonia internacional é preciso, não um Estado-providência, mas um *mundo-providência*; um mundo no qual o nacionalismo excessivo dê lugar ao planeamento económico internacional.»[22]

Muito tempo passou. Talvez não o suficiente. Talvez!

---

[20] McCarty, M. H. (2001); *Ob. cit.*, p. 324.
[21] McCarty, M. H. (2001); *Ob. cit.*, p. 325.
[22] Myrdal, Gunnar (1944); *An American Dilemma: The Negro Problem and Modern Democracy*, NY, Harper.

Jargão do comércio internacional

Definida em sentido lato, uma **política proteccionista** é a que eleva o preço relativo recebido pelos produtores de um bem produzido internamente – em relação ao preço desse produto no mercado internacional.

Existem dois meios fundamentais de elevar o preço relativo interno de um bem: elevando o preço interno, tanto para os produtores, como para os consumidores através de direitos aduaneiros (tarifas) ou outros instrumentos equivalentes; ou, como acontece com os subsídios, elevando o preço recebido pelos produtores (no montante percentual do subsídio), continuando os consumidores a consumir ao preço internacional.

Uma **tarifa** consiste num imposto sobre as importações. Eleva o preço que o consumidor interno paga por um produto importado, relativamente ao preço CIF de importação, no montante da tarifa.

As tarifas mais utilizadas são a tarifa específica de **montante fixo**, definido por referência a uma unidade física identificada, e a tarifa *ad valorem*, que corresponde a uma determinada percentagem do valor da importação.

Os preços **CIF** (*cost, insurance e freight*) incluem o preço da mercadoria à saída da fábrica, o *prémio do seguro* de transporte e esse mesmo transporte, ou *frete*, para o local de destino. Os preços **FOB** (*free on board*) incluem apenas o preço da mercadoria e o seu transporte até à praça de origem. A tendência é calcular o valor da importação na base de preços CIF, e a exportação na base de preços FOB.

Balança de transacções correntes
A *balança de comércio* respeita exclusivamente a bens, a mercadorias; não inclui os serviços. Às trocas internacionais de *serviços* corresponde a *balança de invisíveis*. O conjunto da balança do comércio e da balança de invisíveis constitui a balança de transacções correntes.

É a balança de transacções correntes que define a posição económica de um país no plano internacional: quanto mais elevada for, maior é a capacidade competitiva do país.

Balança de pagamentos
À balança de transacções correntes acresce ainda, no plano das relações internacionais de qualquer país, a *balança de capitais*. Esta inclui as «operações de capital», isto é, as entradas e saídas de capitais, correspondentes a empréstimos e pagamentos de dívidas.

A soma dos lançamentos, a crédito e a débito, constantes da *balança de transacções correntes* e a *balança de capitais* constitui a **balança de pagamentos** de um país.

> **Noção de câmbios**
>
> O *câmbio* constitui uma relação de valor entre moedas. A *posição cambial* de um país, o *câmbio* da sua moeda, depende, fundamentalmente, da sua *balança de pagamentos*. É esta que traduz as pressões da *procura* e da *oferta* da moeda do país considerado. São estas pressões que determinam o valor dessa *moeda* em relação às outras.
>
> Como cada país não mantém *relações económicas* apenas com outro, os *fenómenos cambiais* tornam-se mais complexos. Porque o *comércio internacional* não é meramente bilateral mas *triangular*, ou multilateral, *i.e.*, por exemplo, Portugal e França mantêm relações entre si, mas também ambos as mantêm com o Reino Unido. A *multilateralidade* das transacções internacionais faz depender a *cotação* de uma *moeda* da procura e da oferta *globais* em relação a ela.

8. As instituições de Bretton Woods

O economista inglês John Maynard Keynes, que mais tarde viria a ser um participante decisivo na Conferência de Bretton Woods, avançou uma explicação simples e um conjunto de recomendações igualmente simples. A insuficiência da procura global é que explicava as depressões económicas, pelo que as políticas adoptadas pelo Estado podiam ajudar a estimulá-la. Quando a política monetária se revelasse ineficaz, o Estado poderia recorrer a políticas orçamentais, aumentando as despesas ou reduzindo os impostos. Embora os modelos subjacentes à análise de Keynes tenham sido criticados e aperfeiçoados mais tarde, permitindo compreender melhor os motivos pelos quais as forças do mercado não actuam rapidamente para ajustar a economia ao pleno emprego, as suas ideias fundamentais continuam válidas[23].

O Fundo Monetário Internacional (FMI) foi encarregado de tomar medidas para evitar outra depressão mundial[24]. Ele viria a exercer uma prestação internacional sobre os países que não estavam a contribuir para manter a procura global, permitindo que a sua economia estagnasse. Sempre que necessário, o FMI dotaria de liquidez, mediante a concessão de empréstimos, os países que enfrentassem uma recessão económica e não conseguissem estimular a procura global pelos seus próprios meios.

Na sua concepção inicial, o FMI baseava-se no reconhecimento de que muitas vezes os mercados não funcionavam bem, o que poderia provocar

---

[23] Stiglitz, Joseph (2002); *Globalização, a Grande Desilusão*; Lisboa; Terramar, p. 48.
[24] A famosa Depressão dos anos 30.

o desemprego em massa e não disponibilizar os fundos necessários para ajudar os países a recuperar a sua economia. O FMI foi criado na convicção de que era necessária uma *acção colectiva a nível global* para alcançar a estabilidade económica, tal como as Nações Unidas tinham sido criadas por se considerar que se impunha uma acção colectiva a nível global para alcançar a estabilidade política. O FMI é uma instituição *pública*, criada com dinheiro dos contribuintes de todo o mundo. Importa recordá-lo, porque ele não presta contas directamente nem aos cidadãos que o financiam, nem àqueles cujas vidas afecta[25].

O FMI deveria limitar-se a *questões macroeconómicas* nas suas relações com um determinado país, nomeadamente a redução do défice, a política monetária, a inflação, o défice comercial e a dívida externa. Ao Banco Mundial competiam os *problemas estruturais:* a natureza das despesas do Estado, as instituições financeiras do país, o mercado de trabalho as políticas comerciais.

Os acordos de Bretton Woods previam a criação de uma terceira organização económica internacional, uma Organização Mundial do Comércio (OMC). Esta destinava-se a reger as relações comerciais internacionais, uma tarefa semelhante à do FMI no domínio das relações financeiras. As políticas comerciais do tipo «expolia o teu vizinho» – em que os países aumentam os direitos alfandegários para manterem as suas economias, mas à custa dos vizinhos – tinham sido largamente acusadas de disseminarem e agravarem as depressões. Era necessária uma organização internacional, não só para prevenir a recorrência como para fomentar a livre circulação de bens e serviços. Embora o *General Agreement on Tariffs and Trade* (GATT) tivesse conseguido alcançar uma redução substancial dos direitos alfandegários, era difícil obter o acordo final. Só em 1995, meio século depois do fim da Guerra e setenta anos após a Grande Depressão, é que a Organização Mundial do Comércio foi criada. Mas a OMC é acentuadamente diferente das outras organizações. Não é ela quem dita as regras; é um fórum no seio do qual decorrem as negociações comerciais e que vela pelo cumprimento das resoluções[26].

As ideias e as intenções que presidiram à criação das instituições económicas internacionais eram boas, mas foram evoluindo ao longo do tempo e transformaram-se completamente. A orientação keynesiana do FMI, que realçava as insuficências dos mercados e o papel do Estado na criação de emprego, deu lugar ao hino ao mercado livre dos anos 80, no quadro de um

---

[25] Stiglitz, Joseph (2002); *Ob. cit.*, p. 49.
[26] Stiglitz, Joseph (2002); *Ob. cit.*, p. 51.

novo «Consenso de Washington» – um consenso entre o FMI, o Banco Mundial e o Tesouro do Estados Unidos acerca das políticas «certas» para os países em desenvolvimento – que assinalou uma abordagem radicalmente diferente do desenvovimento e da estabilidade económica[27].

8.1. Em bom rigor, o que é o Fundo Monetário Internacional?

No sistema actual, o FMI é uma instituição financeira que ainda continua a conceder crédito quando mais ninguém o quer fazer.

Na verdade, o FMI aceita ser o grande avalizador de riscos de crédito internacional. Normalmente, a banca aguarda a sua intervenção e estuda as reacções para então, eventualmente, avançar.

Existe uma crítica generalizada sobre a terrível carga que a «marca» transmite. Mas, em bom rigor, porque se pretende que empreste sem condições? As condições são aquelas que, na sua perspectiva, irão permitir que o país que pediu o empréstimo possa reembolsar a instituição ao fim de um certo tempo (o do «plano de ajustamento» da economia que o governo foi obrigado a aceitar em troca do empréstimo). Isto é, de facto, inevitável. Se o governo quisesse evitar este plano de ajustamento, bastar-lhe-ia evitar recorrer ao FMI, e isso releva fundamentalmente da sua responsabilidade. Por outro lado, há muitas formas de atingir os objectivos impostos pelo FMI. Por exemplo, se se trata de exportar mais, é preciso que o consumo interno diminua. Mas quem diminuirá o seu consumo? Que consumo? Os ricos? O próprio Estado? Neste caso, quais as despesas públicas que este reduzirá? O salário dos professores ou as despesas com armamento? O investimento nos transportes públicos ou a construção de auto-estradas? É, em princípio, uma questão muito aberta e um assunto de política económica interna.

O FMI tem ideias bem firmes sobre todas estas questões e, até há pouco tempo, propunha, em toda a parte, as mesmas receitas de inspiração geralmente muito liberal. Nesse aspecto, a crítica justifica-se: podem existir outros meios de alcançar o mesmo resultado. Mas um governo que tenha outras ideias, e que proponha um plano diferente mas credível, pode perfeitamente negociar[28].

Infelizmente, como quase sempre na economia, *o óptimo é inimigo do bom!* O problema é que muitas destas políticas tornaram-se fins em si mesmas, e não meios de gerar um crescimento mais equitativo e sustenta-

---

[27] Stiglitz, Joseph (2002); *Ob. cit.*, p. 53.
[28] Giraud, Pierre-Noel (1998); *A Economia É Coisa do Diabo?*; Lisboa, Terramar, p. 65.

do. Deste modo, foram levadas demasiado longe, demasiado depressa, e excluíram outras que eram necessárias.

Os resultados ficaram muito aquém dos objectivos. Quando a austeridade orçamental é exacerbada, e nas condições erradas, pode provocar recessões, e as altas taxas de juro podem inviabilizar a actividade de empresas ainda incipientes. O FMI pugnou vigorosamente pelas privatizações e pela liberalização dos mercados, a um ritmo e de um modo que muitas vezes impuseram custos demasiado elevados a países que não estavam preparados para os suportar[29].

O FMI argumenta que é muito mais importante privatizar depressa; os problemas da concorrência e da regulamentação podem ficar para mais tarde. Mas neste caso o perigo é que, depois de se criar um interesse privado, ele tem um incentivo e o dinheiro para manter a sua posição monopolista, arrasando a regulamentação e a concorrência e distorcendo o processo político no caminho.

Nos países industrializados, a provação dos despedimentos é reconhecida e um pouco suavizada pela rede de segurança das indemnizações. Nos países menos desenvolvidos, os trabalhadores desempregados não constituem um encargo para o Estado, porque raramente existem sistemas de apoio ao desemprego. Todavia, pode haver um custo social elevado, que se manifesta, na pior das suas formas, através da violência urbana, no aumento da criminalidade e na instabilidade política e social. Mas, até na ausência destes problemas, os custos do desemprego são enormes. Entre eles, conta-se a ansiedade generalizada, mesmo para aqueles trabalhadores que conseguirem manter os seus postos de trabalho, um sentimento mais amplo de alienação, sobrecargas financeiras suplementares de outros membros da família que ainda têm emprego e a saída dos filhos da escola para que contribuam para o sustento da família. Este tipo de custos sociais perdura para além da perda imediata de um posto de trabalho e, muitas vezes, é particularmente evidente quando uma empresa é vendida a estrangeiros. As empresas nacionais, pelo menos, podem adaptar-se ao contexto social e evitar despedimentos, se souberem que não há alternativas de emprego. Por outro lado, perante os seus accionistas, os proprietários estrangeiros podem sentir uma maior obrigação de maximizar o valor bolsista através da redução de custos e uma obrigação menor para com aqueles a que chamam o «pessoal excedentário»[30].

---

[29] Stiglitz, Joseph (2002); *Globalização, a Grande Desilusão*; Lisboa; Terramar, p. 94.
[30] Stiglitz, Joseph (2002); *Ob. cit.*, p. 97.

8.2. Porque se recorre ao FMI

Os governos que são obrigados a recorrer ao FMI conduziram, numa primeira instância, quase sempre, políticas desastrosas, geralmente em proveito de uma pequena minoria. Não é, pois, razoável que se tornem «virtuosos» de um dia para o outro. Não nos enganemos no alvo! Em contrapartida, se o funcionamento actual do FMI é criticável, sê-lo-á por um motivo completamente diferente. Ao intervir, concedendo novos empréstimos para evitar o colapso do sistema bancário de um país emergente, o que está ele a salvar, na realidade? Aqueles – bancos e investidores internacionais – que concederam empréstimos a esse sistema bancário, a taxas geralmente vantajosas, porque esse sistema apresentava precisamente riscos elevados. Existe aí, de facto, um escândalo do ponto de vista da própria moral capitalista. Os agentes financeiros que aceitam aplicações de alta rentabilidade porque elas são arriscadas deviam suportar, eles próprios, as perdas, se o risco ocorresse. É claro que, se o FMI intervém deste modo, é porque o colapso desses agentes poderia arrastar reacções em cadeia, devastadoras para o sistema financeiro mundial no seu conjunto. É em nome deste «risco sistémico» que o FMI tenta *apagar o fogo* a partir do momento em que ele deflagra, com o inconveniente de salvar os incendiários. Mas, ao fazê-lo, como pede emprestado para poder emprestar, faz subir as taxas de juro e penaliza todos aqueles que têm necessidade de contrair empréstimos. Graças a este mecanismo, os ganhos, quando tudo corre bem, continuam a ser privados; mas as perdas, quando tudo corre mal, são socializadas[31].

9. Proteccionismo

O facto de a protecção ao comércio prejudicar a economia dos países que a impõem é uma das concepções mais antigas e, contudo, mais surpreendentes que a economia tem para oferecer. A ideia remonta à origem da própria ciência económica.

Para clareza de raciocínio, é importante distinguir entre a defesa do comércio livre para o próprio e a defesa do comércio livre para todos: o primeiro é um argumento crescente a favor do comércio livre para a melhoria do bem-estar de uma nação (o chamado argumento da «eficiência nacio-

---

[31] Giraud, Pierre-Noel (1998); *Ob. cit.*, p. 66.

nal»); o segundo é um argumento a favor do comércio livre como meio de melhorar o bem-estar de todos os países comerciais (o chamado argumento «eficiência cosmopolita»). Subjacente a ambos está o pressuposto de que os preços são determinados pelos mercados livres[32].

Este argumento, depois de ter sido profundamente depurado pelos economistas do período pós-Guerra, admite duas possibilidades teóricas por meio das quais o proteccionismo pode melhorar o bem-estar económico de uma nação. Em primeiro lugar, como o próprio Adam Smith fez notar, um país pode ser capaz de utilizar a ameaça do proteccionismo para levar outros países a reduzirem as práticas proteccionistas contra as suas exportações. Assim, a ameaça de proteccionismo poderá ser um instrumento para forçar a abertura dos mercados estrangeiros, como uma «forte navalha de mola» faz às ostras, como afirmou Lord Randolph Churchill em finais do século XIX. Se a ameaça de proteccionismo funcionar, o país que a utiliza ganhará duplamente, não só com o seu próprio comércio livre, mas também com o comércio livre dos seus parceiros comerciais. Contudo, tanto Smith como economistas britânicos, posteriores a ele, temiam que tais ameaças pudessem revelar-se ineficazes. Receavam que o proteccionismo imposto como ameaça fosse permanente e que a ameaça não chegasse a baixar as barreiras ao comércio levantadas pelos outros países[33].

Poder-se-ia pensar que qualquer fracasso no mercado poderá constituir uma razão para a adopção do proteccionismo. Os economistas caíram, de facto, nesta armadilha até à década de cinquenta. Actualmente, muitos defendem, pelo contrário, que o proteccionismo é uma forma inadequada de corrigir a maior parte das falhas de mercado.

A figura a seguir apresentada identifica a dicotomia entre quem procura a protecção e quem a fornece. A capacidade de oposição às políticas proteccionistas não apresenta uma mobilização equivalente a quem as promove. Isto explica-se pela capacidade de mobilização de interesses identificados quando atacados.

---

[32] Jagdish, Bhagwati (2000); «Proteccionismo», in *Dicionário de Economia*; Lisboa; Principia, p. 611.
[33] Jagdish, Bhagwati (2000); *Ob. cit.*, p. 612.

Figura 11: Economia Política do Proteccionismo – factores determinantes e sinais esperados

Teoria Positiva				
Procura de protecção	Indústria	Factores produtivos	Desvantagem comparativa + elasticidade da oferta? Penetração das importações no consumo aparente + elasticidade de procura -	
		Determinantes dos benefícios	Barreiras à entrada +	
		Determinantes dos custos	Capacidade de obter protecção	Concentração produtores? Concentração geográfica? Adversidade económica + custos ajustamento + interesses históricos +
			Capacidade de oposição	Consumidores dos bens intermediários protegidos - "benevolência" da sociedade +
Oferta de protecção	Natureza do processo de decisão política		Egoísmo "estrito" *versus* objectivos ideológicos	
	Ofertantes da protecção		Governo Burocracia	
	Modo de protecção		Protecção comercial	Tarifas Restrições quantitativas
			Protecção industrial	

Fonte: adaptado de Paula Fontoura

9.1. O *lobbying*

De facto, o proteccionismo é «capturado» na prática por interesses especiais que se servem dele em benefício próprio, em vez de permitirem a sua utilização em benefício do interesse nacional. Um dos custos evidentes do proteccionismo é que o país que o impõe obriga os seus consumidores a renunciar a importações baratas; outros, importantes, poderão bem ser o custo de pressão em que incorrem aqueles que procuram protecção. Estas actividades de pressão, hoje em dia estudadas em grande pormenor pelos economistas, são diversamente descritas como actividades directamente improdutivas que visam rendimentos ou lucro. São improdutivas porque produzem lucro ou rendimento para aqueles que exercem pressão, sem chegar a criar rendimentos valiosos para o resto da sociedade.

O proteccionismo emerge sob formas engenhosas. Quando os defensores do mercado livre conseguem eliminá-lo, em determinado sector, ele surge noutro sector. Os proteccionistas parecem estar sempre um passo à frente dos defensores do comércio livre na criação de novas formas de se protegerem, particularmente contra a concorrência estrangeira.

O apelo ao nacionalismo é uma forma expedita de o fazer, particularmente útil para camuflar processos de ineficiência. Basta recordar algumas atitudes dos certos empresários para com IDE em Portugal.

Temos repetidamente realçado a importância da abertura dos mercados. Mas não basta. Não há medidas milagrosas em economia. Os casos de sucesso resultaram da optimização da combinação de oportunidades oferecidas pelos mercados mundiais (onde se inclui o doméstico) em que a gestão da informação e do tempo é fulcral.

Não deixa também de ser interessante recordar a alteração que as tecnologias de informação e telecomunicações introduziram na economia. A facilidade com que se cria, domina e transmite informação levou à alteração da cadeia de valor, quer da produção, quer da distribuição.

9.2. A alteração da cadeia de valor

No actual contexto de competitividade, a posição dominante da cadeia de valor passou para o domínio da gestão das competências, ou seja, do *saber*, nomeadamente a respeitante ao *know-how* específico.

O que é mais valorizado na economia actual não é a produção, que pode ser deslocada para países onde os custos com o trabalho sejam reduzidos; é a concepção e a distribuição (*marketing,* venda a retalho, etc.). Feentra (1998) analisa os custos de produção e distribuição da boneca *Barbie* da empresa Mattel, que constitui em exemplo pitoresco, mas sugestivo, da importância dos serviços de distribuição nas economias modernas. A boneca é produzida na Ásia com o custo de um dólar por unidade (35 cêntimos para o trabalho e 65 cêntimos para os materiais). Os serviços de distribuição de cada boneca até ao porto de Hong Kong e daí para os EUA custam mais de um dólar, a que é acrescido o lucro de um dólar por unidade para a empresa Mattel. O preço de venda é de dez dólares, dos quais sete pagam a distribuição, o *marketing* e os serviços de venda a retalho nos Estados Unidos. Os custos de produção constituem uns meros dez por cento do preço de venda a retalho do produto[34].

Este exemplo ilustra as alterações conceptuais das políticas do comércio internacional. As instituições da economia mundial – governos e empresas – passam por uma reinvenção constante, que introduz novos operadores e instrumentos, promotores do comércio internacional.

10. Os fluxos comerciais

Cerca de USD 1,3 triliões circulam todos os dias pelo mundo nos mercados de câmbio – o que equivale a quase um terço do valor anual das exportações mundiais. Este processo de globalização tem uma influência significativa numa quantidade crescente de bens e produtos. Para uns, isto significa a comunidade global, para outros, o caos.

---

[34] César das Neves, J., Rebelo, Sérgio (2001); *Ob. cit.*, p. 75.

A maior homogeneidade dos ritmos de crescimento, dos dois lados do Atlântico, é devidamente completada pela manutenção da heterogeneidade em termos de crescimento de África. As dificuldades de acesso dos bens agrícolas dos PED aos seus parceiros ricos e a (exigida) liberalização dos serviços continuarão a compor a agenda da Organização Mundial do Comércio (OMC) e a modelar as assimetrias entre o primeiro mundo, mergulhado nas tecnologias de informação e telecomunicações; um segundo mundo, mergulhado na ilusão da imitação, e um terceiro mundo, mergulhado em «sinuosas e esburacadas estradas» da informação e sujeito à evolução caprichosa[35] dos preços das *commodities*.

As tendências mundiais dos fluxos comerciais sugerem uma polarização regional do comércio internacional – durante muito tempo centrado na Europa, tornou-se bipolar com a afirmação hegemónica dos EUA, a deslocação do centro de gravidade do Atlântico para o Pacífico e a regionalização das relações centro/periferia – conjugada com a preponderância das trocas intra-regionais no seio dos três grandes pólos da economia mundial da «Tríade».

Figura 12: Fluxos comerciais entre diferentes regiões do Mundo

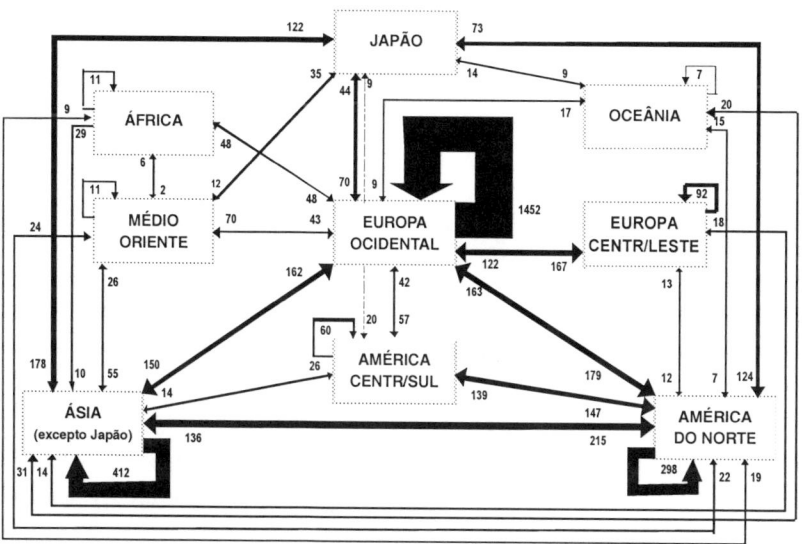

* Na óptica da saída/exportação de mercadorias.
Fonte: *DGREI, com base em dados do «Direction of Trade Statistics Yearbook – IMF – 1998»*.

---

[35] Função dos subsídios à agricultura e às pescas dos países ricos onde residem os barulhentos e um pouco selvagens, como o Sr. Bouvé, por sinal, «amigo rico ou, melhor, rico amigo».

Os valores do fluxo comercial no Continente Africano são praticamente inexistentes. Este facto pode ser explicado pela permeabilidade ao contrabando transfronteiriço da grande maioria das fronteiras africanas, para além de uma reconhecida carência de produtos apetecíveis, produzidos localmente para o mercado mundial.

Assim, é interessante analisar a evolução do índice do «poder de compra das exportações»[36] de quatro categorias de países nas últimas quatro décadas.

Quadro 15 – Índice do «poder de compra das exportações»
(1980=100)

	1960	1970	1981	1990	1995
Países desenvolvidos de economia de mercado	28	66	100	171	216
Países em desenvolvimento	20	36	104	110	159
Maiores exportadores de petróleo	11	22	98	54	41
Países em desenvolvimento (*Least Developed Countries*)	44	109	88	88	68

Fonte: UNCTAD, *Handbook of International Trade and Devolopment Statistic, 2000*.

Deste quadro depreende-se que as políticas adoptadas pela generalidade dos PED carecem de reformas.

11. Políticas orçamentais: de Keynes a Laffer

A generalidade dos PED são caracterizados por elevadas despesas públicas. Este facto leva à necessidade de aumentar a despesa orçamental, normalmente coberta pelos impostos, ou seja, através do crescimento das suas taxas.

---

[36] O respectivo índice é calculado a partir do produto dos «termos de troca» pelo volume das exportações em cada ano e para categoria de países.

Estas políticas têm levado a reacções, por parte dos cidadãos, no sentido de irem contra este ascendente crescente do Estado. As campanhas políticas de muitos partidos sugerem aos eleitores programas de privatizações e diminuição de impostos. O suporte conceptual da correspondente política económica é-nos dado por Laffer, sob a forma ilustrada pela «Curva de Laffer». Esta curva mostra como evoluem as receitas fiscais do Estado à medida que aumentam as taxas de imposição.

Quadro 16 – Curva de Laffer

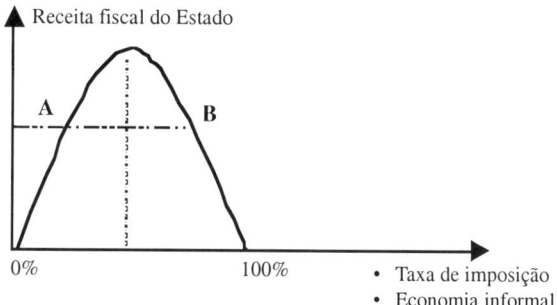

Fonte: Adaptado de Stoleru, Lionel (1988); *Ambição Internacional*; Lisboa, Pensamento, p. 30.

Vê-se nos pontos A e B, por exemplo, que se pode obter a mesma receita fiscal com altas ou baixas taxas e ainda que, quando se está na zona de taxas elevadas como B, se pode aumentar a receita fiscal diminuindo as taxas de imposição. A razão é simples: além de certas taxas desencoraja-se a actividade e mesmo, muitas vezes, promove-se o mercado informal. Assim, o bolo fiscal decresce de tal modo que, por muito que se aumentem as taxas, este não cresce. No limite, para os 100 % de imposição, mata-se a actividade e deixa de haver receitas fiscais. Esta curva ilustra o velho princípio da fiscalidade: «muitos impostos, nada de imposto»[37].

Deste modo vemos surgir um conflito de interesses entre a preocupação conjuntural de usar os métodos keynesianos para estimular a actividade e a preocupação estrutural de fazer refluir despesas e receitas orçamentais ante o empolamento excessivo do Estado[38] no sentido de tornar a economia real competitiva.

---

[37] Stoleru, Lionel (1988*); Ambição Internacional*; Lisboa, Pensamento; p. 30.
[38] Stoleru, Lionel (1988*); Ob. cit.*, p. 30.

12. Políticas comerciais

A crescente uniformização das capacidades tecnológicas aumenta as pressões da concorrência a nível internacional. Esta igualização torna muitos países capazes de se substituírem enquanto locais para a produção. Assim, os fluxos de comércio e investimento são muito mais sensíveis às diferenças do nível das políticas fiscais, regulamentares e comerciais dos diversos países do que às que influenciam os custos, incluindo os salários e as qualificações profissionais[39]. Neste contexto mais competitivo, aquilo que antes era considerado política económica puramente interna tem hoje repercussões internacionais.

12.1. Reforma das políticas comerciais

A reforma da política comercial procura há muito baixar e simplificar os direitos aduaneiros, eliminar as barreiras não tarifárias, tornar mais transparentes os procedimentos aduaneiros e baixar as taxas de exportação. A reforma do comércio é parte integrante de todos os programas de reforma, desde o princípio dos anos oitenta, apesar de os direitos aduaneiros constituírem uma significativa fonte de receita para a maioria dos Estados africanos. Mesmo assim, na maioria dos casos, as reformas ficaram por aplicar, ou, quando empreendidas, muitas vezes foram, depois, invertidas. Oficialmente, como resultado disso, a protecção comercial continua a ser significativamente mais elevada do que noutras regiões do mundo desenvolvido. O quadro seguinte fornece-nos alguns dados sobre as restrições comerciais. A África é a única região do mundo em que o grau de abertura não melhorou significativamente no decurso das últimas duas décadas. A situação real no terreno é muito mais difícil de avaliar, dada a extrema desigualdade como a política comercial[40] é aplicada. Nalguns países, os governos anularam o impacto da política, tolerando altos níveis de corrupção dentro dos serviços aduaneiros ou concedendo isenções das taxas restantes a empresas favorecidas[41].

---

[39] Muitas vezes as empresas conseguem pagar significativamente acima da média nacional, conseguindo, assim, seleccionar os melhores candidatos disponíveis e motivá-los.
[40] Os atrasos nas autorizações necessárias, falta de impressos, etc., aumentam significativamente os custos de transacção.
[41] Van de Walle, Nicolas (2001); F. Calouste Gulbenkian; *Globalização, Desenvolvimento e Equidade*; Publicações Dom Quixote, p. 158.

Quadro 17: Restrições comerciais em África

País	Taxas tarifárias não ponderadas (%)		Restrições não tarifárias não ponderadas (%)	
	1984-87	1991-93	1984-87	1991-93
Costa do Marfim	23,3		6,6	
Etiópia	29,0	29,6		22,5
Quénia*	39,2	43,7	67,3	37,8
Malawi*	16,7	15,2	96,1	91,3
Maurícias	34,9	27,6		35,2
Nigéria	23,8	32,8	17,0	8,8
Tanzânia*	32,1	29,8	62,2	79,7
Zimbabwe*	8,7	10,1	2,5	93,6
Total da África	**26,3**	**25,7**	**43,7**	**42,9**
África Subsariana	26,3	25,3	44,0	47,1
América Latina	26,6	12,3	30,2	8,6
Sul da Ásia	61,7	47,5	47,6	20,4
Leste da Ásia	17,9	16,7	21,2	3,6
Total dos países	**27,0**	**22,1**	**37,7**	**23,7**

Fonte: Os dados são da UNCTAD. Citados em *The Africa Competitiveness Report*, 1998.
* Os dados são de 1984-87 e 1988-90. As médias regionais são extraídos de 15 Estados Africanos Subsarianos, 11 da América Latina, 5 do Sul da Ásia e 7 do Leste da Ásia.

Contudo, o êxito dos programas económicos requer um extremo cuidado na calendarização – a ordem pela qual as reformas se processam – e no ritmo. Se, por exemplo, os mercados se abrem demasiadamente depressa à concorrência, antes de se terem criado instituições fortes, nomeadamente financeiras, a destruição de postos de trabalho processar-se-á a um ritmo mais rápido do que o da sua criação. Em muitos países, os erros de calendarização e de ritmo aumentaram o desemprego e a pobreza.

12.2. Como deve ser medida a *performance* comercial?

É tentador utilizar a balança comercial (a diferença entre as exportações e as importações de um país) como medida da capacidade de competitividade comercial de uma nação. No entanto, ela pode ser reveladora dos seus padrões de consumo e não do poder de atracção dos seus produtos nos mercados mundiais. A única forma pela qual um país pode consumir mais do que aquilo que produz é importando a diferença do exterior. Os países com défices comerciais estão a gastar acima dos seus rendimentos. Provavelmente, estarão a pedir empréstimos ou a vender activos nacionais ao resto do mundo. Reciprocamente, as nações com excedentes comerciais acumulam direitos de crédito sobre as outras ou reduzem os direitos das outras sobre si[42].

12.3. Os défices comerciais são benéficos ou nocivos?

Tal como acontece com os empréstimos individuais, tudo depende de como é utilizado o dinheiro emprestado. Se um indivíduo pede um empréstimo para financiar a sua formação, ou para começar um negócio, as suas despesas criam activos geradores de rendimento que, no futuro, o ajudarão a pagar a dívida. Do mesmo modo, se um défice comercial reflecte o aumento de empréstimo para investimentos produtivos, ou o ensino, poderão não existir motivos para preocupação. O dinheiro financiará a formação de conhecimento que tornará os trabalhadores mais produtivos no futuro[43].

É evidente que uma situação de excedente comercial não indica, necessariamente, que uma nação tenha um bom desempenho económico. No fim de contas, alguns países muito pobres apresentam excedentes comerciais, ao passo que outros países ricos têm défices. Assim, aquilo que conta para o grau de competitividade no comércio não é simplesmente o nível da balança comercial, mas sim o nível de vida que lhe está associado. De facto, uma das definições de competitividade, mais amplamente aceite, é «a capacidade de um país para vender os seus produtos no mercado internacional, enquanto goza de padrões de vida em ascensão».

Mantendo-se todas as outras condições sem alteração, os padrões de vida de uma nação serão tanto mais elevados quanto mais elevados forem os preços que recebe pelas suas exportações e quanto menos paga pelas importações. Consequentemente, o nível de vida, associado a determinada balança comercial, dependerá dos «termos de troca» – o rácio entre os preços de exportação e os de importação[44].

---

[42] Lawrence, Robert Z. (2000); «Competitividade», in *Dicionário de Economia*; Lisboa; Principia, p. 594.
[43] Lawrence, Robert Z. (2000); *Ob. cit.*, p. 595.
[44] Lawrence, Robert Z. (2000); *Ob. cit.*, p. 595.

Estaremos a dar o nosso melhor? As nações encontram-se em circunstâncias diferentes: algumas são dotadas de recursos naturais e humanos valiosos, ao passo que outras não. O mais importante conceito de competitividade não é, pois, o modo como as *performances* nacionais podem ser comparadas entre si, nem mesmo a qualidade das *performances* de cada país no comércio internacional. A questão essencial, para cada economia, é saber até que ponto se faz a melhor utilização possível dos recursos disponíveis[45].

13. Subsídios que distorcem o comércio

A eliminação dos subsídios que distorcem o comércio e podem ser ambientalmente prejudiciais[46] constitui uma estratégia-chave para ligar as agendas comerciais e ambientais. A Comissão das Nações Unidas para o Desenvolvimento Sustentável calculou que a quantidade total desses subsídios seja de USD 1000 biliões por ano[47].

A eliminação desses subsídios constituiria uma decisão importantíssima para o futuro das sociedades: promoveria a liberalização do comércio, a utilização sustentável de recursos naturais e o desenvolvimento económico. Normalmente, essa eliminação beneficiaria mais o desenvolvimento dos PED. O relatório de 1999 da Organização Mundial do Comércio (OMC) sobre comércio e ambiente identificou a eliminação das barreiras comerciais ainda existentes para os bens e serviços ambientais e para os sistemas de gestão ambiental, bem como a redução dos subsídios que distorcem o comércio e os que são ambientalmente prejudiciais como as duas maneiras-chave de a OMC poder promover o desenvolvimento sustentável[48]. Muito pouco tem sido feito no sentido da abolição destes subsídios.

14. Transparência e participação

A falta de transparência e a representação inadequada resultam em problemas de credibilidade, o que mina o apoio aos processos de liberaliza-

---

[45] Lawrence, Robert Z. (2000); *Ob. cit.*, p. 596.
[46] Os apoios à pesca intensiva prejudicam as reservas alimentares.
[47] D. Runnals, *Shall we dance? What the North Needs to do to Fully Engage the South in the Trade and Sustainable Development Debate,* IIDS, p. 13.
[48] Johnson, Pierre Marc (2001); «Para lá do comércio: defesa de uma agenda alargada da governação internacional», in *Globalização, Desenvolvimento e Equidade*; Publicações Dom Quixote, p. 307.

ção do comércio, tanto a nível nacional como internacional. A transparência, a participação efectiva da sociedade civil e a representação adequada dos PED são áreas fundamentais em que a OMC tem tentado melhorar a sua credibilidade. Nos seus processos de decisão e resolução de diferendos, tem tentado integrar as ONG e as organizações intergovernamentais (OIG) – especialmente os secretariados dos Acordos Ambientais Multilaterais – nas fases negociais, oferecendo, assim, uma estratégia de participação e negociação mais eficaz[49].

Este esforço tem de continuar. Seattle demonstrou que são irrealistas novas rondas de liberalização do comércio multilateral sem novos dados concretos, nomeadamente os referentes às políticas de concorrência desleal, protagonizadas pelos subsídios atrás referidos.

O aumento do comércio é irrealista fora duma situação pacífica e segura. O crescimento da população, o esgotamento dos recursos naturais e a instabilidade relacionada com a pobreza, num número cada vez maior de países, podem afectar a paz e a segurança. Para enfrentar, de modo responsável, este paradigma em evolução devem ser claramente reconhecidos e tratados os laços entre as realidades social e ambiental e as agendas de comércio internacional, de paz e segurança, agindo-se sobre ele.

15. O perigo do fundamentalismo

O Ocidente é a única civilização que teve um impacto grande e, por vezes, devastador sobre todas as outras. A relação entre o poder e a cultura do Ocidente e o poder e a cultura das outras civilizações é, consequentemente, a característica mais importante do mundo civilizacional. Quando aumenta o poder relativo das outras civilizações, diminui a atracção da cultura ocidental e tende a aumentar a confiança dos povos não ocidentais, quer em si próprios, quer nas culturas indígenas. Assim, o problema central das relações entre o Ocidente e o resto do mundo é o da discordância entre os esforços do Ocidente – particularmente da América – para promover uma cultura ocidental universal e a sua decrescente capacidade para a impor.

O colapso do comunismo exacerbou esta discordância, reforçando a ideia de que a ideologia ocidental do liberalismo democrático triunfara globalmente e, portanto, era universalmente válida.

O Ocidente, especialmente os Estados Unidos, que têm sido sempre uma nação missionária, crê que os povos não ocidentais devem adoptar os

---
[49] Johnson, Pierre Marc (2001); *Ob. cit.*, p. 308.

seus valores: da democracia, da economia de mercado, da separação dos poderes, dos direitos humanos, do individualismo e do Estado de direito, devendo, igualmente, organizar as suas instituições de acordo com estes valores. Algumas minorias de outras civilizações abraçam e promovem estes valores, mas as atitudes dominantes nas culturas não ocidentais vão de um cepticismo generalizado a uma oposição aberta a estes valores. O que é universalismo para o Ocidente é imperialismo para o resto do mundo[50].

Tendo alcançado a independência política, as sociedades não ocidentais desejam libertar-se do domínio económico, militar e cultural. Evolução normal. Partidos ultranacionalistas, grupos separatistas, movimentos de riqueza étnica e religiosa são a reacção mais extrema às forças da globalização. Chega-se ao extremismo, sucedendo-se os casos de fanatismo religioso.

Mas os homens, ao estarem prontos para morrer, é porque nunca encontraram causas para verdadeiramente viver.

A sua vida é uma constante luta pela sobrevivência. *A vida é hoje*: amanhã, muitos não sabem se encontrarão o que comer.

Compreendemos as causas destes povos. Não admiramos os responsáveis, de há muito identificados. Contudo, são eles que almoçam connosco nos hotéis em que finalizamos acordos de investimento.

A manutenção, o enriquecimento e o livre acesso à diversidade cultural, num mundo pressionado, por um lado, pelas forças globalizantes e, por outro, pelas forças redutoras dos fundamentalistas, será um dos maiores desafios das próximas décadas.

A dura realidade é que o sucesso económico origina deveres e privilégios. Compete aos mais informados, e com mais capacidades, analisar serena, mas firmemente, o que querem e devem fazer. É importante que espalhem os resultados do seu progresso. As críticas aos governantes corruptos encaixam nos egoístas[51]. Se queremos que alguém compre os nossos produtos, temos de criar condições, ou seja, temos de partilhar a riqueza.

O capitalismo é uma força irresistível da economia global. Mas é necessário percebê-lo melhor para que funcione para todos, e não apenas para uma minoria.

---

[50] Huntington, S. (1999); *O Choque das Civilizações e a Mudança da Ordem Mundial;* Lisboa, Gradiva, p. 214.
[51] E fica-se pelas críticas inconsequentes!

16. Temas de reflexão

• Embora proporcione benefícios à economia no seu todo, o comércio livre afecta, de forma negativa, alguns particulares, especialmente os accionistas e os trabalhadores das indústrias que perdem dinheiro e postos de trabalho face à concorrência dos bens importados. Alguns dos grupos que se vêem prejudicados pela concorrência estrangeira possuem poder político suficiente para obterem protecção contra as importações. Consequentemente, as barreiras ao comércio continuam a existir, sendo que os anos de abrandamento económico provocam a sua proliferação, não obstante os seus apreciáveis custos económicos.

Em jeito de previsão, a conclusão parece evidente e inconsolável! Embora o proteccionismo possa ser considerado um meio de salvação de postos de trabalho, o mais provável é que se assista, de facto, a uma troca de empregos. Deste modo, o proteccionismo preserva os postos de trabalho de determinadas indústrias, em detrimento da destruição dos postos de trabalho de outras.

• A protecção pode transformar alguns produtores nacionais em monopólios ou quase-monopólios, introduzindo, assim, uma ineficiência na medida em que exploram a sua força de mercado produzindo menos e cobrando mais (na ausência de concorrência, não têm incentivos para manter os preços baixos e aumentar a qualidade).

• As receitas das exportações destes países dependem da evolução de um ou dois produtos. Caso o mercado mundial desça os preços, o país diminui as receitas. Sendo claro que é preferível ter recursos naturais (riquezas) a não ter, estas não são, em si, um factor de desenvolvimento. Pelo contrário, podem ser uma maldição: incitam as nações a deixarem-se viver desse rendimento.

• Alguns países do Sudoeste Asiático aplicaram, no princípio dos anos cinquenta, políticas de apoio às exportações. Esforçaram-se, então, por seleccionar um número limitado de bens que podiam ter colocação no mercado mundial, começando por produtos que exigiam pouco capital e com tarefas relativamente simples de realizar (utilização da vantagem representada por uma mão-de-obra alfabetizada e barata). Embora tenham protegido o seu mercado interno de maneira selectiva, focalizaram a obrigação de eficiência, uma vez que os bens fabricados se destinavam à exportação. Protegeram o seu mercado interno de maneira selectiva, focalizaram a obrigação de eficiência, uma vez que os bens fabricados se destinavam à exportação. A atribuição de recursos fazia-se em função das vantagens comparativas, permitindo às exportações obter economias de escala e melhorar a situação da balança de pagamentos.

- O governo tem vários papéis vitais a desempenhar e não possui recursos excedentários que possa desperdiçar. Por exemplo, o custo de um sistema legal eficaz é dinheiro público bem empregue. Os países necessitam de legislação que defina, de forma clara, os direitos de propriedade, os contratos, as responsabilidades, as falências – algo que a maioria dos países em vias de desenvolvimento já tem. Necessitam, contudo, de a aplicar eficazmente – são menos os que o fazem. Os gastos com infra-estruturas físicas e sociais são essenciais, pois há boas razões (ortodoxas) para acreditar que o sector privado fará muito pouco neste campo. Há inúmeros estudos que mostram que o retorno económico das despesas com a instrução primária, sobretudo para as raparigas, é extraordinariamente elevado. Os governos precisam de fazer mais, e não menos, nestas áreas, embora nenhuma destas tarefas obrigue o governo a ser monopolista.

- A seguir ao mito da dívida, vem o mito da ausência de empresários. A ideia de que, no Terceiro Mundo, há falta de espírito empresarial é discutível. Os camponeses que semeiam outro produto, em resposta a uma alteração da política de comercialização do governo, são empresários. Também o são os operadores de táxis e *minibus* não registados que mantêm a maior parte das cidades do Terceiro Mundo em movimento. O mesmo acontece com os vendedores ambulantes, ou aguadeiros ou cambistas, e aqueles que concedem créditos à margem do sistema oficial. São-no, também, os que têm plantações de produtos ilegais, como coca, a quem muitos países negam a oportunidade de ganhar a vida por meios legais, bem como os contrabandistas de tudo e mais alguma coisa que tanto comércio fazem entre países africanos, aproveitando-se das enormes distorções de preços criadas pelas políticas governamentais.

- Para além do aspecto das competências, é importante a existência de um enquadramento sistémico que dinamize o empresariado. Só através da criação de riqueza, resultante dos dividendos das empresas competitivas, é que os empresários se sentem motivados para reinvestir em actividades produtivas.

Ademais, à falta de enquadramento, associa-se o défice da génese do empresário descrito por Schumpeter. O que sucede, muitas vezes, é que os empresários são, na sua origem, funcionários públicos ou militares, dado que puderam utilizar as relações que cultivaram, na administração, a fim de obter as necessárias autorizações e, sobretudo, créditos bancários.

- A actual fraqueza de uma parte significativa dos empresários africanos deve-se essencialmente a dois factores: razões económicas que têm a ver com o domínio do capital mercantil e financeiro num contexto de subdesenvolvimento (fraqueza do mercado, raridade de capitais, especialização primária, desarticulação) e razões políticas ligadas aos modos de poder e às ténues distinções entre o espaço privado e o espaço público.

• Naturalmente, como todas as teorias, o Estado-providência também tem aspectos negativos. À medida que as nações com maturidade expandem o seu Estado-providência, ficam menos interessadas e empenhadas numa economia internacional saudável. Porque há-de um país envolver-se em problemas internacionais, se o envolvimento internacional traz menos benefícios que centrar a atenção nos problemas internos? As relações internacionais são intrinsecamente mais incertas e menos controláveis que as relações internas. As pessoas tendem a reagir à incerteza e à perda de controlo com comportamentos egocêntricos e hostilidade para com os estrangeiros. Portanto, em vez de proporcionar os meios e as motivações para a cooperação internacional reciprocamente benéfica, o Estado-providência pode encorajar o isolacionismo, a hostilidade e até a agressão.

• O proteccionismo é «capturado» na prática por interesses especiais que se servem dele em benefício próprio, em vez de permitirem a sua utilização em benefício do interesse nacional. Um dos custos evidentes do proteccionismo é que o país que o impõe obriga os seus consumidores a renunciar a importações baratas; outros, importantes, poderão bem ser o custo de pressão em que incorrem aqueles que procuram protecção. Estas actividades de pressão, hoje em dia estudadas em grande pormenor pelos economistas, são diversamente descritas como actividades directamente improdutivas que visam rendimentos ou lucro. São improdutivas porque produzem lucro ou rendimento para aqueles que exercem pressão, sem chegarem a criar rendimentos valiosos para o resto da sociedade.

• A crescente uniformização das capacidades tecnológicas aumenta as pressões da concorrência, a nível internacional. Esta igualização torna muitos países capazes de se substituírem enquanto locais para a produção. Assim, os fluxos de comércio e investimento são muito mais sensíveis às diferenças do nível das políticas fiscais, regulamentares e comerciais dos diversos países do que às que influenciam os custos, incluindo os salários e as qualificações profissionais. Neste contexto mais competitivo, aquilo que antes era considerado política económica puramente interna tem hoje repercussões internacionais.

• No sistema actual, o FMI é a instituição financeira que ainda continua a emprestar quando mais ninguém o quer fazer.

V
Inovação, Tecnologia e Desenvolvimento

A vida económica pode ser descrita de uma forma simplista como: combinar/associar recursos, instituições (hábitos, gostos, regras de comportamento, genericamente aceites) e tecnologia e, daí, retirar bens ou serviços.

Estes bens destinam-se ao consumo final (para satisfação directa das necessidades), ao consumo intermédio ou investimento (regressam à actividade produtiva) ou, então, sob a forma de conhecimento, destinam-se a potenciar uma nova tecnologia.

Figura 13: A vida económica

A relação de forças de cada um dos *players* da actividade económica é relativa (concorrência e eficiência) e transitória (inovação). Denomina-se por conhecimento a capacidade de maximizar a *performance* relativa dos intervenientes, dentro de cada contexto específico.

Quadro 18: Tipos de recursos

	Naturais	Existem independentemente da actividade humana e económica.
Recursos	Humanos	Em parte, são algo não prévio à vida económica, mas existe já um «elemento de produção».
	Produzidos	Instrumentos utilizados no processo de produção.

Nenhuma espécie, à excepção da humana, além dos recursos naturais e do seu próprio esforço, utiliza recursos produzidos na sua actividade – a **tecnologia**.

1. Tecnologia

Como Slaughter (1999) salienta, uma vez que o economista «médio» pensa que o papel da tecnologia é algo como quatro vezes mais importante do que o comércio no aumento da desigualdade, é fundamental que se concentrem no nivelamento dos ganhos da tecnologia, e não na introdução de novas barreiras à importação, os estudos para o desenvolvimento.

A noção de desenvolvimento está intimamente ligada ao processo de evolução e utilização da tecnologia. A dependência de factores externos subalterniza a economia, ou seja, relativiza a vontade de todos os decisores, quer sejam gestores, quer governantes. A aplicação da ciência e da tecnologia (C&T), através do conhecimento, pode permitir mudanças estruturais com efeitos poderosos sobre o mercado e a distribuição dos recursos.

De facto, a C&T permite conviver melhor com as realidades (calamidades, terras férteis, existência de riquezas naturais, entre outras).

2. Ciência e tecnologia

Ciência e *tecnologia* são dois conceitos intimamente ligados. De facto, os progressos da ciência dependem, em larga medida, da invenção de instrumentos científicos adequados, cuja possibilidade de manufactura se reporta, inevitavelmente, ao grau de desenvolvimento tecnológico da época correspondente.

As *Outras Actividades Científicas e Técnicas* (OAC&T) constituem um conjunto de actividades, sem carácter significativamente inovador, nomeadamente: os ensaios e testes de rotina e normalização; a consultoria técnica; o controlo da qualidade; os cuidados médicos especializados; a documentação e a informação científica e técnica e a sua difusão; a prospecção dos recursos naturais; os serviços de patentes e licenças, entre outras.

Figura 14: O icebergue da Ciência e Tecnologia

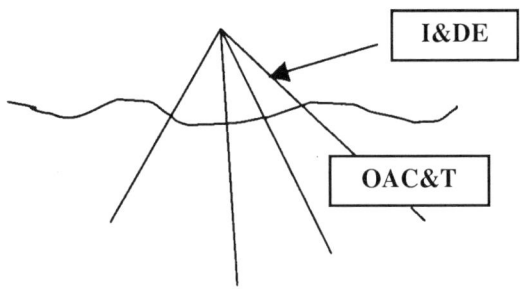

Embora não se revistam de carácter significativamente inovador, facilmente se depreende a grande importância das OAC&T, como parte submersa de um icebergue cuja ponta visível é a I&DE (Investigação e Desenvolvimento Experimental). No seu conjunto, I&DE e OAC&T constituem as actividades de ciência e tecnologia. Tais actividades podem definir-se como a totalidade das actividades sistemáticas, estreitamente ligadas à produção, promoção, difusão e aplicação de conhecimentos científicos e tecnológicos, em todos os domínios da ciência e da tecnologia.

Pela importância dos conceitos, pensamos ser de todo o interesse conferir uma especial atenção a um conjunto de definições propostas no Manual de Frascati (OCDE):

Quadro 19: Conceitos de base

Ciência – é o conjunto organizado de conhecimentos sobre os mecanismos de causalidade dos factos observáveis, obtidos através do estudo objectivo dos fenómenos empíricos.
Tecnologia – é o conjunto de conhecimentos científicos ou empíricos directamente aplicáveis na produção ou na melhoria de bens e serviços. A tecnologia é uma «potencialidade».
Técnica – é a combinação de factores produtivos e operações que permitem a produção de um bem ou de um serviço. A técnica é uma «realização».
Sistema científico e tecnológico – é o conjunto de recursos e actividades no domínio da ciência e da tecnologia em articulação com o «saber», a economia e a sociedade, cujas relações internas básicas são: as organizadoras (recursos, políticas); as de continuidade (sistema educativo) e as de impacto (economia nacional e internacional).

Quadro 20: *Outputs* básicos

Invenção – é a primeira ideia, esquema ou dispositivo, de origem científica ou empírica, que antevê um novo ou melhorado processo de produção ou produto.
Inovação – é a primeira introdução de um novo produto, processo ou sistema na actividade comercial ou social normal – a comercialização de uma ideia – num determinado espaço geográfico (por exemplo, um país).
Inovação incremental – verifica-se quando há pequenas mudanças nos produtos ou nos processos que permitem a melhoria da qualidade ou a diminuição de custos e aumentos da produtividade.
Inovação radical – processa-se de forma descontínua, sendo normalmente o resultado de esforços formais de I&DE. Este tipo de inovações pode dar lugar a uma alteração na estrutura económica, na medida em que pode alterar o mercado, pela introdução de um novo produto.
Difusão – é a transferência (alastramento) da inovação do primeiro utilizador para outros potenciais utilizadores. Conforme as características próprias do processo de difusão de uma inovação no mercado, falaremos, então, no sucesso/falha dessa inovação.
Mudanças de «sistema tecnológico» – enquanto alterações profundas, transformam o sistema económico, na medida em que originam sectores completamente novos.
Mudanças de paradigma tecnológico – alteram profundamente o funcionamento do sistema económico. Uma revolução tecnológica, para além de alterar o sistema tecnológico, altera também o sistema organizativo da sociedade, provocando uma transformação profunda e sistémica. É disso um exemplo a introdução dos caminhos-de-ferro.

O investimento em I&DE facilita o surgimento de inovações. Os prazos necessários entre a concepção e a realização industrial (comercialização), que eram consideráveis em épocas anteriores, encurtam, rapidamente, à medida que cresce a intensidade do progresso técnico: o tempo tecnológico (fase de comercialização) foi de 112 anos para a fotografia e de 56 para o telefone; reduziu-se para 10 anos com a televisão, para 3 anos com o transístor, e passou-se, actualmente, para um ou dois – e até 9 ou 10 meses – com a maioria das inovações.

A facilidade e a velocidade como a inovação chega ao mercado é, essencialmente, função das características do *funcionamento* deste. A gestão das expectativas introduz ou retira operadores do mesmo. Quanto maior for o número de operadores, melhor será a concorrência, de que resultará um aumento da competitividade das empresas e, consequentemente, do país. Paralelamente, assistir-se-á à promoção de alterações estruturais nos processos produtivos, nos produtos e nas relações inter-industriais.

A influência da ciência e da tecnologia deve ser entendida, se for permitido fazer uma analogia, «como o motor (causa e consequência) do estado de desenvolvimento das sociedades modernas. A despesa em I&DE é o combustível (o consumo é directamente proporcional à potência do motor). A potência (quantidade de inovações) retirada do motor será função do combustível (I&DE) injectado».

3. Noção de propriedade

O conceito de conhecimento encontra-se associado à noção de propriedade. O direito de uso da «propriedade intelectual», e por vezes industrial, não está devidamente protegido na grande maioria dos países em desenvolvimento. «Por esta razão, os inovadores visam os países desenvolvidos enquanto mercados primários. Isto significa que tendem a inventar soluções tecnológicas, destinadas a países que possuem muitos recursos de capital físico, e uma força de trabalho altamente qualificada. Em contraste, os factores de produção abundantes que existem em muitos países em vias de desenvolvimento são os recursos naturais e o trabalho pouco qualificado. Isto significa que os países menos desenvolvidos tendem a ser menos produtivos, porque a tecnologia que podem importar não se adequa à composição dos seus factores de produção.»[1]

Nas palavras de Edmund Burke, «uma lei contra a propriedade é uma lei contra a indústria».

É, hoje, claro que a existência de contingências sobre a noção de propriedade e a sua transmissibilidade «sufoca a iniciativa e tolhe o desenvolvimento: porque iria alguém investir capital e trabalho na produção ou aquisição de riqueza que não lhe seria permitido conservar em seu poder?[2]»

A gestação e a introdução da inovação, para além de contextos facilitadores (nomeadamente ao nível do sistema de ciência e tecnologia), requerem iniciativa, e esta não pode ser considerada como sendo um ponto pacífico, mas sim recompensada e promovida.

---

[1] César das Neves, J.; Rebelo, Sérgio (2001); *O Desenvolvimento Económico em Portugal*; Lisboa, Bertrand, p. 54.
[2] Landes, David S. (1998); *Riqueza e a Pobreza das Nações*; Rio de Janeiro, S. Paulo, Editora Campus, p. 33.

4. A Inovação

As empresas inovadoras, ou seja, aquelas que investem mais em conhecimento de natureza tecnológica, conseguem criar valor com maior facilidade. Assim, inovar torna-se uma condição objectiva do *management*. Esta atitude ocorre, fundamentalmente, por pressão do mercado e por iniciativa das empresas, em particular as mais dinâmicas. As empresas que conseguem realizar estas transformações, em primeiro lugar e em boas condições, beneficiam de vantagens competitivas importantes[3].

Figura 15: Impacto das inovações incrementais no ciclo de vida da procura

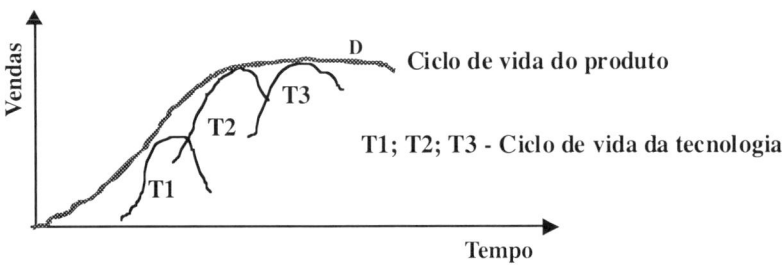

As inovações incrementais (também denominadas curvas em «S») permitem prolongar o ciclo de vida do produto/processo (curva D). Estas inovações (T1, T2 e T3) surgem, muitas vezes, em consequência, não de um esforço deliberado em I&D, mas de um trabalho de assimilação de tecnologia, de compatibilização entre diferentes equipamentos, de esforços resultantes da aprendizagem ao longo do processo produtivo (*learning by doing;* Arrow, 1962). De algum modo, esta aprendizagem resulta da utilização dos produtos e dos melhoramentos/aperfeiçoamentos que os seus utilizadores são capazes de introduzir (*learning by using;* Rosenberg, 1976). Inovações incrementais surgem, também, através do processo de interacção com os consumidores ou com os fornecedores (*learning by interacting;* Andersen e Lundvall, 1988)[4].

Mas o que é necessário para promover a inovação?

---

[3] Carvalho, Rui Moreira de (2000); *O Impacto das Novas Tecnologias da Informação no Comércio Alimentar;* Lisboa, Edições Cosmos, p. 67.
[4] Caraça, João (1993), *Do Saber ao Fazer: Porquê Organizar a Ciência*, Lisboa; Gradiva, p. 87.

Segundo Adriano Freire, qualquer projecto de inovação deve atravessar seis fases do ciclo de inovação, a saber: oportunidade, ideia, desenvolvimento, teste, introdução e difusão.

Figura 16: Competências de base para a inovação

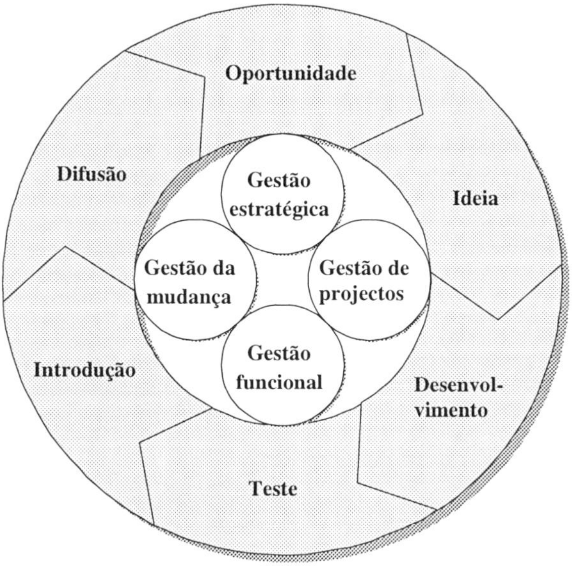

Fonte: Adriano Freire, Seminário SOICOS, Maputo, 2001.

Da mesma forma, é possível afirmar que, para gerir a inovação, são necessárias quatro competências de base: gestão estratégica, gestão de projectos, gestão funcional e gestão de mudança.

A inovação, enquanto elemento dinamizador da actividade económica, tem de ser entendida, e aceite, como um processo sistémico, sequencial e dinâmico. Neste intervêm, correlativamente, as organizações, as necessidades – mercado – e as políticas institucionais, públicas e privadas, de uma forma organizada e motivada, denominada **Sistema Nacional de Inovação**. Este sistema comporta como intervenientes o sistema produtivo, o sistema científico e tecnológico, o sistema bancário (financiador) e o sistema administrativo (regulador). Estes últimos relacionam-se através de «informações» num ambiente em que o elo comum é a «cultura».

5. O progresso técnico

O domínio do homem sobre a natureza, através do instrumento tecnologia, foi alcançado sob os auspícios do progresso técnico. Através dele, concomitantemente com a organização autárcica da produção, surge a noção de excedentes. Estes podem ser trocados por outros bens produzidos por outras unidades; assim se formam mercados, lugares de circulação dos excedentes.

O investimento é uma aplicação de uma parte do produto no aumento da quantidade de recursos disponíveis produzidos. Tem por finalidade compensar a depreciação dos recursos, sendo possível investir, para além dessas perdas, através da melhoria dos resultados obtidos por meio do progresso técnico.

Figura 17: A produção

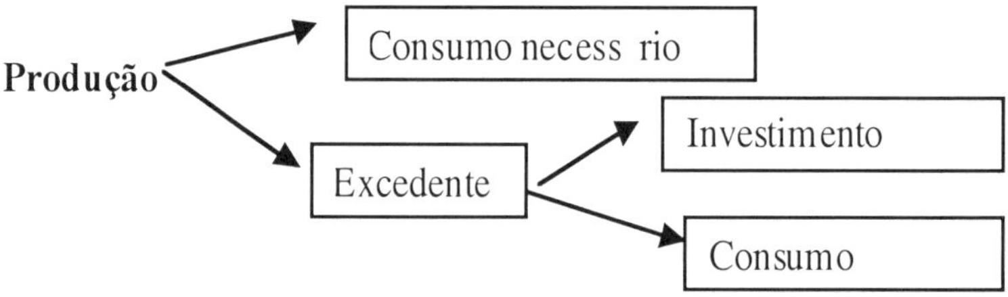

```
Produção ──→ Consumo necessário
         ╲
          ──→ Excedente ──→ Investimento
                       ╲
                        ──→ Consumo
```

O excedente é a percentagem de consumo em relação ao investimento.

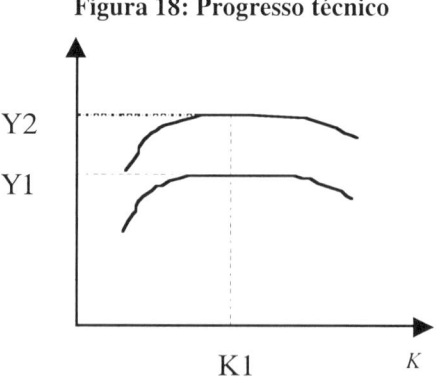

Figura 18: Progresso técnico

O progresso técnico, possível através da inovação, contribui para o crescimento, na medida em que, aumentando a produtividade – produto por unidade de factor de produção –, diminuem os custos de produção. A simples introdução dos adubos ou da tracção animal na agricultura permitiu aumentar significativamente a produção agrícola (passagem de Y1 para a isoquanta Y2), utilizando os mesmos factores de produção (K1).

A abordagem, mais frequente, aos determinantes do progresso técnico é aquela que é sintetizada por Dosi. Referindo-se aos que procuram uma espécie de causa inicial para a actividade inventiva, Dosi agrupa-os em duas linhagens diferentes: os que apontam para as forças do mercado (teorias do *demand pull*) e os que consideram a tecnologia como um factor autónomo ou «quase-autónomo» (teorias do *technology push*)[5].

5.1. O mercado a comandar o progresso técnico?

Há alguma evidência empírica que sugere que o bom funcionamento do mercado é importante para o processo de inovação, nomeadamente na difusão do sucesso de uma inovação.

A teoria *demand-pull*, em versão pura, é descrita do seguinte modo[6]:
1) Em dado momento, existe no mercado um conjunto de bens de consumo e bens intermédios, os quais respondem a determinadas «necessidades» dos compradores;
2) Os consumidores (ou utilizadores) exprimem as suas preferências através de um padrão de procura, que tem implícita uma função de utilidade. Supõe-se, também, que as elasticidades-rendimento dos bens são diferentes;
3) Um aumento de rendimento provocará uma alteração da restrição orçamental dos consumidores, e estes aumentarão a sua procura, em relação a certo tipo de bens que melhor satisfazem as suas necessidades;
4) As alterações na procura e nos preços de certos bens constituirão um sinal para os produtores;
5) Inicia-se o processo inovativo propriamente dito, no termo do qual as empresas bem sucedidas oferecerão os novos produtos ou os produtos melhorados, deixando ao cuidado do mercado a harmonização entre a sua capacidade acrescida de produção e as necessidades dos consumidores.

Desta forma o mercado, ao aceitar a inovação, está a promover o progresso técnico.

---

[5] Dosi, G (1984); *Technical Change and Industrial Transformation;* Londres, MacMillan, p. 8.
[6] Dosi, G. (1984); *Ob. cit.*, p. 11.

6. Porque é que a capacidade tecnológica endógena ajuda a criar riqueza?

Com a globalização e a sociedade de informação, o paradigma neo-schumpeteriano começou a ganhar relevância na explicação da mudança tecnológica e económica dos Países em Desenvolvimento. Com base na teoria evolucionista – e colocando a ênfase no desequilíbrio e na incerteza –, este paradigma surgia, assim, como mais adequado para enquadrar uma época em que as mudanças tecnológicas são tão profundas quão rápidas[7].

O assunto sobre o qual nos debruçamos é, essencialmente, a diferença entre acontecimentos de curto prazo e uma tendência a longo prazo – que levanta a interessante questão relativa à duração do longo prazo: será, talvez, o longo prazo apenas uma versão mais longa dos altos e baixos que ocorrem frequentemente na vida de trabalho de uma pessoa – um ciclo muito longo de actividade económica que não é reconhecido, a não ser muito tempo depois de ter passado/ocorrido[8]?

Segundo Schumpeter, o capitalismo é um processo evolucionário, sendo por natureza «uma forma ou método de mudança económica, não sendo, nunca, e nem podendo ser, estacionário» (Schumpeter, 1942, p. 82). Esta característica intrínseca ao capitalismo revela-se em «ondas de destruição criativa», as quais dariam origem às ondas longas do desenvolvimento de Kondratiev[9] (Domingos, p. 86).

O grande economista austríaco Joseph Schumpeter (1883-1950) «descreveu os períodos de crescimento como sendo simples movimentos ascendentes de vagas tecnológicas gigantes, provocando, cada um, uma prosperidade crescente de cada vez que se implementa uma nova tecnologia, seguidos por um crescimento mais lento, ou mesmo declínio, logo que a tecnologia esteja completamente integrada na economia. Por exemplo, no século XVIII, a máquina a vapor de James Watt introduziu uma vaga tecnológica, a que chamamos Revolução Industrial. No século XIX, a rede de caminho-de-ferro de Cornelius Vanderbilt abriu o Continente Norte--Americano, rico em recursos, à fixação de pessoas e à exploração económica. Nas primeiras décadas do século XX – o automóvel de Henry Ford – foi outro elemento catalisador. Todas estas invenções estimularam, de facto, uma bateria de actividades que apoiaram ou beneficiaram com a tecnologia pioneira, nomeadamente: a produção metalúrgica, os aparelhos

---

[7] Domingos, Estela (1997); *Os Desafios das Tecnologias de Informação e Telecomunicações (TIT) nos Países em Desenvolvimento*; Lisboa, ISEG, p. 142.
[8] McCarty, M. H. (2001); *Ob. cit.*, p. 273.
[9] Os ciclos de Kondratiev oscilam entre cerca de 50 a 70 anos.

e os instrumentos mecânicos para as controlar, os sistemas de energia, a construção de novos edifícios para habitação ou actividades económicas e muitas outras. A vaga tecnológica mais recente, que afectou o mundo industrializado, foi a que teve por base o processamento electrónico da informação, podendo esta vaga estar agora a desvanecer-se numa nova vaga baseada na bioengenharia»[10].

Todas as vagas tecnológicas apresentam, aproximadamente, a mesma forma. Começam com uma inovação fundamental – científica, tecnológica ou organizacional – que se aplica, gradualmente, de formas cada vez mais diversas, à medida que a inovação avança. Entretanto, os trabalhadores aprendem a trabalhar com novas máquinas, os empresários concebem novos produtos, e mais sectores da economia usufruem de melhores padrões de vida, resultantes da melhoria dos métodos de produção. De facto, as inovações tecnológicas despoletam processos que se alimentam de si próprios, criando efeitos de redemoinho que abrem novas oportunidades e prolongam a vida da tecnologia, iniciando o grande sobressalto da actividade económica.

Quadro 21: As fases do moderno crescimento económico – Ciclos de Kondratiev

Fase	Período	Designação	Inovação-chave			Combustível Energia	Sector de ponta	País Arranque
			Tecnologia	Organização	Espacial			
A	1789-1814	1.ª Revolução Industrial 1.ª fase	Máquina a vapor fixa	Pequena empresa capitalista	Rússia Índia Turquia	Carvão mineral vapor	Têxtil	Grã--Bretanha
B	1814-1849							
A	1879-1873	1.ª Revolução Industrial 2.ª fase	Máquina a vapor móvel	Sociedade anónima	China Japão Islão Novo Mundo	Carvão mineral Vapor	Metalúrgico	EUA França Alemanha
B	1873-1896							
A	1896-1920	2.ª Revolução Industrial 1.ª fase	Motor de explosão Motor eléctrico	Cartel e Conglomerado	África Austrália	Carvão mineral Electricidade hidro-eléctrico	Terciário Química Material eléctrico	Japão Rússia Índia
B	1920-1947							
A	1947-1973	2.ª Revolução Industrial 2.ª fase	Reactor atómico Ordenador	Transnacional	Conquista do espaço	Petróleo Urânio Electricidade nuclear	Electrónica	
B	1973-?							

---

[10] McCarty, M. H. (2001); *Ob. cit.*, p. 274.

O crescimento económico, enquanto resultado das vagas tecnológicas referidas, é, numa economia convencional, episódico (só ocorre quando surge outra inovação) e transitório (até se atingir o limite da zona de viabilidade).

O crescimento a longo prazo, quer seja uma verdadeira tendência ou o movimento ascendente de uma longa vaga tecnológica, levanta uma outra questão, ainda mais crítica para os futuros padrões de vida. Trata-se da familiar dicotomia entre exogeneidade e endogeneidade: se o crescimento cai sobre um país como um *«maná do céu»*, ou se as acções empreendidas por homens e mulheres comuns – planificadores e políticos na actividade económica e no Governo – afectam a capacidade de crescimento de um país. Haverá alguma coisa que os homens e as mulheres comuns possam fazer para elevar a plataforma do crescimento? Poderão as pessoas comuns encontrar uma forma de promover o crescimento e garantir os resultados esperados: mais oportunidades de emprego, maior *output* do rendimento e, até, melhores padrões de vida que resultam do crescimento? Além disso, se puderem fazê-lo, será que o ganho irá justificar a dor que acompanha o crescimento?[11]

No seguimento desta questão, McCarty (2001, p. 275) sugere «o objectivo valioso para qualquer país dever ser não o crescimento ilimitado, mas o crescimento a um ritmo eficiente, um ritmo que atinja os seus benefícios máximos líquidos dos custos associados a um crescimento demasiado rápido».

7. Porque tem lugar um ciclo económico?

Os ciclos económicos são consequência da aceitação das inovações pelo mercado. Segundo Salavisa Lança (2001, p. 13), aqueles ocorrem porque «uma inovação com sucesso comercial é uma fonte de lucro puro para o empresário que ousou arriscar nela o seu capital. Esta situação atrai um «enxame» de imitadores que também desejam aplicar os seus investimentos nessa inovação. São estas as condições de um *boom* induzido por novas oportunidades de negócio. A concorrência intercapitalista que então se inicia levará à erosão das margens do lucro e a uma fase descendente da actividade».

A inovação, traduzida em «novos bens de consumo, novos métodos de produção e transporte, novos mercados e novas formas de organização industrial que a empresa capitalista cria» (Schumpeter, 1942, p. 83), seria o motor da revolução tecnológica, e a absorção dos seus resultados, ou seja, a sua difusão originaria os ciclos da actividade económica (Domin-

---

[11] McCarty, M. H. (2001); *Ob. cit.*, p. 275.

gos, 1997, p. 86). As flutuações da actividade económica operavam-se segundo um movimento que encadeava quatro fases: recessão, depressão, retoma e prosperidade.

Figura 19: As fases do ciclo segundo Schumpeter

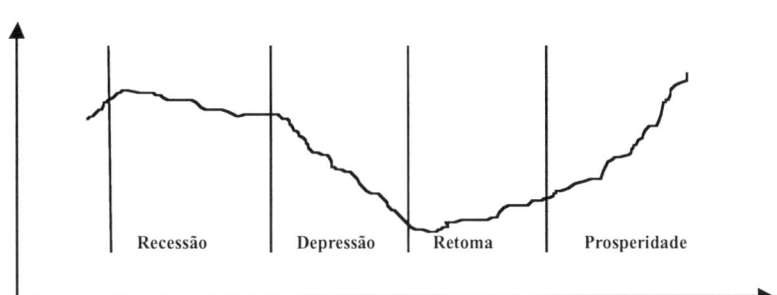

Naturalmente, a inovação pode tomar diferentes dimensões: organizacional, espacial (mercado) ou de produto. Não deixando de ser necessária uma forte integração entre os diferentes tipos, qualquer um deles pode ser o indutor da fase de crescimento do ciclo.

A tendência ascendente e constante do produto (crescimento económico), nos últimos duzentos anos, resulta da acumulação de recursos e da introdução de inovações.

7.1. As crises cíclicas da economia

Na segunda metade do século XIX, juglar constatou a existência de ciclos com a periodicidade de cerca de dez anos. Para ele, estas crises resultam de um abuso do crédito e de crescentes especulações num ou mais sectores. Fundamentalmente sãs, as crises vêm eliminar as empresas mais frágeis.

A longa depressão, dos finais do século XIX, leva o russo Kondratief a discernir, em 1922, ciclos longos de cerca de cinquenta anos: numa fase A, ascendente, o crescimento acelera e depois, numa fase B, abranda, antes de voltar a entrar numa fase A. Ele observa que qualquer fase ascendente é precedida por descobertas e pelo surgimento de novos países (mercados) que abrem novos campos para o investimento da poupança acumulada[12].

---

[12] Vindt, Gérard (1999); *500 Anos de Capitalismo: A Mundialização de Vasco da Gama a Bill Gates*, Lisboa, Temas & Debates, p. 63.

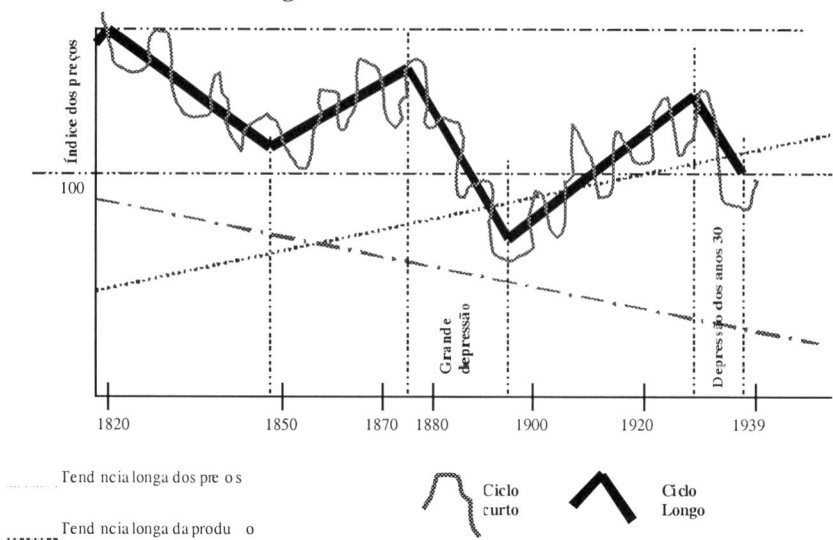

Figura 20: Ciclos económicos

8. Tecnologia, inovação e crescimento

Para os PED, a correlação entre tecnologia, inovação e crescimento surge como de importância fulcral para a melhoria da capacidade tecnológica endógena, numa perspectiva de complementaridade à transferência de tecnologia estrangeira. Assim, as capacidades tecnológicas seriam importantes, não tanto para a obtenção de inovações radicais, pelo menos na fase inicial do processo, mas para realizar uma efectiva assimilação, imitação, adaptação e mesmo melhoramento da tecnologia transferida através de inovações incrementais. Desta forma, importava garantir níveis de investimento e procura adequados[13].

De acordo com Frasman e King (1984, p. 10), as capacidades tecnológicas endógenas estabeleciam-se, inicialmente, na promoção de actividades do tipo *know-how* (saber como), transformando-se, posteriormente, em actividades do tipo *know-why* (saber porquê), de acordo com o seguinte processo dinâmico de aprofundamento:
- Pesquisa de tecnologias alternativas disponíveis e selecção da tecnologia mais apropriada;
- Domínio da tecnologia na transformação dos *inputs* em *outputs*;
- Adaptação da tecnologia a condições de produção específicas;

---

[13] Domingos, Estela (1997); *Ob. cit.,* p. 143.

- Desenvolvimento da tecnologia em resultado de inovações incrementais menores;
- Investigação institucionalizada de inovações mais importantes através de I&DE;
- Investigação fundamental.

Há a possibilidade de adopção de uma estratégia de *cacthing-up* tecnológico dos Países em Desenvolvimento ou, numa perspectiva menos ambiciosa, da estratégia de *frontier following*: segundo Fransman (1985, p. 612), a estratégia de *catching-up* consiste na tentativa destes países em alcançar (criando) a fronteira tecnológica mundial, enquanto a estratégia de *frontier following* consiste em usar, mas não tentar, mesmo no longo prazo, gerar a fronteira tecnológica (Domingos, 1997, p. 145).

Esta possibilidade de realização de um processo de *catching-up* tecnológico dos Países em Desenvolvimento depende da sua capacidade de tirar vantagem das «janelas de oportunidade» (*windows of opportunity*), criadas pelas mudanças de paradigma tecno-económico – do Fordismo para as Tecnologias da Informação e Telecomunicações –, na medida em que as barreiras à entrada diminuem nestas épocas de transição (Perez e Soete, 1988).

Pode, contudo, colocar-se em questão: porque é que não teve lugar esse aproveitamento? Ou seja, porque não foram utilizadas as «janelas de oportunidade»?

Abramovitz (1986 e 1994) desenvolve uma análise «potencial *versus* condições da respectiva realização» para estudar o fenómeno do *catching-up*. Neste são incorporadas duas noções muito importantes: *social capability* e *technological congruence*. Qualquer delas encerra um poder heurístico relevante.

O capital social é definido por Abramovitz como «uma rubrica que cobre o nível de educação geral e de competências técnicas dos países, as instituições comerciais, industriais e financeiras que se apoiam na sua capacidade para financiar e gerir empresas modernas e de grande escala, e as características políticas e sociais que influenciam os riscos, os incentivos e as recompensas pessoais da actividade económica, incluindo as recompensas em termos de apreço social que vão para além do dinheiro e da riqueza».

Com efeito, os países atrasados não o são por mero acaso. São características societais persistentes que explicam uma porção, talvez substancial, do atraso, ao mesmo tempo que se instituem em constrangimentos ao salto tecnológico. Mesmo a abordagem superficial permite verificar que o referido conjunto de competências, instituições e incentivos falha nos países mais atrasados. O constrangimento é de tal modo relevante que o autor escreve que o «potencial para o crescimento é forte, nao quando um país é atrasado, mas, pelo contrário, quando é tecnologicamente atrasado e socialmente avançado»[14].

A *congruência tecnológica*, formulação devida a Paul David, em 1976, e segunda classe de restrições, traduz-se na ausência de «compatibilidade das tecnologias dominantes com as características dos países atrasados, a saber: a existência de recursos e a oferta de factores, as capacidades tecnológicas, a escala do mercado e o padrão de consumo»[15].

Mais uma vez, são relevadas dimensões para além da material. Todos estes vectores de crescimento têm de estar *alinhados* para que haja lugar a processos de *catching up*.

9. Desenvolvimento

Ao crescimento associa-se a «economia» e «quantidades». Desenvolvimento relaciona-se com «subjectividade». Assim, é possível afirmar que o crescimento é um mero resultado de acumulação, enquanto o desenvolvimento implica modificações na natureza da economia que permite acréscimos cumulativos da eficiência do sistema, ou seja, provoca uma tendência crescente de produtividade que faz aumentar, na realidade, o rendimento *per capita* e a subida do nível de vida médio.

O desenvolvimento processa-se apenas quando existe capacidade para romper estádios de equilíbrio (estudos empíricos sugerem que as fases de recessão são as mais propícias à inovação), de baixo nível, e para passar para um estádio mais elevado através de forças não materiais, ou seja, o progresso técnico e os factores sociais. Esta trajectória dar-se-ia, então, aos saltos, ou seja, de uma forma descontínua entre níveis (cuja tendência será crescente), qualitativamente diferentes.

O desenvolvimento resultaria da combinação nova dos meios produtivos existentes, promovida, sobretudo, por empresas nascentes. Deste modo, o crescimento da oferta nacional de meios produtivos ou da poupança não seria fundamental. Importante seria empregar recursos diferentes de uma maneira diferente; em fazer coisas novas com eles, independentemente de que aqueles recursos cresçam ou não (Schumpeter, 1912, p. 50).

---

[14] Abramovitz, M. (1986); *Catching up, forging ahead, and falling behind*, Journal of Economic History, reimpresso em M. Abramovitz (1989), p. 222.
[15] Abramovitz, M. (1994); *The origins of the postwar, catch-up and convergence boom;* em Fagerberg e outros (org.), p. 25.

Para Schumpeter, o crédito, e não a acumulação de capital, era essencial para o desenvolvimento, na medida em que permitiria aos empresários – os indivíduos com a função de realizar combinações novas dos factores produtivos – obter poder de compra para efectuar as combinações novas que não podem ser financiadas pelos lucros de produções anteriores. O crédito resultaria, por um lado, da gestão dos recursos libertos de outras combinações e, por outro lado, da poupança nacional, enquanto resultado da privação do consumo mas, fundamentalmente, do lucro empresarial[16].

Ainda segundo o mesmo autor, os empresários seriam os agentes fundamentais do desenvolvimento. Para tal, terão de surgir condições objectivas, tais como a possibilidade de recurso ao crédito e condições subjectivas que repousam na especificidade da sua própria tarefa, na sua psicologia empreendedora e de liderança e na reacção do meio ambiente social, nomeadamente os impedimentos legais ou políticos e a aceitação do grupo social em que o indivíduo está inserido.

10. Custos de entrada: empresa inovadora *versus* empresa imitadora

A produção de tecnologia comporta um conjunto de custos acrescidos para a empresa inovadora: custos de investimento fixo nos novos equipamentos e na fábrica, os custos de preencher o *gap* do conhecimento científico e tecnológico, o custo de adquirir a experiência e as qualificações necessárias para a inovação (I&D), o custo de compensar a inexistência de externalidades relacionadas com desvantagens nas condições institucionais, económicas ou infra-estruturais e, finalmente, os custos de seguir líderes errados[17].

Os custos de entrada para uma empresa imitadora poderão ser inferiores na medida em que poderá não incorrer nos erros cometidos pela empresa inovadora. No entanto, os custos de entrada dependem, também, da posição de partida do imitador, ou seja, do seu *gap* face ao conhecimento científico e tecnológico, assim como à experiência e qualificações a adquirir, para além dos custos a ultrapassar pela falta de externalidades.

Os *gaps,* a preencher pelas empresas dos PED, são superiores aos das empresas dos Países Desenvolvidos, na medida em que as suas posições de partida são menos favoráveis. Todavia, a ideia fundamental consiste no facto de que os custos de entrada variam quer ao longo das trajectórias tec-

---

[16] Domingos, Estela (1997); *Ob. cit.,* p. 148.
[17] Domingos, Estela (1997); *Ob. cit.,* p. 153.

nológicas, quer, ainda, dos ciclos de vida dos produtos, existindo fases que sugerem a exequibilidade das referidas «janelas de oportunidade»[18].

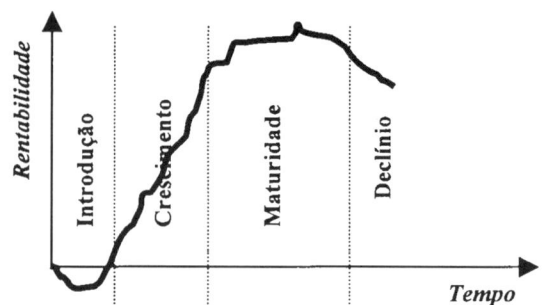

Figura 21: Ciclo de vida da tecnologia/produtos

É importante analisar detalhadamente as quatro fases do ciclo de vida da tecnologia:

Fase da Introdução – a ênfase é colocada no produto. O investimento fixo e a experiência e qualificações mínimas estão no seu nível mais baixo, mas os conhecimentos científicos, tecnológicos, bem como as vantagens mínimas de localização, são altos. O preço de venda da tecnologia é elevadíssimo, pois as empresas inovadoras pretendem monopolizar a informação tecnológica.

Fase de Crescimento Rápido (*early growth*) – o mercado cresce rapidamente e o focus muda do produto para o processo de produção. O investimento fixo, a experiência e as qualificações mínimas crescem, embora se encontrem a um nível ainda relativamente baixo. O conhecimento científico e tecnológico e as vantagens de localização mínimas encontram-se, ainda, a um nível elevado, mas com tendência decrescente.

Fase de Crescimento Lento (*late growth*) – o foco coloca-se na gestão do crescimento da empresa e na conquista de quotas de mercado. O investimento fixo mínimo encontra-se a um nível elevado e com tendência crescente. A experiência e as qualificações mínimas estão no seu nível mais alto, o que impede a entrada de novas empresas. O conhecimento científico e tecnológico e as vantagens de localização mínimas estão a um nível mais baixo e com tendência decrescente. O preço de venda da tecnologia é relativamente elevado, na medida em que as empresas procuram o monopólio dos mercados.

Fase da Maturidade – o produto e os processos de produção estão estandardizados. O investimento fixo mínimo atingiu o seu auge. O conhecimento científico e tecnológico e as vantagens de localização mínimas estão no

---

[18] Domingos, Estela (1997); *Ob. cit.*, p. 154.

seu nível mais baixo. A experiência e as qualificações mínimas diminuíram fortemente.

Tomando em consideração a variação das componentes do custo de entrada, ao longo das quatro fases do ciclo de vida da tecnologia, as fases da Introdução e da Maturidade são as mais favoráveis para a entrada de novas empresas dos Países em Desenvolvimento. Este facto parece confirmar-se pela experiência dos Novos Países Industrializados que apostaram nos sectores mais modernos, nomeadamente na electrónica e nas indústrias ditas tradicionais, em particular nos têxteis.

10.1. Case Study

Combustível lenhoso – Reservas cada vez mais escassas em Maputo

As reservas de combustível lenhoso, na província do Maputo, uma das principais regiões que abastecem de carvão e lenha a cidade do mesmo nome, estão já a escassear devido, fundamentalmente, à grande pressão que é exercida sobre os recursos florestais. Tudo aponta que comprar lenha ou carvão terá custos mais elevados, nos próximos anos, apesar de não se poder indicar com segurança quando é que tal vai acontecer.

Hélio Banze, dos Serviços Provinciais de Florestas e Fauna Bravia, na província de Maputo, afirma que mais de 70 por cento do combustível lenhoso consumido na cidade de Maputo provém dos distritos de Matutuíne, Namaacha, Magude e Moamba. Os restantes 30 por cento são assegurados pela província de Gaza.

Apesar de a Direcção Provincial de Agricultura e Desenvolvimento Rural não emitir licenças de exploração de espécies nativas, durante o período de defesa geral, compreendido entre 1 de Janeiro e 31 de Março, operadores há que exercem a actividade clandestinamente.

A venda de carvão ou de lenha, no grande Maputo, constitui um dos meios de subsistência de muitas famílias. Fora os casos de venda a grosso (em sacos) que normalmente acontece nos mercados, há também os das latinhas e montinhos.

Nalguns mercados da capital, a nossa Reportagem soube que o saco de carvão é vendido a preços que variam entre 120 mil e 130 mil meticais, mas também aparece às latinhas a preços que variam entre três mil e sete mil meticais.

Basicamente, o custo do saco do carvão aproxima-se ao de uma botija de gás, com uma diferença de cerca de 40 mil meticais. A situação de pobreza da maioria das famílias moçambicanas faz com que estas recorram, sistematicamente, à lenha e ao carvão.

Hélio Banze afirma que a província de Gaza está a assumir, paulatinamente, papel de relevo como fonte de obtenção de combustível lenhoso, embora também se comece a notar que as províncias de Manica e Sofala também contribuem com carvão para a cidade de Maputo.

A maioria das zonas, então florestas na província do Maputo, transformaram-se nos últimos tempos em *machambas*, o que, por outro lado, põe em causa a capacidade de reflorestamento natural.

In *Notícias* (Maputo, Moçambique), 25/11/2002

11. O sistema nacional de inovação

Perez e Soete (1988) defendem que a fase da introdução, apesar de apresentar dificuldades superiores na manutenção dos esforços de investimento e da geração de tecnologia no futuro, pode ser a mais adequada para alguns Países em Desenvolvimento, na medida que é menos exigente quanto aos níveis de investimento fixo e de experiência e qualificações adquiridas. Face aos níveis de externalidades (de localização e de infra-estruturas) e de conhecimentos científicos e tecnológicos mínimos elevados, será fundamental o governo compensar estas carências e assegurar a disponibilidade de recursos humanos qualificados, nomeadamente através do sistema de ensino superior (universitário ou outros).

Estes países poderão aproveitar uma fase de transição em que os próprios Países Desenvolvidos estão a desenvolver um processo de aprendizagem e a reconverter, de forma difícil e lenta, as suas estruturas industriais do antigo paradigma fordista, para procurarem efectuar um salto (*leap*), na medida do possível, no seu processo de desenvolvimento.

As dificuldades encontradas, para garantir um conjunto mínimo de conhecimentos científicos e tecnológicos, podem ser interpretadas em termos de *falhas de mercado* cuja resolução pode[19] requerer a intervenção do Estado.

A promoção de Sistemas Nacionais de Inovação (SNI), nos PED, surge como o quadro natural para a criação de capacidades tecnológicas. O SNI é um sistema de interacção das empresas públicas e privadas, universidades e agências governamentais, tendo por objectivo a produção de ciência e tecnologia dentro das fronteiras nacionais[20].

12. A mudança tecnológica até aos anos setenta

Até finais dos anos setenta, na assunção que os PED possuíam capacidades tecnológicas extremamente fracas, as questões da mudança tecnológica, nestes países, centravam-se basicamente na problemática da importação (transferência) de tecnologia estrangeira. Verificava-se, assim, um predomínio da teoria da dependência na explicação da mudança tecnológica.

---

[19] Também podem ser contratadas as suas funções com empresas privadas ou ONG.
[20] Domingos, Estela (1997); *Ob. cit.*, p. 125.

As determinantes da escolha da tecnologia consistiam, do lado da procura, nos preços dos factores utilizados, na repartição do rendimento criado e nas determinantes políticas e institucionais (estratégia), enquanto, do lado da oferta, essas determinantes baseavam-se na tecnologia existente e na possibilidade de a adaptar e criar.

Os canais de transferência de tecnologia eram do tipo directo, através de investimento directo (com partilha de risco) ou através dos contratos de transferência (incorporação de tecnologia no equipamento), ou indirecto, através de acordos de licença (o país adquiria o direito a utilizar uma determinada patente ou um determinado *know-how*), acordos de gestão, acordos de formação e assistência técnica.

No entanto, muitas vezes, a tecnologia disponível para os Países em Desenvolvimento encontrava-se obsoleta nos Países Desenvolvidos, o que podia ser determinado por diversos níveis de razões: obsolescência económica, determinada pela escala de produção, pelo preço dos factores (reversível), e obsolescência técnica, determinada pela economia de recursos (irreversível) ou, ainda, pelo atraso do sistema de ciência e tecnologia (SCT) local.

12.1. Investimentos *mal planeados*

Muitos investimentos foram conceptualizados para empresas que não conseguiram amortizá-los[21], tendo mesmo, nalguns casos, nunca funcionado.

Ocorrem diversos problemas na transferência de tecnologia estrangeira, resultantes, designadamente, de os custos serem elevados, de as tecnologias serem inadequadas aos objectivos e às condições e recursos locais, e, ainda, de os níveis de operação da produção serem pouco eficientes face às potencialidades da tecnologia transferida.

Uma das alternativas a estes processos de «comercialização da tecnologia» seria os de partilha da mesma. Desta forma, emergiriam os projectos de cooperação tecnológica.

---

[21] O mercado não aceitava a relação preço/qualidade.

12.2. Case Study

Parcerias, competitividade, empresas públicas
Prejuízos provêm de operações internacionais

Entrevista com o PCA da LAM – Linhas Aéreas de Moçambique, Eng.º José Viegas

Referindo-se à situação económica da empresa, o entrevistado disse que para o presente ano prevê-se um prejuízo de 1,2 milhão de dólares americanos. Deste prejuízo, grande contribuição, oito milhões de contos, provêm das operações internacionais, nomeadamente as ligações Maputo/Lisboa, depois de a companhia ter abandonado o tráfico para os Emirados Árabes Unidos que se saldou em prejuízos estimados em cerca de três milhões de dólares.

Quanto ao futuro da continuidade da exploração do mercado de transportes aéreos, José Viegas disse que tudo estará direccionado para a liderança das operações domésticas, tendo em conta que a companhia não tem capacidade para competir com os gigantes nas ligações intercontinentais.

Sobre se a empresa tencionava abandonar as ligações internacionais, devido aos prejuízos delas decorrentes, afirmou que será mantida a ligação com Lisboa enquanto se procuram parcerias com gigantes para outros sentidos, o que já está a acontecer com a transportadora sul-africana, a SAA. «O mercado internacional não será abandonado, manteremos a presença em Lisboa, mas o esforço é que não sejamos forçados a voar com o avião próprio que actualmente representa um prejuízo anual de oito milhões de contos. Isto significa que poderemos comprar lugares no avião da TAP ou de uma outra companhia que venha a Moçambique e que use o indicativo TM da LAM, reduzindo a nossa exposição económica. Na história da LAM tivemos lucros quando comprámos 130 lugares à TAP de Novembro de 1999 a Março de 2000, quando já não tínhamos aviões e a intenção é replicar esta experiência noutros sentidos», disse.

«É preciso compreender» – adiantou – «que o avião tem um custo alto, que é o aluguer do avião que tem de ser repartido pela produção que faz, se voa uma vez por semana é aquele custo que recai para as 22 horas de ir e voltar de Lisboa. Um avião 767 só é rentável se produzir 300 horas/mês, e nós estamos a fazer 180 horas em que uma parte produzimos na nossa operação e outra com aluguer do avião a Cabo Verde, e a operação está mais ou menos equilibrada, mais isto continua a ser uma situação anormal porque o aluguer não existirá eternamente, de modo que são soluções que vamos arranjando para sobreviver». Para a LAM, voar uma vez por semana para Lisboa não é negócio, na medida em que nenhum homem de negócios vai àquela cidade ficar uma semana à espera do próximo voo para voltar a Maputo. A intenção inicial era aumentar o número de voos para Lisboa, «mas como os outros voam também para o mesmo destino fica um excesso de oferta, pois a TAP voa duas e nós uma vez por semana e desde Junho aumentámos mais um voo».

«O desejável é que entre a LAM e a TAP chegássemos a um acordo e que ambos prescindíssemos do facto de que cada um tem que ter a bandeira e a soberania nacionais e esses interesses a questão económica e dizer que entre Maputo e Lisboa a TAP deixa de operar e as duas companhias passam a operar com o mesmo avião 767. Ao invés de voarmos uma ou duas vezes por semana, voaríamos mais vezes, com um avião mais pequeno, mais versátil, com poucos custos de exploração», concluiu.

In *Notícias* (Maputo, Moçambique), 24/08/2002

13. Motivos para a cooperação tecnológica internacional

Em termos gerais, particularmente por parte do tecido empresarial de matriz latina[22], não podemos ficar com uma visão positiva do panorama das cooperações tecnológicas interempresas.

Existe um axioma – numa parceria ambos têm de ganhar. Esta regra, simples, é quase sempre esquecida.

Para se instalar uma empresa, na generalidade dos países africanos, é necessária a existência de um sócio nacional. Este facto, muitas vezes, promove uma série de equívocos. Para muitos, este *tipo* de parceria é entendido como uma renda, ou seja, o parceiro estrangeiro deve pagar o uso do seu «nome» como se se tratasse de *royalties*. Desta forma, o seu ganho não resulta dos dividendos da empresa, mas sim da quantidade de rendas[23] que consegue acumular.

Não tendo investido financeiramente no projecto, com maior dificuldade se torna um parceiro interessado e *hipotecado* no mesmo. Assim, o investidor estrangeiro tentará livrar-se deste sócio *incómodo*. O perfil dos investidores que aceitam esta matriz[24] de sociedade é, naturalmente, marginal. No fundo, ambos procuram negócios de ocasião.

Como resultado, em regra, surgem empresas caracterizadas por um conjunto de fraquezas, em termos de gestão e de capacidade de inovação e financeira, ou seja, com um pequeno «dote»[25].

Neste quadro, as empresas dos países menos desenvolvidos[26] enfrentam um problema autoflagelador – ao serem «indesejadas», apresentam uma maior dificuldade em ganhar massa crítica, assim como adquirir competências para se tornarem mais competitivas.

---

[22] Sociedades caracterizadas por um baixo nível de confiança.
[23] Entenda-se, «parcerias».
[24] Em termos de *management* e financeiro.
[25] Pouco têm a acrescentar aos parceiros estrangeiros.
[26] Segundo diversos estudos, a experiência demonstra uma enorme fragilidade nos acordos, parcerias, alianças ou *joint-ventures* entre empresas de «cultura» diferente.

Quadro 22. Razões para a cooperação tecnológica

Questões tecnológicas	• Elevado custo do desenvolvimento tecnológico • Complexidade e novidade da tecnologia • Natureza do conhecimento tecnológico • Incerteza • Definição e implementação de *standards*
Estratégia da empresa	• Cooperação é um valor acrescido para a I&DE interna • Crescimento e diversificação tecnológica • Estratégia de concentração da empresa • Excluir concorrentes • Apreender novos desenvolvimentos tecnológicos • Enfrentar a progressiva redução do ciclo de vida do produto • Enfrentar a redução do tempo entre a invenção e a introdução no mercado • Aumentar a variedade de produtos • Dificuldade na aquisição passada • Explorar antes de adquirir • Aprendizagem de questões organizativas e de gestão • Ganho de experiência em cooperação
Nível do país	• Aumentar a competitividade interna das empresas • Aliviar o peso das despesas públicas
Nível global	• Enfrentar o «*techno-globalism*»

Fonte: Adaptado de Barañano, A. M. (1995), p. 14.

Poder-se-á tentar fugir a este círculo vicioso promovendo parcerias a montante do processo; o projecto surge enquadrado num fio condutor, autoconfigurável e com dimensão crítica. A existência de um projecto sólido permite, a todos, saberem o seu papel.

13.1. Redes de empresas

É crescente a coordenação e partilha de informação e funções entre empresas com actividades complementares, ou mesmo entre concorrentes, nos domínios do desenvolvimento tecnológico, da produção, da comercialização ou da assistência a clientes. Estas ligações têm conduzido a um redimensionamento dos limites dos sectores em que cada empresa desenvolve a sua actividade, o que torna cada vez mais difícil estabelecer as fronteiras entre fornecedores, clientes e concorrentes.

Sintetizando, temos assim, simultaneamente, uma generalização das estratégias de especialização e concentração na actividade central e, em paralelo, o estabelecimento de relações de parceria com uma perspectiva de médio e longo prazo. Desta forma, têm-se criado verdadeiras redes empresariais à escala nacional e internacional, as quais, dada a natureza das relações subjacentes, têm uma forte estabilidade e afirmam-se como pilares das estruturas económicas.

Estas redes empresariais são ainda fortalecidas por um movimento que tem caracterizado a evolução das entidades que têm dominado a economia internacional: as multinacionais. Estas têm evoluído de instituições monolíticas, verticais e homogéneas para organizações descentralizadas, heterogéneas e menos hierarquizadas, trabalhando cada vez mais como federações de unidades autónomas, desagregando-se para ganharem flexibilidade e velocidade de resposta. As empresas gigantescas estão a adaptar um novo estilo, o de empresas organizadas em rede. Estão a segmentar-se em redes de empresas médias ou pequenas e, simultaneamente, a terciarizar múltiplas actividades, redimensionando-se[27].

Tudo isto pode ser condicionado por uma única e subtil característica cultural: o nível de confiança inerente à sociedade e/ou parceiros em causa. Como sugere Fukuyama, «a confiança não só reduz os custos do negócio, como a sua falta é um obstáculo ao desenvolvimento económico». Neste cenário, o papel do Estado poderá emergir como elemento referencial dos processos de internacionalização.

O Estado não se deve substituir ao papel do empresário enquanto decisor do risco. Poderá, contudo, criar uma estratégia suportada por instrumentos que facilitem e apoiem os agentes económicos.

14. O Estado como promotor de políticas de competitividade

Na década de oitenta, M. Porter introduziu o conceito de «diamante». Trata-se de um sistema interactivo e mutuamente reforçador, constituído por quatro determinantes da vantagem competitiva nacional: condições relativas aos factores; condições de procura; actividades económicas relacionadas e de suporte; concorrência, estrutura e estratégia da empresa.

Uma década mais tarde, Porter insere a maioria dos Países em Desenvolvimento no estádio de desenvolvimento da competitividade internacional do tipo *factor-driven* caracterizado principalmente por: vantagens competi-

---

[27] Relvas, Alexandre (1998); A Nova Cadeia de Valor, *in* Jornadas Empresariais Portuguesas; *Encontro de Vidago*; Porto; AIP: p. 99.

tivas baseadas em factores básicos; tecnologia de fonte estrangeira; acesso aos mercados internacionais através de empresas estrangeiras e forte sensibilidade aos ciclos económicos mundiais e a variações das taxas de câmbio.

Segundo o mesmo autor, estes países deveriam avançar para o estádio de desenvolvimento do tipo *investment-driven,* distinguindo-se do anterior, fundamentalmente, pela capacidade de absorver e, sobretudo, de melhorar a tecnologia estrangeira, através, nomeadamente, do *upgrade* dos factores básicos para factores mais avançados para a melhoria da qualificação dos recursos humanos.

Porter considera que a passagem para este estádio de desenvolvimento, *investment-driven,* é principalmente do tipo «*supply-push*», mais do que «*demand-driven*», pelo que o Estado, nesta fase, tem uma influência directa na criação de vantagens competitivas.

A promoção do «diamante» pode ser efectuada por um conjunto de instrumentos, nomeadamente através de:
- Investimentos na criação de factores avançados;
- Canalização de capital para indústrias seleccionadas;
- Atribuição de subsídios e protecção, embora com um carácter selectivo e temporário e num quadro de concorrência interna;
- Encorajamento das exportações;
- Estímulo para aquisição de tecnologia estrangeira.

A política governamental, nos Países em Desenvolvimento, deve promover os quatro determinantes da vantagem competitiva. No entanto, «a criação de factores avançados é talvez a primeira prioridade. Educação, capacidade técnica local, uma base de informação e uma infra-estrutura moderna são pré-requisitos» (Porter 1990). As relações utilizador/produtor deverão também ser promovidas dentro da lógica de formação de *clusters*, assim como a concorrência interna (Domingos, 1997, p. 159).

Esta formulação teórica continua actualizada.

15. Temas para reflexão

• A noção de desenvolvimento está intimamente ligada ao processo de evolução e utilização da tecnologia no quotidiano da sociedade. A dependência das conjunturas (calamidades, terras férteis, existência de riquezas naturais, entre outras) subalterniza a economia face a factores que lhe são endógenos, ou seja, relativiza a vontade de todos os decisores, quer sejam gestores, quer governantes. A aplicação da ciência e da tecnologia, através do conhecimento, pode permitir mudanças estruturais com efeitos poderosos sobre o mercado e a distribuição dos recursos.

• O conceito de conhecimento encontra-se associado à noção de propriedade. O direito de uso da «propriedade intelectual» e mesmo, por vezes, industrial não está devidamente protegido na grande maioria dos países em desenvolvimento. Por esta razão, os inovadores visam os países desenvolvidos enquanto mercados primários. Isto significa que tendem a inventar soluções tecnológicas, destinadas a países que possuem muitos recursos de capital físico e uma força de trabalho altamente qualificada. Em contraste, os abundantes factores de produção que existem em muitos países em vias de desenvolvimento são os recursos naturais e o trabalho pouco qualificado. Isto significa que os países menos desenvolvidos tendem a ser menos produtivos, porque a tecnologia que podem importar não se adequa à composição dos seus factores de produção.

• A facilidade e a velocidade como a inovação chega ao mercado é, essencialmente, função das características do seu *funcionamento*. A gestão das expectativas introduz ou retira operadores do mesmo. Quanto maior for o número de operadores, melhor será a concorrência de que resultará um aumento da competitividade das empresas e, consequentemente, do país. Em paralelo, assistir-se-á à promoção de alterações estruturais nos processos produtivos, nos produtos e nas relações interindustriais.

• As empresas inovadoras, ou seja, aquelas que investem mais em conhecimento de natureza tecnológica conseguem criar valor com maior facilidade. Assim, inovar torna-se uma condição objectiva do *management*. Esta atitude ocorre, fundamentalmente, por pressão do mercado e por iniciativa das empresas, em particular das mais dinâmicas. As empresas que conseguem realizar estas transformações, em primeiro lugar e em boas condições, beneficiam de vantagens competitivas importantes da procura.

• Todas as vagas tecnológicas apresentam, aproximadamente, a mesma forma. Começam com uma inovação fundamental – científica, tecnológica ou organizacional – que se aplica, gradualmente, de formas cada vez mais diversas, à medida que a inovação avança. Entretanto, os trabalhadores aprendem a trabalhar com novas máquinas, os empresários concebem novos produtos e mais sectores da economia usufruem de melhores padrões de vida, resultantes da melhoria dos métodos de produção. De facto, as inovações tecnológicas despoletam processos que se alimentam de si próprios, criando efeitos de redemoinho que abrem novas oportunidades e prolongam a vida da tecnologia, iniciando o grande sobressalto da actividade económica.

• O crescimento económico, enquanto resultado das vagas tecnológicas referidas, é, numa economia convencional, episódico (só ocorre quando surge outra inovação) e transitório (até se atingir o limite da zona de viabilidade).

O crescimento a longo prazo, quer seja uma verdadeira tendência ou o movimento ascendente de uma longa vaga tecnológica, levanta uma outra questão, ainda mais crítica para os futuros padrões de vida. Trata-se da familiar dicotomia entre exogenicidade e endogenicidade: se o crescimento cai sobre um país, como um *«maná do céu»,* ou se as acções empreendidas por homens e mulheres comuns – planificadores e políticos na actividade económica e no governo – afectam a capacidade de crescimento de um país. Haverá alguma coisa que os homens e as mulheres comuns possam fazer para elevar a plataforma do crescimento? Poderão as pessoas comuns encontrar uma forma de promover o crescimento e de garantir os resultados esperados: mais oportunidades de emprego, maior *output* do rendimento e, até, melhores padrões de vida que resultam do crescimento? Além disso, se puderem fazê-lo, será que o ganho irá justificar a dor que acompanha o crescimento?

• Os ciclos económicos são consequência da aceitação das inovações pelo mercado. Uma inovação com sucesso comercial é uma fonte de lucros puros para o empresário que ousou arriscar nela o seu capital, o que atrai um «enxame» de imitadores que também nela desejam aplicar os seus investimentos nessa inovação. São estas as condições de um *boom* induzido por novas oportunidades de negócio. A concorrência intercapitalista que então se inicia levará à erosão das margens do lucro e a uma fase descendente da actividade.

• O desenvolvimento processa-se apenas quando existe capacidade para romper estádios de equilíbrio (estudos empíricos sugerem que as fases de recessão são as mais propícias à inovação), de baixo nível, e para passar para um estádio mais elevado através de forças não materiais, ou seja, o progresso técnico e os factores sociais. Esta trajectória dar-se-ia, então, aos saltos, ou seja, de uma forma descontínua entre níveis (cuja tendência será crescente) qualitativamente diferentes.

- Com efeito, os países atrasados não o são por mero acaso ou por acidentes passageiros. São características societais persistentes que explicam uma porção, talvez substancial, do atraso, ao mesmo tempo que se instituem em constrangimentos ao salto tecnológico. Mesmo a abordagem superficial permite verificar que o referido conjunto de competências, instituições e incentivos falha nos países mais atrasados. O constrangimento é de tal modo relevante que é aceitável dizer que o «potencial para o crescimento é forte, não quando um país é atrasado, mas, pelo contrário, quando é tecnologicamente atrasado e socialmente avançado».

- Para se instalar uma empresa, na generalidade dos países africanos, é necessária a existência de um sócio nacional. Este facto, muitas vezes, promove uma série de equívocos. Para muitos, este *tipo* de parceria é entendida como uma renda, ou seja, o parceiro estrangeiro deve pagar o uso do seu «nome» como se se tratasse de *royalties*. Desta forma, o seu ganho não resulta dos dividendos da empresa, mas sim da quantidade de rendas [28] que consegue acumular.

- Como sugere Fukuyama, «a confiança não só reduz os custos do negócio, como a sua falta é um obstáculo ao desenvolvimento económico». Neste cenário, o papel do Estado poderá emergir como elemento referencial dos processos de internacionalização.

O Estado não se deve substituir ao papel do empresário enquanto decisor do risco. Poderá, contudo, criar uma estratégia suportada por instrumentos que facilitem e apoiem os agentes económicos.

---

[28] Entenda-se, «parcerias».

VI
A Internacionalização

As empresas são a principal força de crescimento e desenvolvimento de um país. Através da produção de bens e serviços, criam riqueza. Desta forma, as companhias multinacionais são os principais actores da economia mundial. O seu poder económico atinge proporções que ultrapassam a capacidade de mobilização e gestão de capital por parte dos Estados soberanos. O Investimento Directo Estrangeiro (IDE) cresceu para cerca de USD 865 biliões, em 1999, quando, em 1982, era cerca de USD 58 biliões. As fusões e aquisições internacionais, no mundo industrializado, representam a maior parte deste crescimento. África recebeu, em 1999, cerca de 1,2 % desse IDE[1].

O quadro abaixo apresentado compara as vendas anuais de algumas multinacionais com o PIB de alguns países em 1999.

Quadro 23: Economias globais

	País/empresa	PIB/vendas (milhão USD)
1.º	EUA	8 708 870
2.º	Japão	4 395 083
5.º	Reino Unido	1 373 612
11.º	México	474 951
14.º	Austrália	389 691
23.º	**General Motors**	**176 558**
24.º	Dinamarca	174 363
25.º	**Wal-Mart**	**166 809**
27.º	**Ford Motor Co.**	**162 558**
28.º	**DaimlerChrysler**	**159 985**
29.º	Polónia	154 146
31.º	Indonésia	140 964
37.º	**Mitsui**	**118 555**
38.º	**Mitsubishi**	**117 765**
40.º	**GE**	**111 630**
42.º	Portugal	107 716
43.º	**Royal Dutch/Shell**	**105 366**

Fonte: Grayson, David, Hodges, Adrian (2001); *Everybody's Business*; London; Dorling Kindersley, p. 29.

---

[1] *Financial Times*, 4 de Outubro de 2000.

No entanto, por vezes, ou, segundo alguns, na sua grande maioria[2], os destinatários dessa riqueza são uma elite governativa, não permitindo o normal crescimento de um mercado interno promotor do desenvolvimento.

O facto de os investimentos nos PED continuarem muito baixos, em comparação com o volume investido nos países industrializados, indicia que os grandes investidores internacionais não olham para estes mercados com muito interesse. Deste modo, importa perceber qual a motivação para o destino destes investimentos, assim como qual o interesse dos governos em apoiá-los.

1. O investimento directo estrangeiro e o desenvolvimento

O crescimento da produção internacional é uma parte importante do processo de globalização. A «produção internacional» refere-se à produção de bens e serviços de países que é controlada e gerida por empresas com sede no exterior, as chamadas multinacionais (MN). Estas empresas criam sistemas de produção de base mundial em que os factores circulam entre unidades localizadas em diferentes países, cobrindo actividades cada vez mais variadas, desde investigação e desenvolvimento (I&D) a indústria, serviços como contabilidade, publicidade, *marketing* e formação, entre outras, integradas para produzir bens e serviços finais.

A tendência da globalização das economias leva a que as empresas tenham necessariamente, em particular nos países desenvolvidos, que optar por estratégias de internacionalização através de processos de exportação, deslocalização, fusão ou aquisição.

A extensão da produção internacional pode ser aferida com base no número de empresas nela envolvidas e na sua localização. Segundo o Relatório do Banco Mundial (1999), existem cerca de 500 000 filiais internacionais, criadas por cerca de 60 000 empresas-mãe, abarcando praticamente todos os países do mundo. Se algumas destas correspondem à noção de multinacional, enquanto empresas grandes e dispersas geograficamente, várias há cuja dimensão é pequena ou média (PME)[3]. Na crescente globalização económica, o aumento da concorrência sentido pelas empresas faz com que tenham necessidade de criar *portfolios* internacionais, dividindo assim o risco, quer por sectores de actividade, quer por risco cambial ou económico (os países não se encontram todos na mesma

---

[2] Particularmente quando o Índice de Estabilidade Política é muito baixo.
[3] Segundo o relatório do Banco Mundial (1999), em 1996 as MN de pequena e média dimensão correspondiam a 4/5 de todas as MN suecas e a 3/5 das MN italianas.

fase do ciclo económico). Independentemente da sua dimensão, as empresas-mãe e as suas filiais estrangeiras fazem parte de uma crescente rede de sistemas articulados de produção transnacional.

1.1. As filiais

A criação de filiais no estrangeiro envolve custos. Alguns dos fundos necessários são disponibilizados pelas empresas-mãe na forma de capital próprio (frequentemente num pacote envolvendo capital e recursos como tecnologia, sistemas organizacionais e de gestão e *know-how* em *marketing*), empréstimos interempresas e lucros reinvestidos (que representaram cerca de 1/5 do total dos fluxos de IDE entre 1994/97), conjuntamente definidos como IDE.

As filiais estrangeiras podem ainda financiar-se com recurso a fundos gerados nos mercados de capitais internos[4] dos países em que se implantam ou nos mercados de capitais internacionais na forma de empréstimos ou obrigações do tesouro. Por vezes, os fluxos de fundos dos mercados de capitais internacionais podem ser mais elevados do que os fluxos de IDE. No entanto, a importância dos financiamentos extra-IDE[5] para as filiais estrangeiras é normalmente menor no caso das filiais em países em desenvolvimento. O financiamento pode também provir de partes de capital[6] detidas por parceiros ou accionistas locais, no caso de filiais estrangeiras não totalmente detidas pela empresa-mãe.

O investimento total nas filiais estrangeiras é normalmente mais elevado do que o IDE. No caso de filiais estrangeiras criadas através de fusões e aquisições (F&A), estas tanto podem ser financiadas pelo IDE resultante da vontade de investimento das empresas-mãe, como podem também ser financiadas através dos mercados de capitais internos ou internacionais. Existe sempre a tentativa de se procurar financiamento junto do mercado de capitais a fim alavancar financeiramente os projectos de investimento. Consequentemente, não há necessariamente uma relação directa entre o valor das F&A[7] transnacionais e os fluxos de IDE.

---

[4] A grande maioria dos países em desenvolvimento ou pura e simplesmente não têm mercado de capitais ou, quando o têm, este é muito débil.
[5] Financiamento no mercado local.
[6] Daqui a importância de encontrar parceiros locais com disponibilidade e vontade para capitalizar as empresas.
[7] Fusões e aquisições.

1.2. Avaliação do IDE no contexto actual

As prioridades das políticas dos países incluem o crescimento dos rendimentos, dos investimentos e das exportações, a criação de mais e melhores oportunidades de emprego e o acesso aos benefícios do progresso tecnológico. Os governos comprometem-se a alcançar estes objectivos de forma sustentável, com vista a assegurar a disponibilidade dos recursos para as gerações vindouras.

O IDE desempenha um papel importante no processo de desenvolvimento. No entanto, os objectivos das MN não são necessariamente os mesmos dos governos receptores. Os governos procuram estimular o desenvolvimento nacional, enquanto as MN procuram melhorar a sua competitividade num contexto internacional. Podem ocorrer consideráveis sobreposições entre ambos, mas há também diferenças. Estas diferenças têm criado suspeitas quanto à importância e os reais interesses dos investidores. No entanto, esta percepção foi evoluindo com o tempo, o mesmo tendo acontecido com o modo de funcionamento e de organização das MN.

Uma característica fundamental do novo contexto é a necessidade de melhorar a competitividade, definida como a capacidade de manter o crescimento dos rendimentos num quadro de abertura. Num mundo marcado pela liberalização e pela globalização, o crescimento só se pode manter se os países conseguirem criar actividades novas e de maior valor acrescentado. Isto requer, entre outras coisas, a capacidade de utilizar, eficientemente, as novas tecnologias e dotar de competências as instituições adequadas.

A globalização também afecta as MN. A contracção do espaço económico, a rápida inovação e o desenvolvimento de novas tecnologias, acompanhando as necessidades de logística e de mercado, são cada vez maiores. A crescente complexidade dos fluxos de informação e a diversidade de possíveis localizações fazem com que as MN se tenham de organizar e gerir as suas actividades de forma a serem cada vez mais eficientes. Têm também de modificar as relações com os seus fornecedores, compradores e concorrentes, redireccionando a lógica do «confronto» para a «parceria».

2. A importância das parcerias

Nas empresas, o risco deve ser sempre quantificado. A sua valorização, manifestada através do mérito da gestão, identifica a dimensão da potencial rentabilidade. As alianças, ou as fusões, têm por objectivo introduzir conhecimentos e capacidades ao projecto, de forma a maximizá-lo, mas, mais do que isso, a mitigar potenciais perdas.

Contudo, no estádio actual das transformações económicas contextuais – após o *boom* das alianças (em todas as formas e feitios) e das F&A –, muitas das teorias defendidas na última década têm de ser relativizadas. Basta a leitura atenta da informação económica quotidiana para nos apercebermos do refluxo do movimento «cooperativo» anterior, com muitas alianças a esboroar-se e F&A com problemas de «digestão». O pequeno «mito» das sinergias tem muita dificuldade em impor-se. As barreiras culturais, organizacionais e de interesses são grandes, o que conduziu a que os riscos das alianças fossem para dimensões muito maiores do que as esperadas.

A McKinsey concluiu, num estudo, que somente 23 % das empresas compradoras recuperaram, em dez anos, o investimento. Outros estudos colocam os índices de fracasso entre 50 % e 75 %. Noutro estudo recente, de 116 acordos superiores a USD 1 bilião nos últimos quinze anos, o banco de investimentos americano JP Morgan revelou que cerca de 56 % tinham sido bons para os clientes[8].

Este facto não retira importância à procura de parcerias. Para além de motivações de ordem financeira, aquisição de *know-how* ou outras, aquelas são essencialmente orientadas para o mercado e para a concorrência. Trata-se, objectivamente, de procurar parceiros, em vez de adversários, ou de transformar adversários em parceiros (pelo menos parcialmente).

3. Posicionamento estratégico

Um dos principais aspectos do novo contexto concorrencial é a forma como as MN estão, cada vez mais, a mudar a sua carteira de activos circulantes pelo mundo, tentando a melhor combinação com os activos fixos[9]. Neste processo estão também a mudar a localização de algumas actividades como o I&D, a formação e a gestão estratégica, no âmbito de um sistema de produção e de *marketing* internacionalmente integrado. A capacidade de atrair os necessários activos fixos torna-se, assim, uma parte crítica da estratégia de IDE e de competitividade dos países em desenvolvimento. A abertura dos mercados cria novas oportunidades e desafios às MN, tornando-as mais selectivas nas escolhas dos locais de investimento.

Para além das matérias-primas, os activos fixos mais atractivos para as MN orientadas para a exportação são boas infra-estruturas, mão-de-obra qualificada e produtiva, capacidade de inovação e um conjunto de forne-

---

[8] Grayson, D., Hodges, Adrian (2001); *Everybody's Business*; London; Dorling Kindersley, p. 160.
[9] Espalhados pelo mundo.

cedores, concorrentes, instituições e serviços de apoio eficientes. Mão-de-obra não qualificada barata é uma fonte de vantagem competitiva para os países, embora a sua importância tenha vindo a diminuir, o mesmo acontecendo com os recursos naturais, devido à estagnação dos seus preços e aos riscos de substituição.

Não há uma estratégia de desenvolvimento ideal de IDE para todos os países. Qualquer estratégia tem de ter em conta o contexto específico em que se insere, reflectindo o nível de desenvolvimento económico, a base de recursos, o contexto tecnológico e o quadro concorrencial. A estratégia, apropriada para um país com uma base industrial e de competências avançada, e uma administração pública bem desenvolvida, deverá ser diferente da de um país com uma indústria rudimentar, competências deficientes e estruturas administrativas fracas.

4. IDE nos países em desenvolvimento

A maior parte dos países em desenvolvimento considera o IDE um recurso importante. No entanto, é praticamente impossível aferir com precisão os efeitos económicos do IDE. As MN representam um conjunto complexo de atributos que variam de país receptor para país receptor e que são difíceis de separar e quantificar. Não havendo nenhum método preciso de aferição, há duas abordagens possíveis para avaliar os efeitos de desenvolvimento do IDE: a análise econométrica das relações entre a entrada de IDE e várias medidas de desempenho económico, e a análise qualitativa de aspectos particulares da contribuição das MN.

As conclusões da análise econométrica do IDE e do crescimento económico são pouco claras. Algumas análises mostram um impacto positivo do IDE no crescimento, outras um impacto negativo[10], e outras ainda consideram o crescimento um factor determinante do IDE. A análise qualitativa do IDE revela-se mais interessante. De facto, ele gera uma mistura de efeitos positivos e negativos, tendo os países receptores a missão de tomar medidas para maximizar os primeiros e minimizar os segundos.

O subdesenvolvimento caracteriza-se por uma ausência de mercados e instituições eficientes. A mera existência de MN é uma manifestação de deficiências nos mercados. Grandes empresas oligopolistas actuam transnacionalmente porque têm determinadas vantagens específicas sobre outras empresas, gozam de economias de escala e têm acesso privilegiado a financiamento. Tudo isto viola os requisitos da concorrência.

---

[10] Pode criar desemprego nas indústrias locais que não se adaptaram ao novo contexto concorrencial.

Políticas claras para a captação de IDE são necessárias para contrariar dois tipos de falhas de mercado. As primeiras resultam de falhas de informação e de coordenação, no processo de investimento, que podem levar um país a não atrair suficiente IDE ou a atrair a qualidade errada. As segundas, por sua vez, surgem quando os interesses privados dos investidores divergem dos interesses económicos dos países receptores. Isto pode levar o IDE a ter efeitos negativos no desenvolvimento, ou pode conduzir a efeitos positivos, mas não reprodutivos. Os interesses privados e sociais podem divergir em relação a qualquer investimento, seja ele local ou estrangeiro, tendo as políticas do Governo a função de afastar as divergências.

5. A aceleração de uma nova era

A internacionalização dos mercados e da concorrência é acelerada sob o efeito cumulativo de factores favoráveis[11] e do tempo. As tendências para a mundialização são susceptíveis de ser aceleradas ou retardadas pelos novos dados da geopolítica, pela situação dos transportes internacionais, pela difusão de certas ideologias, pelas crises políticas e pelas guerras.

A passagem de um mundo hegemónico, dominado por duas ideologias – o comunismo e o capitalismo –, assegurando uma ordem imperial racional às nações, para um mundo estilhaçado, constitui uma verdadeira mudança de era histórica. Países livres de escolher o seu destino cultural e económico pressupõem mais mercados para as MN. No entanto, cada parte do mundo poderá hesitar entre a procura de uma ordem razoável do tipo federal ou comunitário ou a regressão, o que acarretaria a balcanização ou a libanização[12]. Ora, o estado normal de ordem internacional é o caos[13].

6. A internacionalização

Com os processos de abertura de mercados próprios da globalização, a competição agudizou-se: os concorrentes estrangeiros já não estão do outro lado da fronteira, mas à «porta da fábrica». Esta pressão da concorrência leva à obrigatoriedade de se conferir uma atenção especial a este movimento de pessoas, mercadorias e capitais.

---

[11] Abertura das fronteiras, comunicações, produtos mundiais, distribuição mundial, turismo e lazer.
[12] Guerra civil.
[13] Teulon, Frédéric (1994); *Crescimento, Crises e Desenvolvimento;* Lisboa; Publicações Dom Quixote, p. 43.

Por outro lado, esta nova contextualização mundial da economia implica uma maior intervenção dos vectores externos sobre a problemática do desenvolvimento num país. Em consequência do processo de internacionalização em curso, e da influência global cada vez mais forte, o Estado passou a ter, a nível nacional, menos possibilidades para, de forma isolada, planificar e gerir as estratégias governativas.

A dimensão de algumas multinacionais e a perícia com que as pequenas empresas internacionalizadas se movem face a uma gestão oportunista da rentabilidade[14] fazem com que exista uma pressão sobre os governos. As fases de investimento são simpáticas, em contraponto com a angústia[15] e a má imagem que um país transmite, globalmente, aquando do desinvestimento.

As tensões que surgem através das relações mútuas entre o nível local, nacional, regional e mundial implicam uma constante reafectação de recursos e formulação de estratégias. Neste campo de tensões, é importante compreender até que ponto o nível nacional pode resistir e funcionar como um filtro para absorver e neutralizar influências externas não desejáveis.

Torna-se, pois, necessário incluir a análise da atractividade competitiva de um país pelas empresas. Quanto maior for, melhor será, logicamente, a posição negocial do governo.

6.1. Análise da atractividade competitiva de um país

Os desafios da internacionalização não se colocam, evidentemente, da mesma forma e com a mesma intensidade a todos os sectores de actividade, sendo que o ciclo de vida do produto é diferente de país para país. Importa, ainda, dar uma atenção especial ao produto, ao processo, à organização e ao sistema de ciência e tecnologia.

Ao nível da análise macroeconómica, é importante observar a integração do investimento com o meio envolvente, quer contextual, quer transaccional.

---

[14] Os accionistas sugerem aos gestores o máximo de dividendos. Assim, estes não podem esperar *estrategicamente*: ou dão resultados positivos ou fecham.

[15] Possíveis desempregos e falências de empresas relacionadas.

Figura 22: Níveis de análise do meio ambiente

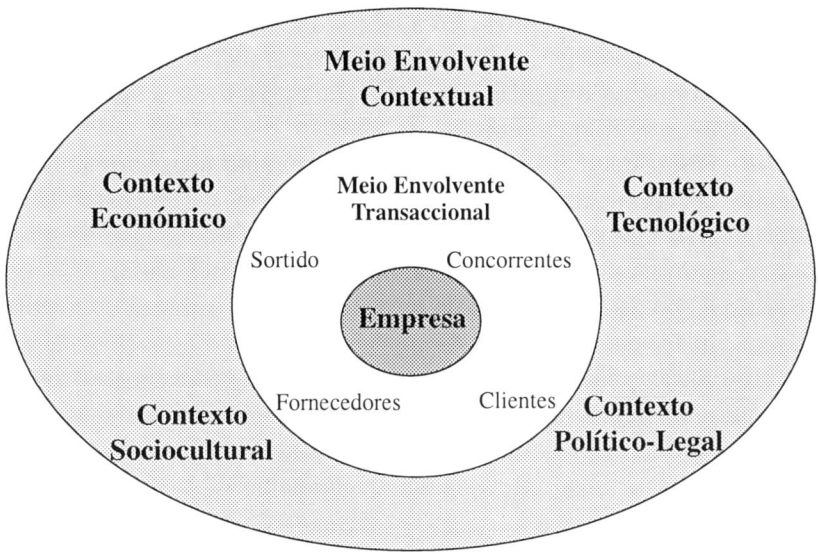

Fonte: Freire, Adriano (1997), *Estratégia*, Lisboa: Editorial Verbo, p. 66.

As empresas têm de considerar o processo como sistémico (sofre influências de diversos actores) e dinâmico (em constante evolução).

6.2. Risco e selecção do local de destino

A análise de processos de internacionalização empresarial, assim como a observação da literatura existente, permitem identificar cinco grandes tipos de motivações das decisões de actuar no exterior: procura de novos mercados; acesso a recursos produtivos; criação ou melhoria de redes de relações; resposta a movimentos dos concorrentes e acesso a competências.

- A selecção do local de destino baseia-se, essencialmente, em três objectivos:
  – Minimizar os custos de aprendizagem;
  – Reduzir os riscos associados ao processo;
  – Maximizar a rentabilidade.

O empresário assume os riscos. O gestor evita-os, gerindo as expectativas. Para este, as principais condicionantes, potenciadoras de incerteza, serão as seguintes:

1. Risco político (mudança de sistema de uma forma anormal):
   1.1. Risco de instabilidade geral;
   1.2. Alternativas políticas credíveis (com quadros, linhas ideológicas consistentes de forma a poderem ser alternativa de governo);
   1.3. Risco de expropriação (vendas coercivas, revogação de contratos, controlo da propriedade...);
   1.4. Risco operacional (discriminação quanto à oportunidade de concorrer, comprar, licenças especiais, etc.);
   1.5. Risco de transferência (repatriação de dividendos, demora na autorização de operações financeiras internacionais);
   1.6. Risco da moeda (taxa de juro, volatilidade cambial, convertibilidade da moeda).
2. Sistema judicial (trâmites processuais extremamente burocratizados, lentos e pouco transparentes);
3. Sistema legislativo (quando há o cruzamento de escolas doutrinárias, falta de estabilidade legal e consequente falta de jurisprudência uniforme[16]);
4. Diferenças culturais;
5. Contextualização de negócio (canais de distribuição, concorrência, infra-estruturas, formação profissional, dimensão dos mercados, etc.).

6.3. Case Study

Conflito de terras opõe «farmeiro» a 100 famílias

CONFLITOS de terras opõem há dois anos cerca de 100 camponeses do sector familiar a um farmeiro sul-africano que opera no distrito de Majune, província do Niassa. Entretanto, o Governo provincial minimiza o problema e afirma que neste momento esforços estão sendo feitos no sentido de encontrar uma solução que não prejudique nenhuma das partes envolvidas.
David Simango, governador provincial, disse há dias, em contacto com o nosso jornal, que o conflito resulta do facto de o processo da legalização da terra no âmbito da implementação do programa Mosagrius não ter ido até ao fim. Referiu que o problema se levantou nos últimos dois anos, mas o administrador distrital sempre encontrou formas do o farmeiro e as famílias em causa se entenderem naquilo que foi sempre uma solução transitória.
O que aconteceu, de acordo com as explicações do governador do Niassa, foi uma área de 1500 hectares devidamente demarcada e delimitada, sendo que

---

[16] As alterações legislativas confundem o investidor: ao longo do processo de análise podem encontrar-se diferentes enquadramentos legislativos.

nela as populações foram fazendo as suas culturas, situação que foi sendo tolerada na perspectiva de que depois das colheitas as famílias iriam abandonar as terras em causa, facto que não está a ocorrer, vai-se agora no terceiro ano.
A propósito, David Simango disse haver interesse das partes em que o problema seja resolvido definitivamente, sendo que neste momento está-se a trabalhar no sentido de encontrar uma solução que satisfaça as partes, nomeadamente as populações e o farmeiro. «Da parte do Governo provincial há interesse de que nem farmeiro, nem as famílias sejam prejudicados», afirmou.
Antes da atribuição dos 1500 hectares ao farmeiro sul-africano, de acordo com a nossa fonte, houve uma consulta, sendo que as famílias entraram na área depois da sua demarcação, o que, à partida, pode significar que as populações em causa podem não ter razão do ponto de vista legal. Contudo, porque o processo de legalização das terras nunca chegou a terminar, as autoridades governamentais locais estão a tentar encontrar uma solução que satisfaça as partes, ao mesmo tempo que se conclua o processo de legalização da área nos termos da Lei de Uso e Aproveitamento da Terra.
«Portanto, é um conflito de um farmeiro com um grupo de famílias que, entretanto, acredito que vai se resolvido», disse o governador do Niassa que, entretanto, indicou haver uma série de propostas avançadas neste sentido. Referiu que a sua decisão é de que o assunto seja solucionado antes do início da próxima campanha agrícola que arranca em finais de Setembro, indicando que o facto de o conflito envolver cerca de 100 famílias não constitui nenhum problema, tanto é que, segundo afirmou, aquela parcela do país não tem problemas de falta de terras «e essas famílias têm também espaço. Portanto, trata-se de um problema de solução a nível local», considerou Davis Simango.

In *Notícias* (Maputo, Moçambique), 27/08/2002

Todos os factores acima referidos acabam por influenciar a decisão de investir num determinado país, mas também a forma de operação escolhida.

É da interacção entre os factores exógenos supracitados, e da análise interna, que o gestor não só afere da oportunidade de internacionalizar a empresa, como também da estratégia a escolher.

Figura 23: O diagnóstico estratégico na decisão da internacionalização

```
                        Processo de decisão
                                │
                        Análise estratégica
              ┌─────────────────┴─────────────────┐
         Análise externa                    Análise interna
        ┌────┴─────┐                       ┌────┴─────┐
    Produto    Consumidores            Marketing    Produção
        │          │                       │          │
   Concorrentes  Mercado               Finanças    ........
        └────┬─────┘                       └────┬─────┘
     Ameaças / oportunidades         Pontos fortes / fracos
              └─────────────────┬─────────────────┘
              Reflexão estratégica / Identificação de massa crítica
                                ▼
                    Decisão de Internacionalização
```

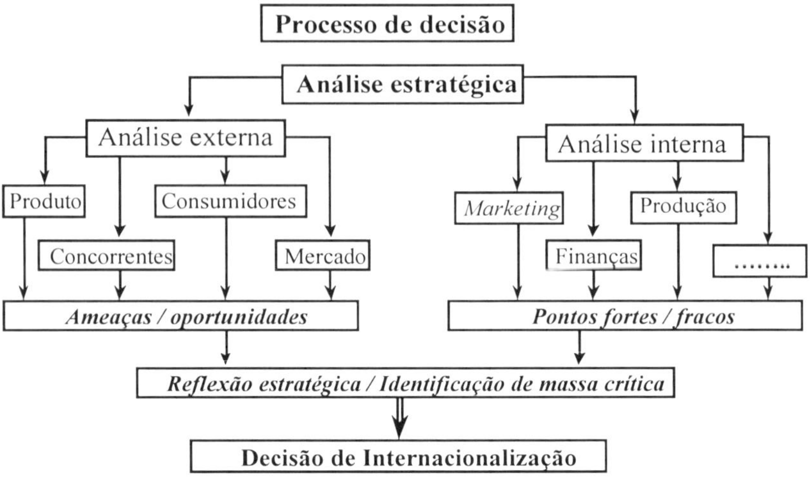

Fonte: Faria de Oliveira, Fernando, MIMEO (2000).

A expansão internacional de uma empresa supõe, no entanto, que ela detenha determinadas vantagens específicas – designadas por John Dunning como *ownership advantages*[17] – que lhe permitam ultrapassar as dificuldades inerentes à actuação, no estrangeiro, num contexto novo e, à partida, normalmente desfavorável. Esta decisão deverá ser bem ponderada na medida em que cria obrigações financeiras, organizacionais e de imagem, a médio e a longo prazo.

7. A competitividade e a internacionalização

Inovar, ao nível de mercado, é um dos vectores do processo de crescimento das empresas. Assim, a internacionalização surge como consequência do crescimento esperado das empresas, particularmente quando

---

[17] John Duning é o proponente do chamado paradigma ecléctico do investimento internacional, segundo o qual o investimento no estrangeiro é o resultado da conjugação de três factores: vantagens específicas da empresa, vantagens de localização (que conduzem à preferência pela produção local, em detrimento do abastecimento do mercado através de exportações) e vantagens de internalização (levando a empresa a explorar ela própria as suas vantagens específicas).

se aproxima a fase de maturidade do ciclo de vida do produto/processo no mercado doméstico. Contudo, não deve ser entendida como uma solução «estratégica» para solucionar os seus problemas.

Como acto estratégico importante, ela só deve ser efectuada quando a empresa estiver preparada. A perda de competitividade no mercado doméstico é suficiente para indiciar um processo de internacionalização desastroso.

Por outro lado, a fase negativa dos ciclos não é a mais propícia para se internacionalizar. Todas as atenções estão concentradas localmente. No entanto, o *management* da empresa, e os governantes em particular, têm de estudar cenários prospectivos. Isto quer dizer que devem ser criadas, atempadamente, condições (não exclusivamente financeiras) para a próxima vaga de internacionalização[18], aquando da inflexão do referido ciclo económico.

Como temos vindo a referir, o gestor deverá analisar a matriz da atractividade/competitividade. A atractividade tem essencialmente a ver com as expectativas de adquirir vantagens comparativas (recursos naturais, mão-de-obra, acesso a mercados associado ao índice de estabilidade política). A noção de risco está relacionada com a de atractividade. Desta forma, à medida que a atractividade baixa (maior risco de investimento), deverá partilhar-se o risco do investimento, desenvolvendo estratégias de parceria.

Quadro 24: Matriz da atractividade-competitividade

		Posição competitiva no país		
		Baixa	Média	Alta
Atractividade do país	Alta	Desinvestimento/ /Joint-venture	Investimento directo	Investimento directo
	Média	Desinvestimento/ /Transacções	Investimento selectivo/ /Transacções	Investimento directo
	Baixa	Desinvestimento/ /Transacções	Desinvestimento/ /Transacções	Investimento selectivo/ /Transacções

Fonte: Freire, Adriano; MIMEO.

---

[18] Carvalho, Rui Moreira de (28/10/2002): «A imagem de um país», in *Diário Económico*, p. 12.

A competitividade tem a ver com a perspectiva de a empresa criar vantagens (ser mais eficiente) relativamente aos concorrentes.

7.1. Competitividade: a criação de valor

Naturalmente, cada uma das empresas selecciona, com acuidade, as actividades genéricas a internacionalizar, de forma a criar valor para os clientes-alvo. Para tal identifica, à partida, quais as actividades que podem ser alinhadas com as orientações estratégicas.

Avaliando o rendimento de cada tipo de actividades, assim como as relações que se estabelecem entre elas dentro da empresa (em termos de valor, de custos gerados e de resultados obtidos pela concorrência na realização de operações similares), pode determinar-se a posição do mercado que oferece maior vantagem competitiva.

A desagregação das actividades de relevância estratégica permite compreender o comportamento dos custos, os recursos existentes e as possibilidades de diferenciação. Uma empresa ganha vantagem competitiva quando executa estas actividades para que os custos sejam menores ou, ainda, quando a qualidade dos serviços prestados seja superior à dos protagonizados pela concorrência.

Quadro 25: Factores de adaptação e estandardização

Quadro	Cultura/ /Hábitos	*Design*/ /Sabor	Linguagem	Tamanho/ /Embalag.	Sistema técnico	Cliente/ /Aplicação	Nenhum
Conceito		▓					
Marketing	▓	▓				▓	
Tecnoclogia					▓		
Produto	▓	▓	▓	▓			

▓ Requer adaptação local   ☐ Pode ser estandardizado

Fonte: Adriano Freire, MIMEO.

Assim, pode realizar-se um exercício de decomposição da cadeia de valor, tendo em conta os factores críticos associados aos desideratos acima mencionados. Naquele quadro, as diferentes variáveis de gestão podem ser adaptadas ou estandardizadas, localmente, em graus distintos. A decisão de adaptar ou estandardizar deve, pois, ser tomada de uma forma específica para a matriz de produtos-mercados e para a cadeia operacional.

A criação de competências nos mercados de destino é fundamental para o sucesso do processo de internacionalização. A rapidez de resposta, a melhor percepção dos indicadores de gestão (informação) e a capacidade de adaptação aos vários condicionalismos, constantemente colocados aos gestores, irá facilitar a proximidade com o mercado local.

As Tecnologias de Informação e Telecomunicações (TIT) poderão mitigar o distanciamento físico. Contudo, como foi referido, os mercados caracterizados por grandes assimetrias de informação (acesso não disseminado e pouco credível) sugerem vantagens na gestão de proximidade (física, cultural e de confiança).

8. Processos de internacionalização

Existem múltiplas definições de internacionalização. Tais definições assentam, em regra, em opções estabelecidas em função de duas grandes dicotomias: por um lado, a oposição macro *versus* micro, confrontando a perspectiva da economia nacional com a óptica da empresa; por outro, a polarização *inward-outward*, entre as operações que têm lugar «de fora para dentro» (importações, aquisição de tecnologia estrangeira, captação de IDE) e as que se processam «de dentro para fora» (exportações, contratos de assistência técnica no estrangeiro, *licencing-out,* IDE no estrangeiro)[19].

Como temos vindo a referir, a internacionalização é um processo gradual de evolução sequencial (etapas) e interactivo. A empresa vai acumulando competências com a sua experiência adquirida no relacionamento com os novos mercados e com a análise das trajectórias dos concorrentes. Isto requer naturalmente tempo, *management* e capacidades financeiras.

Segundo Corado Simões (1997, p. 341), o processo de internacionalização pode ser encarado «segundo quatro vertentes: evolução do investimento em activos no estrangeiro (perspectivas de investimento); posicionamento multimercados (perspectiva de posicionamento); processo de preservação, reforço, extensão e reconfiguração de redes (perspectiva de redes) e processo de ampliação e/ou aprofundamento da base de recursos e de competências da empresa (perspectivas de recursos e capacidades)».

---

[19] Corado Simões, Victor (1997); «Estratégias de Internacionalização das Empresas Portuguesas», in *Comércio e Investimento Internacional*, Lisboa; ICEP, p. 379.

Quadro 26: Modalidades de internacionalização

Transacções	Investimento directo	Projectos
Exportação *spot*	*Joint-venture* de distr./*marketing*	Projecto chave-na-mão
Exportação a longo prazo	*Joint-venture* integrada	Projecto BOT
Exportação via agentes/distr.	Subsidiária de distr./*marketing*	Contratos de gestão
Licenciamento da tecn./marca	Subsidiária integrada	
Franchising		

> Exportação *spot* – exportação simples; pode tratar-se de um acto comercial isolado.
> Projecto BOT – *Build, Operate and Transfer*, ou seja, construir, explorar/operar e transferir.

Normalmente, a internacionalização inicia-se pelos países geográfica e/ou culturalmente próximos, daí que se avance primeiro pela forma que implica uma menor afectação de recursos (exportação) até à instalação de filiais produtivas. Normalmente só um pequeno número de empresas atinge esta fase.

Figura 24: Dinâmica dos processos de internacionalização

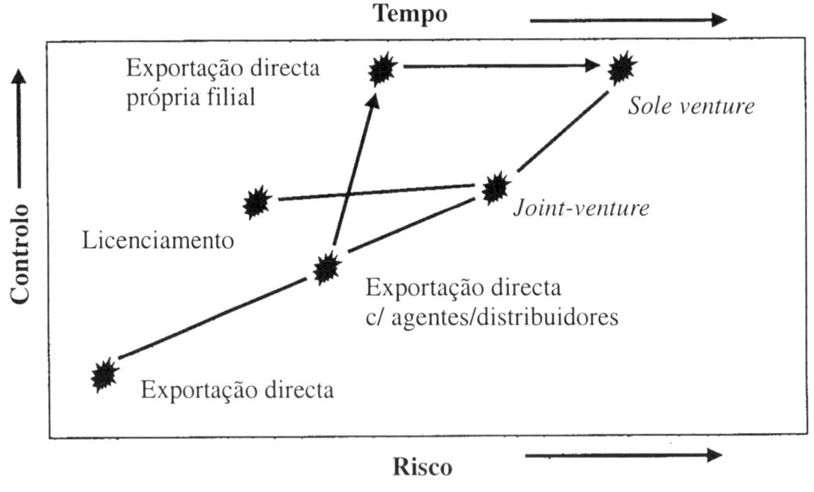

Fonte: Adaptado de Franklin Roto, *Entry Strategies for Internacional Markets;* Nova Iorque, Lexington Books, p. 39.

Uma empresa evolui, no seu processo de internacionalização, em função da dimensão e dos principais enfoques. Esta evolução pressupõe que o aumento das necessidades financeiras seja acompanhado por uma alteração sistémica ao nível do *management* e, por vezes, ao nível do controlo de gestão (accionista).

Qualquer que seja a modalidade, os processos de internacionalização implicam uma grande necessidade de investimento. Alguns mercados de destino, particularmente os africanos[20], não possuem sistemas financeiros sofisticados. Para além da falta de capital disponível, o seu custo é muito elevado. Finalmente, elementares instrumentos como o *leasing*, o *factoring*, o capital de risco e o mercado de capitais ou não existem, ou não têm enquadramentos fiscais competitivos.

O financiamento local, como vimos, é caro. A importação de financiamento sofre o risco da desvalorização cambial[21]. Assim, é de elementar bom senso a empresa ter uma estrutura de capitais próprios muito sólida.

Naturalmente que, à medida que a empresa vai aumentando o seu envolvimento no processo (maior afectação de recursos), maior será a necessidade de informação e de controlo. Muitas vezes, o insucesso de um processo de internacionalização pode pôr em causa a própria empresa-mãe[22].

8.1. Case Study

Aprenda com os erros dos outros

Não basta ter vontade. É preciso fazer bem. Os estudos alertam para riscos que, por vezes, se revelam autênticas catástrofes no terreno. Por exemplo, em 1995 a Sobrinca quis produzir na China carrinhos de bebé feitos de madeira. A mão--de-obra custava apenas 10 % da portuguesa e os custos de produção ascendiam a apenas 5 %. O negócio parecia altamente rentável. Só que as mães chinesas têm o hábito de carregar os seus filhos ao colo, e esse «pormenor» deitou por terra o investimento. Mais: a madeira de pinho tinha que ser importada de Portugal e as suas características eram incompatíveis com as condições e os tempos de transporte, que conduziam à deterioração da matéria-prima.

As operações da Barbosa & Almeida (empresa vidreira) em Moçambique também não foram famosas. É que a razão que a levou a avançar para aquele mercado foi a mesma que aniquilou o processo. A energia era mais barata, o que reduziria os custos de produção. Mas nem sempre há electricidade em Moçambique e isso pôs em causa todo o projecto. Abriu falência cerca de dois anos após ter iniciado a laboração, e a empresa-mãe acabou por ser adquirida pelo grupo Sonae.

Conhecer o terreno em profundidade é imperativo. A Autosil, fabricante de baterias, teve problemas em França que resultaram da diferença das leis laborais. Viu-se obrigada a gerir conflitos laborais complicados, ao mesmo tempo que os níveis de endividamento resultantes da aquisição e reestruturação das fábricas iam sendo superiores à capacidade da empresa-mãe.

In *Revista Exame*, 17/4/2002

---

[20] Excepto o sul-africano.
[21] Raramente se pratica o *hedging* (cobertura de riscos) para estes mercados.
[22] O Banco Barings (Reino Unido) poderá ser um exemplo paradigmático.

9. Estratégias internacionais

Na procura da vantagem estratégica, por meio dos custos (ou da diferenciação), os conceitos de cadeia de valor, configuração concentrada (ou dispersa das funções), coordenação reduzida (ou forte), competências-chave e rapidez são elementos preciosos da gestão.

Mas não se pode negligenciar a dimensão geográfica e a variedade dos países, o que significa fazer opções em função da conjuntura internacional, do contexto sociopolítico e económico do país e ainda da análise de oportunidade por parte da empresa. Em cada momento existem (devem existir) sempre diversas possibilidades estratégicas.

Além disso, os clientes também não são propriamente fixos. A difusão da informação converte os mercados domésticos em locais globais. Assim, por vezes, e paradoxalmente, para mantermos a clientela local temos de nos internacionalizar. Num ambiente incerto, sobrevivem os mais atentos e flexíveis, em contraponto aos menos informados e mais rígidos. Ao nível da empresa, o que conta, essencialmente, é a capacidade de percepção e adaptação oportuna às mudanças ocorridas na envolvente.

Quadro 27: Evolução da estratégia de internacionalização

	Doméstica	Internacional	Multinacional	Mundial
Âmbito geográfico	Sobretudo mercado doméstico	Poucos mercados externos e nacional	Muitos mercados externos e nacional	Praticamente todo o mundo
Modalidade de intern.	Exportação *spot* Licenciamento Projectos	Export. a l. prazo *Franchising* Projectos	Export. via distr. *Franchising* Investimento dir.	Export. via distr. *Franchising* Investimento dir.
Orientação comercial	Necessidades dos clientes domésticos	Necessidades dos clientes domésticos e adaptação	Necessidades dos clientes domésticos e externos	Necessidades dos clientes de cada região
Principais questões	Tarifas, diferenças culturais	Tarifas, quotas, diferenças culturais, canais de distr.	Canais de distribuição, empregados e parceiros locais	Fluxos cruzados de produtos, inform., dinheiro e pessoas

Fonte: Freire, Adriano, MIMEO.

Em resumo, a reflexão estratégica, em matéria de internacionalização, pode desenvolver-se à volta de seis objectivos:

Quadro 28: Reflexão prospectiva do processo de internacionalização

Tema/Objectivo	Questão
Vantagens estratégicas[23]	Porquê internacionalizar-se?
Geográfico	Para onde? E quando?
Sectores, funções e modos de actuação	Como?
Aprendizagem	Quem faz melhor? Vamos aprender!
Competição	Que vantagens?
Coordenação e integração	Com quem?

Um dos motivos que pode levar a empresa a internacionalizar-se é a perspectiva de aprender junto dos melhores: o *benchmarking*. Trata-se de comparar o modo como são realizadas as funções e as tarefas de cada unidade, relativamente aos melhores do mundo. No actual cenário, em que o conhecimento é a principal vantagem competitiva, a concepção de processos organizacionais, capazes de identificar e integrar competências e saberes dispersos geograficamente, torna-se uma das tarefas mais prementes da gestão.

No entanto, não devemos propor soluções demasiado ambiciosas. A modalidade de internacionalização deve adaptar-se ao perfil da empresa. Alterar, ao mesmo tempo, mais do que um vector estratégico (produto, tecnologia, mercado e organização) pode ser desastroso.

9.1. Internacionalização via transacções

Como já referimos, a internacionalização requer, em geral, investimentos importantes, durante grandes intervalos de tempo, por parte da gestão de topo e, muitas vezes, retornos pouco rápidos. Para uma melhor sistematização das modalidades de internacionalização, importa apresentar dois quadros que sugerem as vantagens e os riscos do processo que, em regra, se inicia pelas transacções comerciais e evolui para o investimento directo.

---

[23] Cada vez que se utiliza o termo «opção estratégica», recordo-me de o Eng.º Luís Mira Amaral ter referido num encontro que *opções estratégicas* poderiam significar «dificuldades hoje para problemas amanhã». É forçoso ser preciso!

Quadro 29. Benefícios, custos e riscos da internacionalização via transacções

	Benefícios	Custos	Riscos
Exportação *spot*	Aumento pontual das vendas sem investimentos significativos	Custos administrativos e operacionais derivados da exportação ocasional	Imagem de exportador marginal pode afectar actuação a longo prazo
Exportação a médio e longo prazo	Economias de escala e de experiência resultantes do nível operacional acrescido	Custos administrativos e de transportes relacionados com as exportações regulares	Perda de quota para competidores com agentes locais, risco cambial
Exportação via agentes ou distribuidores	Economias derivadas das vendas acrescidas e maior controlo dos mercados finais	Custos de estabelecimento e supervisão de relações com distribuidores locais	Dependência dos agentes, risco cambial e de substituição por outros fornecedores
Licenciamento da marca ou tecnologia	Aumento das receitas a longo prazo sem investimentos operacionais	Custos de transacção relacionados com os contratos de licenciamento	Perca de controlo sobre activos próprios e risco de competição com licenciados
Franchising	Aumento das receitas a longo prazo sem investimentos operacionais	Custos de implementação e controlo de contratos de *franchising*	Danos de imagem e risco de competição futura com *franchisados*

Fonte: Freire, Adriano, MIMEO.

Licenças	O acordo utilizado quando não há meios para realizar investimentos importantes (I&DE) por todo o mundo ou por razões de «disponibilidade de talentos».
Franchising	É um conjunto de direitos de propriedade industrial ou intelectual, respeitante a marcas, nomes comerciais, insígnias, desenhos e modelos, direitos de autor, *know-how* ou patentes destinados a ser explorados pela revenda de produtos ou de prestações de serviços a utilizadores finais.
Contrato de gestão	Trata-se de um modo de internacionalização que permite combinar capital local e *know-how* estrangeiro. Oferece a vantagem de manter o controlo dos negócios nos países que impõem que a maioria das acções seja detida por autóctones e de internacionalizar, mais rapidamente, um serviço que exige infra-estruturas pesadas (hotelaria, instalações desportivas, etc.).

9.2. Internacionalização via investimento directo estrangeiro

A aquisição de empresas é, incontestavelmente, o meio mais rápido de implantar num país todas as funções de uma cadeia de valor. Comprar uma empresa no estrangeiro é, ao mesmo tempo, adquirir um conjunto de conhecimentos sobre o mercado, uma capacidade comercial e, muitas vezes, uma marca de notoriedade positiva.

Considerando que as boas empresas ou não estão à venda ou apresentam valores muito elevados, vale a pena reflectir antes de se efectuarem operações que parecem ser, numa primeira instância, «oportunidades únicas».

A empresa que é comprada traz consigo, para além de uma cultura, uma história. Em caso de insucesso, a partilha da cultura nem sempre é possível. A «digestão» de ambas é muito difícil.

A sociedade cria laços, por vezes afectivos, a empresas que considera como verdadeiros ícones de uma identidade nacional. Desta forma, efectuar reestruturações, ou, ainda pior, fechar as empresas[24] pode ser politicamente muito difícil.

Por tudo isto, muitos empresários preferem o crescimento orgânico. Trata-se de implementações geográficas mais lentas, mas significativamente mais seguras.

Quadro 30: Síntese dos benefícios, custos e riscos da internacionalização via IDE

	Benefícios	**Custos**	**Riscos**
Joint-venture de distribuição e *marketing*	Partilha de recursos, *know-how* e riscos comerciais c/ parceiros	Partilha de receitas c/ parceiros e quota-parte dos investimentos no estrangeiro	Dificuldade de relacionamento com parceiros e risco de participação futura
Joint-venture integrada	Partilha de recursos, *know-how* e riscos operacionais c/ parceiros	Partilha de receitas c/ parceiros e quota-parte dos investimentos no estrangeiro	Dificuldade de relacionamento com parceiros e risco de participação futura
Subsidiária de distribuição e *marketing*	Aproveitamento de todos os proveitos da actuação comercial no estrangeiro	Investimento na criação e gestão da subsidiária comercial no estrangeiro	Incapacidade de adequação às práticas de gestão e aos consumidores locais
Subsidiária integrada	Aproveitamento de todos os proveitos da actuação comercial no estrangeiro	Investimento na criação e gestão da subsidiária integrada no estrangeiro	Incapacidade de adequação às práticas de gestão e aos consumidores locais

Fonte: Adriano Freire, MIMEO.

---

[24] Caso a empresa não tenha viabilidade económica.

10. Aproveitar as oportunidades

O executivo, que planeia cuidadosamente antes de entrar num novo mercado, sabe como tirar partido dos seus pontos fortes. Um bom plano permite antever muitas dificuldades. Uma boa execução transforma as oportunidades em vitórias. Neste sentido, importa ter óptimos gestores.

Os nichos de mercado são de difícil acesso. Se conseguir conquistá-los primeiro, construa logo a sua defesa através da incorporação constante de inovação e melhoria da qualidade. Com uma posição segura, estará em vantagem e poderá preparar-se com eficácia para a chegada de concorrentes que não têm de ser, necessariamente, considerados como adversários.

No entanto, é importante recordar que, uma vez envolvido, e se o seu investimento foi grande, retirar-se do mercado pode não ser fácil. Mas não hesite em fazê-lo se não estiver preparado para aguentar com os prejuízos de um mau projecto. O risco deve ser sempre quantificado. Peça apoio a instituições especializadas (banca de investimento, empresas de consultoria) para analisar a oportunidade de investimento. Desta forma, para além de minimizar o risco, pode maximizar os apoios institucionais ao projecto (para além de o credibilizar).

Tente ter sempre uma estrutura de capitais estabilizada (elevada participação de capitais próprios). Procure ter os mínimos custos fixos possível. Parcerias, *outsourcing* e menor dimensão deverão ser objectivos procurados a montante da decisão de investimento.

É necessário dar «tempo» ao projecto. A internacionalização é essencialmente um processo de aprendizagem. Tem de estar atento às mudanças. Os bons gestores devem estar preparados para corrigir os erros cometidos «na véspera».

Deverão realizar-se sempre planos de contingência. É insensato arriscar sem estar preparado. Se não tiver recursos, será vencido. Se não tiver a informação no momento certo, será vencido. A informação pertinente sobre os mercados e a concorrência pode ser obtida em convenções, banca de investimento, instituições, publicações especializadas e associações. É importante envolverem-se em organizações associativas.

Investir no estrangeiro deve ser uma etapa do processo de crescimento e não o início do fim.

11. Temas para reflexão

- As companhias multinacionais são os principais actores da economia mundial. O seu poder económico atinge proporções que ultrapassam a capacidade de mobilização e gestão de capital por parte dos Estados soberanos.

• A tendência da globalização das economias leva a que as empresas tenham necessariamente, em particular nos países desenvolvidos, que optar por estratégias de internacionalização através de processos de exportação, deslocalização, fusão ou aquisição.

• O IDE desempenha um papel importante no processo de desenvolvimento. No entanto, os objectivos das MN não são necessariamente os mesmos dos governos receptores. Os governos procuram estimular o desenvolvimento nacional, enquanto as MN procuram melhorar a sua competitividade, num contexto internacional. Podem ocorrer consideráveis sobreposições entre ambos, mas há também diferenças. Estas diferenças têm criado suspeitas quanto à importância e aos reais interesses dos investidores. No entanto, esta percepção foi evoluindo com o tempo, o mesmo tendo acontecido com o modo de funcionamento e de organização das MN.

A globalização também afecta as MN. A contracção do espaço económico, a rápida inovação e o desenvolvimento de novas tecnologias, acompanhando as necessidades de logística e de mercado, são cada vez maiores. A crescente complexidade dos fluxos de informação e a diversidade de possíveis localizações fazem com que as MN se tenham de organizar e gerir as suas actividades de forma a serem cada vez mais eficientes. Têm também de modificar as relações com os seus fornecedores, compradores e concorrentes, direccionando a lógica do «confronto» para a parceria.

• Para além das matérias-primas, os activos fixos mais atractivos para as MN orientadas para a exportação são boas infra-estruturas, mão-de-obra qualificada e produtiva, capacidade de inovação e um conjunto de fornecedores, concorrentes, instituições e serviços de apoio eficientes. Mão-de-obra não qualificada barata é uma fonte de vantagem competitiva para os países, embora a sua importância tenha vindo a diminuir, o mesmo acontecendo com os recursos naturais, devido à estagnação dos seus preços e aos riscos de substituição.

Não há uma estratégia de desenvolvimento ideal de IDE para todos os países. Qualquer estratégia tem de ter em conta o contexto específico em que se insere, reflectindo o nível de desenvolvimento económico, a base de recursos, o contexto tecnológico e o quadro concorrencial. A estratégia apropriada para um país com uma base industrial e de competências avançada, e uma administração pública bem desenvolvida, deverá ser diferente da de um país com uma indústria rudimentar, competências deficientes e estruturas administrativas fracas.

• A passagem de um mundo hegemónico, dominado por duas ideologias – o comunismo e o capitalismo –, assegurando uma ordem imperial racional às nações para um mundo estilhaçado, constitui uma verdadeira mudança de era histórica. Países livres de escolher o seu destino cultural e económico pressupõem mais mercados para as MN. No entanto, cada parte do mundo poderá hesitar entre a procura de uma ordem razoável do tipo federal ou comunitário ou regressão, o que acarreteria a balcanização ou a libanização. Ora, o estado normal da ordem internacional é o caos.

• Inovar, ao nível de mercado, é um dos vectores do processo de crescimento das empresas. Assim, a internacionalização surge como consequência do esperado crescimento, particularmente quando se aproxima a fase de maturidade do ciclo de vida do produto/processo no mercado doméstico. Contudo, não deve ser entendida como uma solução «estratégica» para solucionar os seus problemas.

Como acto importante estratégico, ele só deve ser efectuado quando a empresa estiver preparada. A perda de competitividade no mercado doméstico é suficiente para indiciar um processo de internacionalização desastroso.

Por outro lado, a fase negativa dos ciclos não é sugestiva para se internacionalizar. Todas as atenções estão concentradas localmente. No entanto, o *management* da empresa, e os governantes em particular, têm de estudar cenários prospectivos. Isto quer dizer que devem ser criadas, atempadamente, condições (não exclusivamente financeiras) para a próxima vaga de internacionalização, aquando da inflexão do referido ciclo económico.

• A criação de competências nos mercados de destino é fundamental para o sucesso do processo de internacionalização. A rapidez de resposta, a melhor percepção dos indicadores de gestão (informação) e a capacidade de adaptação aos vários condicionalismos, constantemente colocados aos gestores, irão facilitar a proximidade com o mercado local.

- A internacionalização é um processo gradual de evolução sequencial (etapas) e interactivo. A empresa vai acumulando competências com a sua experiência adquirida no relacionamento com os novos mercados e com a análise das trajectórias dos concorrentes. Isto requer naturalmente tempo, *management* e capacidades financeiras.

- Normalmente, a internacionalização inicia-se pelos países geográfica e/ou culturalmente próximos. Daí que se avance primeiro pela forma que implica uma menor afectação de recursos (exportação) até à instalação de filiais produtivas. Logicamente, só um pequeno número de empresas atinge esta fase.

- A aquisição de empresas é, incontestavelmente, o meio mais rápido de implantar num país todas as funções de uma cadeia de valor. Comprar uma empresa no estrangeiro é, ao mesmo tempo, adquirir um conjunto de conhecimentos sobre o mercado, uma capacidade comercial e, muitas vezes, uma marca de notoriedade positiva.

Considerando que as boas empresas ou não estão à venda ou apresentam valores muito elevados, vale a pena reflectir antes de se efectuarem operações que parecem ser, numa primeira instância, «oportunidades únicas».

A empresa que é comprada traz consigo, para além de uma cultura, uma história. Em caso de insucesso, a partilha da cultura nem sempre é possível. A «digestão» de ambas é muito difícil.

A sociedade cria laços afectivos a empresas que considera como verdadeiros ícones de uma identidade nacional. Desta forma, efectuar reestruturações, ou mesmo encerramento futuro, pode ser politicamente muito difícil.

Por tudo isto, muitos empresários preferem os crescimentos orgânicos. Trata-se de implementações geográficas mais lentas, mas significativamente mais seguras.

VII
A Racionalidade da Economia Rural

Durante os anos oitenta e parte da década de noventa, a África foi a única região do mundo, em vias de desenvolvimento, em que a produtividade do trabalho agrícola diminuiu. Entre 1980 e 1990, diminuiu 0,4 % ao ano, ao mesmo tempo que aumentava 2,7 % no Sul da Ásia e 3,9 % no Médio Oriente e no Norte de África. Esse declínio parece ter-se acelerado nos anos noventa. Há causas complexas para a sua explicação, mas a má situação da infra-estrutura rural é seguramente uma das principais. Por exemplo, apenas 4,6 % da terra agrícola da África, a sul do Sara, são irrigadas, em comparação com 38,4 % na Ásia. A rede rodoviária africana é de longe a menos desenvolvida e a que tem pior manutenção. A diminuição da produtividade, por sua vez, é uma causa da estagnação da produção que caracteriza o sector agrícola da região. Ali e Thorbecke[1] ligam todos esses factores a padrões chocantes de crescente pobreza rural em África, com 59 % da população rural da região a viver abaixo do limiar da pobreza. A região, concluem eles, «em comparação com outras regiões, sofre da maior, mais grave e mais persistente pobreza, de distribuição mais desigual do rendimento, de produção alimentar *per capita* e produtividade do trabalho agrícola em declínio, e duma contínua explosão populacional»[2].

1. Crise agrária em África

Para evitar a fome generalizada, um certo número de países teve de recorrer, nas últimas duas décadas, à importação de géneros alimentícios, precisa-

---

[1] Citado em Ali Abdel Gadir Ali e Erik Thorbecke, «The State of Rural Poverty, Income Distribution and Rural Development in Sub-Saharian Africa», documento preparado para uma conferência do Consórcio Africano de Pesquisa Económica sobre Experiências Comparativas de Desenvolvimento em Ásia e na África, Joanesburgo, 6/11/1997, p. 13.
[2] Van de Walle, N. (2001); F. Calouste Gulbenkian; *Globalização, Desenvolvimento e Equidade*; Publicações Dom Quixote, p. 151.

mente num momento em que a sua capacidade de importação estava enfraquecida pela magreza das receitas provenientes da exportação, em resultado da redução do volume das exportações ou da deterioração dos termos de troca. De um modo geral, no decurso dos anos oitenta, o poder de compra, resultante das exportações agrícolas de África, diminuiu de ano para ano, enquanto o volume das importações alimentares aumentou cerca de 5 % em cada ano.

Os governos africanos adoptaram genericamente estratégias que comprometeram seriamente a produção agrícola. A culpa deve-se, fundamentalmente, às políticas que defendiam a industrialização por «via administrativa». Os elevados direitos alfandegários, aplicados para proteger uma indústria ineficaz e oligopolista, a sobrevalorização das taxas de câmbio, a fraqueza artificial das taxas de juro, a aplicação de taxas sobre produtos de exportação e as «políticas dos preços pouco elevados dos géneros alimentícios» contribuíram para a introdução de «distorções» que retiraram competitividade ao sector agrícola.

Este Continente teve de enfrentar, não uma «crise alimentar», mas uma verdadeira crise agrária. Neste últimos anos, verificou-se uma ligeira melhoria da produção, discutindo-se a que se deve essa melhoria, se a efeitos climatéricos ou a reformas políticas com efeitos na produtividade.

Forçada a comprar a uma indústria fortemente protegida, a agricultura teve de enfrentar uma deterioração dos seus termos de troca, que conduziu a uma diminuição dos rendimentos de trabalho e, consequentemente, contribuiu para o desencorajamento dos produtores directos.

Os diferentes ritmos de crescimento da procura dos vários bens de consumo, como consequência das subidas do rendimento global e do rendimento por habitante, são um fenómeno conhecido, tecnicamente explicado pela ciência económica através da existência de diferente elasticidade procura-rendimento, conforme os bens e os níveis de rendimento. Ora acontece que os bens de ponta e os serviços, em que se especializam tradicionalmente os países mais desenvolvidos, têm apresentado normalmente um maior dinamismo da procura. Este mecanismo tem aumentado o hiato referente aos níveis de desenvolvimento dos países (Norte *versus* Sul). Há, porém, excepções, resultantes sobretudo da procura excepcional de certos recursos naturais.

2. Termos de troca

As alterações naturais dos *termos de troca*[3] resultam do funcionamento dos próprios mecanismos do mercado. A existência de processos de

---

[3] Termos de troca: quociente do preço médio de tonelada exportada pelo preço médio da tonelada importada, para cada categoria de países.

troca desigual está dependente não só da existência de mecanismos de coacção na produção e nas trocas (isto é, de esquemas de funcionamento de direcção central, ou de fenómenos de imposição de procedimentos por certas unidades económicas, ou outras, por processos exteriores ao mercado), como também do seu valor de mercado (ganho de competitividade, substituição de produtos, maior oferta mundial).

Quadro 31 - Índices dos «termos de troca» (1980=100)

	1960	1970	1981	1990	1995
Mundo	83	85	102	100	96
Países desenvolvidos de economia de mercado	117	122	98	110	113
Países em desenvolvimento	45	38	109	77	70
Maiores exportadores de petróleo	21	18	119	67	45
Países «menos desenvolvidos» (*Least Developed Countries*)	118	130	93	83	60

Fonte: UNCTAD, *Handbook of International Trade and Development Statistic, 2000*.

Pela importância do conceito, apresentamos os resultados de estudos elaborados[4] sobre o poder de compra, *em concreto*, que mostram que os termos de troca dos camponeses moçambicanos se agravaram substancialmente durante a primeira metade da década de 90.

Quadro 32: Evolução dos termos de troca

	1989	1995
Par de calças	27 kg	44 kg
Camisas	18 kg	30 kg
Pilhas R20	2,5 kg	4 kg
Caderno	1,5 kg	5 kg

Este quadro mostra a evolução da quantidade de milho que um camponês, da zona Norte de Moçambique (Montepuez), teve de pagar para comprar bens de consumo em 1989 e em 1995.

---

[4] Abrahamsson, Hans e Nilsson, Anders (1995): *Ob. cit.*, p. 59.

No referido estudo, os autores sugerem algumas razões para este agravamento da situação. Em primeiro lugar, os preços dos bens de consumo aumentaram mais do que os preços dos produtos agrícolas. Em segundo lugar, o comércio concentrou-se na mão de empresários que, muitas vezes, se encontram fora do controlo social local e raramente investem os seus lucros na produção e no emprego locais. Em terceiro lugar, as infra-estruturas existentes fazem com que os custos de transporte sejam altos. Tudo isto fez com que diminuísse o número de comerciantes, criando situações de monopólio relativo.

Mas esta crise da legitimidade da economia (coacção de mercado) reflecte-se também na actuação dos próprios comerciantes. Em certas zonas rurais, a economia está, mais uma vez, a abandonar a utilização do dinheiro. Questões como a desvalorização cambial, o efeito inflação e as elevadas taxas de juro praticadas fazem com que os operadores económicos prefiram a troca directa. O facto de muitos comerciantes com elevada dimensão e consequente poder económico e político controlarem o mercado local condiciona os restantes operadores económicos. Os grossistas decidem quais os retalhistas que podem actuar e sugerem, também, os preços a cobrar. Os que se recusam a seguir as instruções não recebem a necessária ajuda com transportes, créditos ou acesso a bens de consumo. Além disso, as autoridades locais, muitas vezes, não têm qualquer possibilidade de cobrar os impostos e as tarifas estipulados na lei, permitindo que exerçam coacção perante os operadores económicos que tentem sair deste «jogo viciado».

3. Algumas causas desta crise

África deve ser o continente onde as ONG movimentam mais dinheiro a fazer estudos. Todas as instituições internacionais, com interesse na cooperação ou no apoio ao desenvolvimento, promoveram trabalhos para identificar e sugerir linhas de actuação. Infelizmente, poucas vezes conversam *seriamente* entre si.

A figura a seguir apresentada sugere uma matriz do problema.

Figura 25: Principais obstáculos ao desenvolvimento rural

Categorias	Componentes-chave
Factores	Exposição a secas e cheias (o homem é condicionado pela natureza) Aumento dos custos de fertilizantes e químicos Maior pressão nos preços de produtos importados
Infra-estruturas	Dificuldade de acesso a grande parte das zonas rurais Sistema de irrigação degradado Falta de maquinaria Capacidade de transformação muito limitada Falta de capacidade de armazenamento Infra-estruturas impróprias para criação de gado
Terra	Muitos agricultores com direitos pouco claros Parcialização/terra de tamanho reduzido Redução da terra utilizável
Financiamento	Pequenos agricultores com acesso dificultado ao crédito Custo do crédito muito elevado
Serviços	Fornecimento de água irregular/gestão não sustentável Fornecimento de energia caro e pouco seguro Assistência técnica limitada/cara
Presença/poder	Poder local fraco (altamente centralizado) Pessoal qualificado limitado Carência de serviços
Redes/associações	Inexistência de redes de distribuição Falta de *saber fazer* nas associações de agricultores para alavancar escala
Factores	Carência de população masculina (processos de migração) Pirâmide de idades desfavorável Elevadas taxas de analfabetismo e reduzidas taxas de escolarização
Factores	Ausência de iniciativa empreendedora Modelo aspiracional limitado Falta de confiança em instituições e políticos

Todas estas categorias estão agrupadas sob **Obstáculos**.

Fonte: *Desenvolver a região do Chókwé*, Moçambique, Programa Competir, Fundação Portugal-África, 2001.

Como facilmente se depreende, as principais causas e as propostas estão identificadas. O que fazer? Como estimular o desenvolvimento de forma sustentável em termos económicos, sociais e ambientais? Qual o envolvimento público e privado necessário?

4. O conceito de desenvolvimento rural

O desenvolvimento rural não trata apenas de variáveis económicas (produtividade, capital, poupança, trocas comerciais e tecnologia). Trata também daquilo que poderemos denominar sociologia do desenvolvimento, isto é, das estruturas sociais, cultura, ética; trata de capital humano e de desenvolvimento de recursos humanos, e trata, ainda, de desenvolvimento político, da importância da democracia e da transparência.

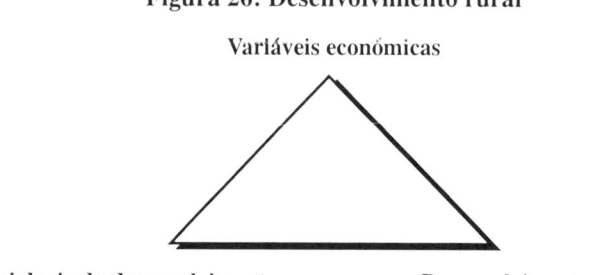

Figura 26: Desenvolvimento rural

Desse modo, o contexto sociocultural confere uma outra dimensão à interpretação que é dada ao desenvolvimento rural enquanto aumento da produção agrícola para exportação.

5. Porque fracassam muitas das políticas preconizadas

Em nossa opinião, muitos dos programas de promoção do desenvolvimento rural, implementados pelos governos, fracassaram porque as realidades coloniais não foram suficientemente ponderadas nos processos de transição para as independências.

Os programas de dinamização da economia rural não avaliaram, de forma correcta, os problemas estruturais básicos, como a limitação do mercado, a produtividade baixa, o acesso e a segurança da propriedade da terra, assim como o poder de compra reduzido. Numa primeira fase, os governos conferiram demasiada importância à capacidade do Estado e da burocracia (planeamento central). Posteriormente, na década de noventa, sobretudo por influência do Banco Mundial, idealizou-se o desenvolvimento consubstanciado pelas forças de mercado. Contudo, continuaram a ignorar-se as especificidades dos direitos das famílias camponesas (e o grau de exploração), agravando-se ainda mais o conflito clássico entre a modernização e a tradição. A fase do planeamento central (imediatamente a seguir à independência), como já foi referido, originou piores termos de troca, por um lado, porque as desvalorizações tiveram resultados sérios sobre as importações de bens de consumo de que os camponeses necessitavam e, por outro, devido à monopolização[5] e oligopolização[6] que aconteceram na rede comercial. Além disso, nenhuma das estratégias tentou quebrar o carácter de enclave da produção industrial, conseguindo-se efeitos de cadeia entre a produção agrícola e a produção industrial. A ligação entre elas continuou a ser mínima (não se complementava), constatando-se uma quota alta de importações para o sector agrícola, enquanto o sector industrial tentava aumentar as exportações: estavam de «costas viradas».

6. Necessidade de restabelecer a infra-estrutura física, social e comercial

O problema principal para os camponeses, para além da falta de bens de consumo, eram as margens de lucro demasiado baixas dos comerciantes que ainda existiam. Para Abrahamsson e Nilsson (1995), num ensaio sobre Moçambique após a independência, a alteração paradigmática dos agentes económicos levou a um corte abrupto no funcionamento dos canais de distribuição. Segundo eles[7], «os indianos passaram a ocupar-se das actividades comerciais dos portugueses. Contrariamente a estes, que conseguiam uma rentabilidade suficiente (apesar das pequenas quantidades comercializadas, das difíceis condições de armazenagem e de longos transportes) através da combinação da produção agrícola com as actividades comerciais, os indianos ocupavam-se apenas do comércio, tendo, por isso, exigências de rentabilidade mais altas. O sistema comercial de preços reduziu as margens de lucro, e o mercado negro passou a vigorar. Depois apareceu a desestabilização das zonas rurais com as estradas danificadas, as minas, as lojas e os armazéns incendiados e as viaturas destruídas».

---

[5] Monopólio – em sentido restrito: situação em que do lado da oferta existe um vendedor face a um grande número de pequenos compradores; em sentido lato: regime de fabrico, compra ou venda de produtos ou prestação de serviços ao público, caracterizado pela falta de concorrência ou pela sua forte limitação.
[6] Oligopólio – domínio do mercado ou de uma grande parte do mercado por um número pequeno de empresas, em que cada uma possui um poder económico importante que exerce independentemente, face a um grande número de pequenos compradores.
[7] Abrahamsson, Hans e Nilsson, Anders (1995): *Ob. cit.*, p. 115.

A destruição das estradas, das viaturas e, particularmente, dos caminhos-de-ferro diminuiu, de forma drástica, a operacionalidade da distribuição física (logística). Deste modo, os canais de distribuição eram controlados por operadores que estavam dispostos a assumir riscos muito elevados, logo especulativos.

Com a substituição dos agentes dos canais de distribuição, deu-se uma alteração sistémica do mercado. A criação de excedentes deixou de fazer sentido porque o seu normal escoamento era difícil. Assistiu-se, pois, a um retrocesso para uma economia de subsistência.

O fim do período de guerra e a estabilização político-económica fazem surgir novos operadores. Vários estudos tentam sugerir pistas para relançar a rede comercial, de forma a promover o funcionamento dos mercados, a circulação de pessoas e bens, assim como a formação de uma atitude transparente por parte dos funcionários do Estado (fiscais).

7. Desenvolvimento local

O conceito de desenvolvimento local sugere a criação de um espaço para medidas multissectoriais na medida em que exige não só um serviço de extensão rural, mas também, como já foi referido, infra-estruturas físicas e comerciais que possam motivar os camponeses a estabelecer relações de troca.

Figura 27: Desenvolvimento local

- Comercialização
- Acesso e segurança de propriedade
- Produtividade

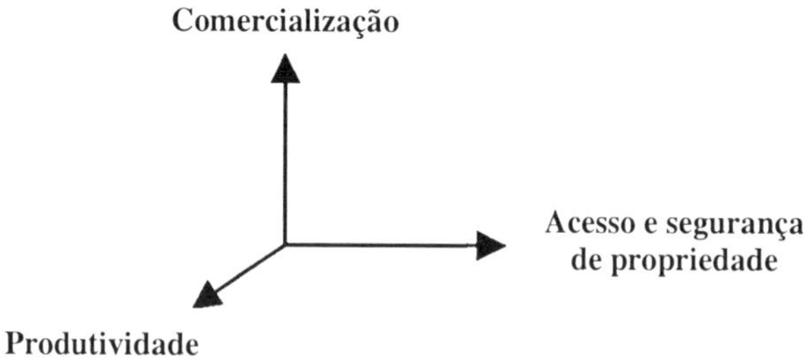

No entanto, não podemos esquecer que os agricultores só conseguirão colocar os seus produtos no mercado se forem competitivos.

O alargamento do espaço de trocas (mercado) permite aumentar a produtividade global da economia, não só graças à multiplicação de profissões e ramos de actividade especializados, mas também graças à divisão técnica das tarefas no seio das empresas. Para retomar o famoso exemplo de Adam Smith da fábrica de alfinetes, em que «um homem estica o arame, outro endireita-o, um terceiro corta-o, um quarto talha-o em ponta, um quinto aguça-o ao alto para receber a cabeça, etc.», torna-se claro que a ocupação a tempo inteiro de operários especializados só é rentável a partir de um certo volume de vendas. Neste sentido, Smith podia afirmar que «a divisão do trabalho tem por limite a extensão dos mercados».

Deste modo, a internacionalização das economias seria apenas a prossecução de um processo orgânico de crescimento iniciado a nível local, em que a divisão do trabalho seria o vector importante. Segundo esta concepção tradicional, a sequência de encadeamentos que conduziu à formação de uma economia internacional poderia resumir-se sistematicamente desta maneira: a princípio, as unidades económicas de base (família, clãs, aldeias) vivem viradas para dentro e consomem o essencial da sua produção; porém, a organização autárcica da produção cria espaço de trocas quando aparecem excedentes, podendo estes ser trocados por outros bens produzidos por outras unidades; assim se formam mercados, lugares de circulação dos excedentes nos quais depressa surge a moeda, substituindo-se à troca e desmultiplicando as possibilidades de intercâmbio[8].

A introdução de maquinaria, por sua vez, na esfera da produção provocou a constituição de mercados para os diferentes factores de produção (trabalho, terra, moeda), cuja disponibilidade permanente foi indispensável à rentabilidade dos investimentos.

Pode-se então aceitar que existe um círculo promotor de desenvolvimento em que a criação de excedentes promove a comercialização (e a concorrência), e esta, por seu turno, remunera correctamente o produtor, neste caso o agricultor.

Para o aumento da competitividade do agricultor, emerge, entre outros, a necessidade do aumento de produtividade. Importa, pois, de uma forma simples, sugerir alguns factores que influenciam este conceito.

Crescimento = produtividade x capital x inovação.

Produtividade = custo da «mão-de-obra» x eficiência x regularidade (assiduidade).

Eficiência = f (tecnologia) x custo e disponibilidade de capital x inovação (organizacional e espacial).

---

[8] Adda, Jacques (1996): *A Mundialização da Economia* – Vol. 1; Lisboa, Terramar, p. 13.

8. Mobilização local de recursos

Ao discutirmos o conceito de mobilização local de recursos, distinguimos nitidamente duas fases:
- Uma, a curto prazo, que fomenta o crescimento geral da produção para satisfação das necessidades básicas. Deste modo, as famílias poderão poupar, de forma a garantir a segurança alimentar, através de um capital mínimo traduzido em termos de gado, cabritos ou galinhas, sustentando-se nos anos em que as colheitas são menos propícias. A existência de melhores redes de segurança social e investimentos em bens domésticos fazem parte desta poupança de segurança;
- Outra, a médio prazo, que envolve a mobilização local de recursos. Esta encontra-se ligada às tentativas de consolidação de uma produção excedentária ao nível da comunidade local, contribuindo, assim, para o financiamento das necessidades sociais, tais como serviços de saúde, educação, manutenção de estradas, entre outros.

O combate à pobreza só pode ser financiado a longo prazo e tornar-se possível através do restabelecimento do crescimento económico. Contudo, esse crescimento tem de ser endógeno, ou seja, *o comboio pode andar*, mas com *a locomotiva colocada na retaguarda*. Desta forma, temos a garantia de que *todas as carruagens* seguem o seu percurso e não apenas aquelas que se encontram junto dos centros de decisão.

9. A racionalidade da economia camponesa

O facto de tendencialmente considerarmos os agregados familiares e as famílias camponesas apenas como consumidores, ao invés de os considerarmos produtores, pode levar-nos a tecer inferências erróneas.

De facto, a maioria dos camponeses africanos encontra-se excluída do mercado. Por diversos motivos, foram remetidos para uma economia de subsistência.

10. A questão das terras

Uma das características da agricultura africana reside no facto de que a produção intervém nos pequenos agregados familiares, cujo acesso à terra é garantido por toda uma gama de direitos e obrigações tradicionais. Tendo em conta a importância da terra, raros são os autores que indicam explicitamente quais os sistemas mais compatíveis com a nova corrente de «liberalização».

A necessidade de um «mercado de terras» (ou de se conceder direitos sobre as terras aos camponeses, que lhes sirvam de garantia para a obtenção de empréstimos) é, regularmente, levantada. No entanto, a maior rentabilidade da agricultura (efeito dimensão) atrairá grupos sociais que tenderão a monopolizar a terra. Trata-se, pois, de uma questão polémica de análise multifacetada.

A questão da terra – o caso de Moçambique

A lei da terra, em Moçambique, estabelece que toda a terra pertence ao Estado, mas que os pequenos camponeses podem cultivá-la livremente. As empresas privadas podem cultivar a terra desde que paguem uma renda ao Estado. A nova proposta de lei, actualmente em debate na Assembleia[9], dá ainda mais um passo no sentido da privatização, conservando, porém, o princípio básico de que toda a terra é propriedade do Estado. Ao mesmo tempo, legaliza-se a compra e venda do direito de utilização da terra, mas apenas a cidadãos moçambicanos. Além disso, ninguém pode vender os seus direitos de utilização da mesma sem primeiro ter, de algum modo, melhorado as terras. De futuro, somente o Estado terá o direito de conceder terra a interesses estrangeiros. A nova legislação legalizará o direito tradicional à terra, isto é, os chefes tradicionais estão autorizados a distribuí-la aos camponeses da sua área. Deste modo, são também legalizados os dois sistemas paralelos de propriedade das terras, que sempre existiram, desde os tempos do colonialismo.
As alterações, na legislação sobre terras em Moçambique, foram antecedidas por grandes pressões por parte das instituições de Bretton Woods. Estas instituições teriam preferido uma privatização total das terras para, desse modo, ter a segurança económica, permitindo, assim, que os bancos comerciais concedessem empréstimos aos grandes agricultores privados, para introduzirem medidas de forma a melhorar a produtividade.
Entretanto, a resistência que a nova proposta de lei teve na Assembleia dependeu muito do facto de o controlo da terra ser uma questão de sobrevivência. Por isso, o controlo daquela tem dominado sempre a vida das famílias camponesas. Apesar de os nossos conhecimentos sobre o poder tradicional em Moçambique serem relativamente limitados, sabemos que os proprietários tradicionais, e também aqueles que têm direito a utilizar a terra, desempenham uma função cultural, social e económica profunda, sobretudo porque a terra é vista como uma dádiva dos antepassados. A sua distribuição era feita segundo as diferentes posições sociais da família. A organização social da sociedade agrícola baseia-se nas formas de produção agrícola local. A cultura produzida pela família, que primeiro ocupou a terra, é de grande importância. Simbolicamente, é essa semente que continua a crescer e garante a sobrevivência do grupo. Ela é uma expressão

---

[9] Este debate teve início em 1996 e, no final de 2002, ainda não estava encerrado.

de continuidade (e também uma minimização de riscos) e é mantida pelas relações familiares. O exercício de poder baseia-se em diferentes formas de comportamento socialmente legítimo emergentes de usos, parentescos e relações de produção. Tal como em todas as sociedades hierárquicas, o exercício de poder faz com que todas relações desiguais sejam legitimadas. O poder é conservado e divulgado através das formas de comunicação social mágicas (rituais, cerimónias, mitos, etc.). Os grupos com uma posição mais baixa aprendem a aceitar a sua subordinação social que, ao longo de gerações, se torna permanente. O padrão de distribuição da terra é uma maneira de reflectir as relações de poder vigentes. Se os pequenos camponeses tiverem um acesso assegurado à terra, eles têm também uma garantia/protecção para não ficarem completamente desprovidos de meios. Assim, para os pequenos camponeses tornou-se importante organizar o acesso a créditos de um modo diferente e não necessitando de utilizar a terra como garantia, no sistema bancário comercial.

O cultivo em consorciação (geralmente milho e feijão) é outra forma de minimização de riscos, que permite, também, uma rotação natural das terras e daí, também, uma melhor produtividade. Por isso, os esforços feitos, no sentido de minimizar os riscos, fazem com que, muitas vezes, não se possa utilizar adubos e pesticidas visto que esses produtos nem sempre podem ser combinados com o cultivo em consorciação. Além disso, após um tempo, a terra exige que se continue a utilizar produtos químicos. A insegurança, em relação ao fornecimento correcto e no momento exacto desses produtos, faz com que os camponeses não arrisquem alterar os seus métodos tradicionais há muito comprovados. A confiança social é extremamente baixa devido à época colonial e à inexistência de uma instituição que mantivesse as infra-estruturas e os sistemas de abastecimento dos meios técnicos e financeiros, que eram exigidos para alterar os métodos de produção. Assim, no sentido de aumentar a segurança e a confiança social dos camponeses, é necessário que o sistema de propriedade da terra se baseie num crescimento de capital de baixo para cima, isto é, que parta das necessidades locais de abastecimento de bens alimentares e que evite uma produção para a exportação que seja planeada a nível central. No âmbito de uma investigação feita, na Tanzânia, foi recentemente apresentada uma proposta interessante que valeria a pena estudar. Essa investigação recomenda que o direito à terra seja diversificado e que deixe de estar ligado ao poder governamental. Toda a terra deve ser classificada como nacional ou como pertencente a aldeias. Um comité independente, subordinado ao parlamento, deverá responsabilizar-se pela distribuição da terra nacional enquanto que o conselho de terra se responsabilizará pelas terras que pertencem à aldeia. Os habitantes da mesma têm acesso garantido à terra, segundo os costumes locais e após decisão do conselho de aldeia. Pode ser concedida, durante um certo período, autorização de alugar terras a pessoas que não pertençam à aldeia se a utilização proposta trouxer vantagens à aldeia. Em alguns aspectos, o sistema proposto faz lembrar o espírito da legislação recentemente discutida em Moçambique. No entanto, é a prática que estabelecerá se o direito de o Estado arrendar terras a interesses privados se sobreporá à visão que os chefes tradicionais e os aldeões possuem sobre a maneira de utilizar a terra[10].

---

[10] Abrahamsson, Hans e Nilsson, Anders (1995); *Ob. cit.*, pp. 192-194.

11. O papel dos agentes de desenvolvimento

Em grande medida, a força e o interesse dos actores determinam o espaço sociopolítico duma estratégia dirigida para o nível local e guiada por actividades económicas. Por agente de desenvolvimento, entendemos alguém cuja actividade tem efeitos positivos sobre as condições socioeconómicas locais. O seu objectivo deverá ser contribuir para diminuir a distribuição regional assimétrica de recursos. Podemos distinguir várias categorias, tendo todas elas as suas possibilidades e limitações. Assim, é importante fazer uma análise do contexto sociopolítico em que actuam, das relações entre elas e também dos esforços que influenciam estas relações.

Neste cenário, por exemplo, o agricultor privado está limitado no seu papel como agente de desenvolvimento, porque, em regra, está descapitalizado e o sistema financeiro dificilmente disponibiliza créditos para substituir os meios mecanizados de produção necessários. A mesma situação limita o comerciante. E daí advém, talvez, o obstáculo principal à mobilização local de recursos: os camponeses produzem excedentes, mas ninguém os compra.

Se para existir desenvolvimento têm de se realizar investimentos, importa criar cenários que sugiram pistas para o aumento da mobilização de recursos por parte dos camponeses.

11.1. O papel dos camponeses na mobilização de recursos

A *ideia* de que as famílias camponesas produziam, em primeiro lugar, para consumo e não para poupar (lei da subsistência) originou, naturalmente, uma série de complicações políticas. As famílias camponesas não contribuíam para a acumulação, não permitindo a reprodução de qualquer outra classe social e, por isso, foram consideradas quase um obstáculo ao desenvolvimento. Esta teoria foi mais tarde adaptada à situação dos camponeses no Terceiro Mundo (Scott, 1974) e às formações sociais existentes em África (Hydén, 1980).
As conclusões do Hydén são que o sector familiar nunca poderá contribuir para a mobilização de recursos e desenvolvimento. Ele baseia estas conclusões na necessidade que os camponeses têm de minimizar os riscos. Nestas circunstâncias, os camponeses estão mais interessados em ter um mínimo de receitas do que na alteração dos preços ao produtor. Quando o sustento se encontra assegurado, a elasticidade dos preços torna-se negativa, isto é, os camponeses não produzem mais, mesmo que recebam mais pagamento. A formação social impede uma modernização, a longo prazo, devido a um baixo grau de divisão de trabalho e à manutenção de um Estado fraco e pouco eficiente que é obrigado a fazer concessões dispendiosas em favor dos actores da economia de afeição[11]. A base

---

[11] A favor dos que estão mais próximos: família, política, reciprocidade ou de simpatia.

de recursos não se desenvolve e, por isso, também não se criam quaisquer condições para acumulação e crescimento económico.

Em nosso entender, a economia de afeição é o modo dominante, nas zonas rurais africanas, e não desaparecerá só por apenas alguém assim o desejar. Em vez disso, interrogamo-nos sobre o que se poderá fazer para modificar esta situação, de modo a que o potencial de mobilização de recursos das famílias camponesas possa ser aproveitado.

Num contexto africano, o facto de os camponeses tentarem minimizar os riscos está muito ligado à divisão de trabalho dentro do agregado familiar. A mulher é responsável pela alimentação da família. Por necessidade, ela tenta reduzir ao mínimo os riscos corridos na produção agrária. Isto é também válido para o homem, mas apenas até ao momento em que a subsistência da família estiver assegurada. É também interessante perguntar de que maneira o homem contribui para assegurar essa subsistência. O acesso, cada vez menor, a terras fez com que a contribuição do homem para a subsistência da família fosse muito mais em forma de trabalho migratório ou de trabalho sazonal. Ao mesmo tempo que o homem começa a ter uma relação com o mercado, vai passando da esfera privada para a pública e, consequentemente, da lógica da economia de afeição para a lógica de mercado. Se o homem, com o seu trabalho sazonal, contribuir de forma satisfatória para o sustento da família, a mulher passa a usufruir de algum tempo livre, o que lhe permite produzir para venda. Assim, esta família integra-se noutra racionalidade e noutra lógica. A questão da racionalidade (minimização dos riscos e maximização da produtividade) está extremamente dependente do contexto em que se verifica. Por isso, a questão é saber como esse contexto social deverá ser e de que maneira o seu crescimento poderá ser promovido de modo a que os recursos dos camponeses possam ser libertados. Dada a possibilidade de oferta de trabalho assalariado, existe, frequentemente, o risco de divisão do trabalho dentro do seio familiar, acentuando ainda mais um aumento da exploração da mulher. Esta tem de trabalhar mais algumas horas por dia para garantir o sustento da família, ou as filhas são obrigadas a trabalhar em vez de frequentarem a escola. Contudo, estudos demonstram que a mulher, em grandes partes de África, já atingiu o seu limite.

Em nossa opinião, existem dois factores que são completamente decisivos. Em primeiro lugar, o Estado tem de intervir e garantir um «rendimento mínimo», isto é, o Estado, ao aumentar a armazenagem local de emergência, passa a encarregar-se do risco de sobrevivência. Até agora, tem-se verificado que o Estado não tem podido cumprir estas tarefas, ao mesmo tempo que a comercialização tem acarretado o risco de serem vendidas quantidades cada vez maiores de alimentos (Abrahamsson/Nilsson, 1994). A economia de afeição foi exactamente fortalecida devido ao facto de a base de recursos ter sido tão escassa que a sobrevivência só podia ser garantida através da segurança colectiva. A rede de contactos informais e insensíveis que se criou não passa, na realidade, de uma pequena parcela da «sociedade de bem-estar» que o Estado, até ao momento, não teve capacidade de criar a nível nacional. Somos também da opinião que apenas quando se tiver estabelecido esse nível mínimo é que se tornará interessante desenvolver a rede comercial. Experiências anteriores demonstram claramente que os camponeses não produzem mais se receberem

mais dinheiro pelos seus produtos, isto é, não são os preços ao produtor em si que são decisivos. De importância consideravelmente maior é o acesso dos camponeses a bens de consumo e a serviços sociais. De modo a aproveitar a existente capacidade de mobilização de recursos, o Estado tem, em suma, que fornecer os bens e os serviços de que a sociedade camponesa necessita. Isto diz especialmente respeito a quatro áreas principais:
1. Aumentar a produção dos camponeses através do fornecimento de enxadas, sementes e garantias para riscos corridos (segurança alimentar).
2. Fomentar uma rede comercial que, com termos de troca razoáveis, possa comprar os excedentes dos camponeses e, ao mesmo tempo, fornecer bens de consumo básicos (sabão, sal, açúcar, petróleo, roupa, material escolar, pilhas e utensílios domésticos).
3. Incentivar o aparecimento de um sistema bancário (através do pagamento dos custos de transacção). Esse sistema deverá encarregar-se das quantias poupadas e, a um juro subvencionado (correndo o banco o risco de ter prejuízos), canalizar o dinheiro para os agentes económicos locais.
4. Fornecer serviços sociais, melhorando, assim, a capacidade física das pessoas e a possibilidade de utilizarem o tempo de uma maneira eficiente, por exemplo, para ir buscar água e lenha.

É muito provável que só quando estas medidas estatais tiverem sido tomadas será possível criar uma confiança social e uma comunhão de valores entre o nível local e o nível central. Então, estarão também criadas as condições para, a partir de necessidades identificadas a nível local, poder levar a cabo o trabalho de extensão, aconselhando os camponeses sobre técnicas agrárias que levem a um aumento de produtividade e dos rendimentos. Se a eficiência melhorar, verificar-se-á também uma modificação, na divisão de trabalho, dentro da economia familiar.[12]

12. Crescimento lento do sector agrícola

Conclui-se, assim, que o crescimento lento da agricultura tem sido um dos factores principais de fome e pobreza nos países menos desenvolvidos. É necessário aplicar políticas que passem forçosamente por questões como a equidade na distribuição de rendimentos, a propriedade das terras, as relações de produção, o financiamento através de um sistema financeiro da actividade, as relações intersectoriais e a divisão do trabalho entre os sexos.

---

[12] Abrahamsson, Hans e Nilsson, Anders (1995): *Ob. cit.*, pp. 209-211.

Quadro 33: Principais obstáculos ao desenvolvimento da agricultura: o caso de uma região no Sul de Moçambique

Obstáculo	Descrição
Registo das terras insuficientes	• Falta de meios para um registo correcto da terra. • Processo de registo complicado.
Situação precária/ /direitos indefinidos	• Muitos pequenos agricultores ocupam terras não alocadas oficialmente, limitando a vontade de investir a longo prazo. • Pouca confiança nos direitos da terra, dadas as inúmeras mudanças no passado.
Parcelização	• Agricultura de subsistência – cerca de 46 % da terra é utilizada por pequenos agricultores com menos de 3 ha e 30 % com menos de 1 ha. • Dificuldade de atingir a escala necessária à melhoria do rendimento.
Redução da terra utilizável	• Crescimento contínuo da população de 2 % ao ano. • Perdas de terra devido à salinização resultante da má drenagem. • Ameaças a longo prazo na desflorestação e ausência de política ambiental.

Fonte: Desenvolver a região do Chókwé, Moçambique, Programa Competir, Fundação Portugal-África, 2001.

Vale a pena reflectir um pouco sobre aquilo que nos parece ser o ponto de partida de qualquer discussão acerca da problemática do desenvolvimento agrícola, colocando uma questão pertinente.

12.1. Quando é que o sector agrícola é atraente?

As actividades de agricultura e de processamento para serem rentáveis, e geradoras de valor de forma independente (sem subsídios), têm de seleccionar, para cada região, as culturas e os mercados que são atractivos.

A selecção das culturas deverá ser realizada em função das:
1) Oportunidades relacionadas com a produção
   a) condições climatéricas;
   b) classificação do solo;
   c) descrição das agro-indústrias;
   d) estimativa do custo *versus* rendimento sob diferentes regimes agrícolas;

e) potencial de custo e rendimento;
f) necessidades de capital;
g) capital e custo de processamento.
2) Oportunidades relacionadas com os mercados.

Para além de todos os condicionalismos que temos vindo a apresentar, acresce alguma «miopia» das sociedades mais ricas. De facto, os países desenvolvidos não «têm facilitado» a saída para o desenvolvimento aos países menos preparados para esta *globalização viciada*.

Seria interessante desenvolver a questão da causalidade: *quem origina o quê*.

13. Proteccionismo dos países desenvolvidos

Nos Fóruns Sociais Internacionais, têm-se denunciado os males que, segundo os «aguerridos» participantes, a globalização traz aos pobres do mundo. Mas não parece que ali tenham surgido grandes preocupações com o que, na realidade, desgraça os países pobres: os subsídios.

Quase dois terços dos rendimentos dos agricultores da OCDE vêm de subsídios directos ou indirectos. Os agricultores dos países pobres, ao não disporem dessas ajudas, não podem competir nesse mercado falseado, impedindo desta forma a colocação de produtos importantes como o açúcar, arroz, carne, fruta e vegetais. Calcula-se que uma redução de 40 % dos direitos aduaneiros e dos subsídios à exportação agrícola, na OCDE, aumentaria o rendimento mundial em 60 biliões de dólares por ano.

Por outro lado, nos países ricos são os maiores agricultores aqueles que recebem mais ajudas. Os pequenos agricultores ficam, quase sempre, apenas com as *migalhas*. No entanto, as manifestações antiglobalização contam, geralmente, com a participação de agricultores, como o célebre francês José Bové.

Não admira que com esta cegueira generalizada – também podemos chamar-lhe hipocrisia – os Estados Unidos tenham adoptado, em 2002, uma lei agrícola escandalosamente proteccionista. A Comunidade Europeia, por seu turno, adiou a reforma da Política Agrícola Comum Europeia, prejudicando não só os países do Terceiro Mundo, mas também os candidatos de Leste à entrada na União.

Enquanto os movimentos antiglobalização não denunciarem, abertamente, as questões em que são parte interessada, como o proteccionismo dos ricos – que não é apenas agrícola – contra o mérito da competitividade, ou a possibilidade dos empresários agrícolas de países com instrumentos político-económicos frágeis, não podem ser levados a sério quando falam em defesa dos pobres.

13.1. Os efeitos negativos da ajuda de emergência internacional a nível local

Durante as duas últimas décadas aumentaram, de forma dramática, as necessidades de ajuda internacional a África. Simultaneamente, nestes países, têm existido áreas que, embora não tenham sido afectadas pelas calamidades (secas e/ou cheias) e, apesar da guerra, puderam manter alguns excedentes de produção de bens alimentares. Todavia, esta produção excedentária em pouco tem fornecido as áreas deficitárias dos países. Isto deve-se a duas razões principais:

Os doadores internacionais, em regra, compram excedentes de produção nos seus mercados. De facto, a ajuda de emergência internacional tem, frequentemente, uma relação directa com a política agrícola própria dos países doadores e a sua eventual produção excedentária. Esta ajuda, em geral, não é posta à disposição dos países receptores, em forma de dinheiro, para a aquisição de bens alimentares, quer local quer internacionalmente, conforme as necessidades e prioridades sugeridas pelos governos desses países. Em vez disso, na grande maioria, os doadores que disponibilizam comida à população fazem-no através de canais próprios, ditando as condições e deixando aos países receptores muito pequenas possibilidades de influenciar a situação[13].

O facto de os doadores preferirem fornecer os excedentes da sua própria produção como apoio de emergência faz com que eles, com a ajuda do seu orçamento para a cooperação internacional, possam financiar parte das suas subvenções agrícolas. Se com as verbas existentes efectuassem compras livremente no mercado local, em vez de utilizarem os canais de fornecimento, privilegiariam, assim, a produção e comercialização, e os resultados seriam diferentes nos países menos desenvolvidos.

A ajuda alimentar vendida nas cidades à população com poder de compra segue os preços dos cereais no mercado mundial. Esses preços são artificialmente baixos porque os países industrializados subvencionam a sua própria agricultura, influenciando os preços do mercado. Quando se faz a venda do milho importado, o seu preço é mais baixo do que o pro-

---

[13] Em vários casos, os doadores fazem a sua própria identificação de necessidade e destinam o seu apoio a uma área determinada. Quando a ajuda alimentar chega, oito a dez meses mais tarde, muitas vezes a situação de abastecimento já está modificada.

duzido no país. Assim, a ajuda alimentar internacional torna-se um obstáculo ao desenvolvimento da produção interna. Com o sistema de liberalização de preços, que os países foram obrigados a utilizar com a introdução do seu programa de recuperação económica, os produtores e distribuidores locais passaram a ser alvo de maiores exigências de produtividade e de rentabilidade que os agricultores mais mecanizados e desenvolvidos do resto do mundo. Este facto, por si só, retira a disponibilidade de os operadores internacionais com competências e capacidades investirem localmente, promovendo, em contraponto, os interesses individuais dos agentes económicos que manuseiam[14] os produtos doados.

Por outro lado, alguns doadores, ao insistirem que a ajuda de emergência seja distribuída de forma gratuita à população, distorcem o mercado. Sendo os canais de distribuição muito frágeis, estes produtos, por norma, chegam, normalmente, apenas a áreas em que parte da população já tem um certo poder de compra[15]. Lamentavelmente, é esta que, por norma, se apropria destas ofertas. Ironicamente, a distribuição gratuita, e não seleccionada de bens alimentares, pode levar a um aumento da diferenciação da população. Com efeito, aqueles que poderiam ter comprado a sua comida são os que têm acesso privilegiado aos donativos. Assim, utilizam o seu poder económico para revenderem essa mesma ajuda aos mais carenciados. Como o seu enriquecimento está dependente do ciclo de miséria, contribuem para bloquear qualquer ténue perspectiva de aumento da produção nacional ou de alteração do *Sistema*.

Esta circunstância faz com que a ajuda de emergência inequivocamente não seja positiva para o país receptor. Ao mesmo tempo que a ajuda alimentar internacional é de todo necessária, pode, no entanto, ter consequências negativas a longo prazo através da destruição do tecido produtivo local.

13.2. Organizações não-governamentais e estruturas paralelas

Um objectivo expresso pelos governos africanos consiste em dirigir o combate das calamidades por instituições locais. Entretanto, na realidade, as instituições normais da sociedade não o souberam fazer de uma forma coordenada. Um outro ideal é que o combate das calamidades seja organizado e executado, de modo a que pudesse facilmente transformar-se em

---

[14] Introduzem-nos no mercado ganhando a intermediação.
[15] Por exercerem actividades económicas que não são afectadas pelas calamidades, ou porque entram no logro dos donativos.

trabalho de desenvolvimento, quando a situação de catástrofe cesse, ou diminua.

Nesta perspectiva, está implícito que o Estado deve «aprender» a manusear uma situação de emergência, tanto a nível local como central. A formação de estruturas paralelas, por parte dos doadores, ameaça constantemente esses objectivos.

Quanto mais organizações estrangeiras se encarregarem da administração local da ajuda de emergência, mais longe da realidade ficará o sistema de administração normal da sociedade. De facto, são as Organizações não-governamentais estrangeiras, e não a administração normal da sociedade, que «arquivam» conhecimentos e experiências[16].

14. O caso do algodão em Moçambique

14.1. Caracterização geral da cultura

O algodão é uma cultura produzida em mais de 80 países, com uma produção mundial anual em redor dos 20 milhões de toneladas de fibra, sendo uma das mais importantes culturas de rendimento, assumindo um papel importante na economia dos países em desenvolvimento.

Poucas culturas podem competir com o potencial que o algodão oferece de se poder acrescentar valor ao produto, através dos vários tipos de processamento industrial a que pode ser sujeito no país, nomeadamente o descaroçamento, a fiação, a tecelagem e a confecção, para além da indústria de óleo e sabões.

A produção algodoeira é ideal para o sector familiar, sendo cultivada, com sucesso, em países em desenvolvimento como a Índia, o Paquistão, países da África Ocidental, Austral e Oriental, contribuindo decisivamente para a melhoria da economia camponesa.

A vantagem comparativa do algodão, em relação a outras culturas, reside numa maior tolerância à seca, na sua rentabilidade quando comparada com os grãos, para além de ser uma das poucas culturas em Moçambique com garantia de mercado para o camponês produtor, dado que as empresas de fomento garantem a sua compra no final da campanha. Estas razões determinam a popularidade e a expansão da cultura.

---

[16] Nilson, Anders e Abrahamsson, Hans; *Moçambique em Transição – Um estudo da história de desenvolvimento durante o período 1974-1992*; Maputo, GEGRAF, p. 128.

> **Uma análise realizada pela Associação
> Algodoeira de Moçambique**[17]
>
> «Uma das formas de medir a competitividade do nosso subsector é fazer a comparação das vantagens e desvantagens que temos em relação aos nossos vizinhos. As condições de clima, bons solos, a disponibilidade de terra e o facto de a produção ser feita relativamente perto dos portos em Moçambique deveriam constituir vantagens a nosso favor, quando comparamos a nossa situação com a da África do Sul. A realidade, no entanto, é a seguinte:
> - Os custos de transporte rodoviário, que é o principal meio de transporte utilizado para o algodão em Moçambique, são 3,75 vezes mais caros. O transporte representa 15% dos custos de produção do algodão.
> - Os custos, no porto, para exportar uma tonelada de fibra de algodão a granel são cerca de 65 dólares. Na República Sul-Africana (RSA), o custo de exportação de uma tonelada em contentor é de 2,5 dólares.
> - O custo de frete do algodão para a Europa, proveniente de Moçambique, é de cerca de 135 dólares por tonelada. O transporte da RSA para a Europa tem o custo de 50 dólares.
> - A maioria das fábricas de descaroçamento de algodão em Moçambique funciona com geradores de electricidade movidos a gasóleo. O nosso custo de energia é quatro a cinco vezes mais elevado que na RSA.
>
> **Infra-estruturas**
> - O facto de a economia ser pouco desenvolvida significa que não há empresas que possam prestar serviços de qualidade aos operadores, como os do subsector algodoeiro, que operam no interior do país. Em consequência, as empresas algodoeiras têm de realizar operações, elas próprias não essenciais à sua actividade, nomeadamente a nível de transporte, oficinas mecânicas, electricidade, equipamentos e brigadas de reabilitação de estradas, entre outros. Esta situação pressupõe custos acrescidos.
> - Não há, em Moçambique, fornecedores de serviços para a indústria de descaroçamento do algodão. O sistema complexo para a importação de sobressalentes e órgãos mecânicos leva a que uma importação demore, no mínimo, três semanas. Ora, nenhuma fábrica de descaroçamento pode ficar paralisada durante aquele período de campanha. O resultado que daí advém são inventários enormes de *stocks* que as empresas têm de fazer, a custos elevados.
>
> **Outros**
> - A lei do trabalho não permite, hoje, às empresas terem a elasticidade necessária para fazer face à globalização da economia. A empresa agrícola tem de ter flexibilidade de poder mudar de um produto para outro (deixar o algodão e produzir outra cultura) ou mesmo encerrar uma operação temporariamente. Os valores de indemnização são excessivos.
> - O inspector do trabalho que faz uma inspecção numa empresa, é ele mesmo que determina a multa a aplicar em caso de infracção. Este princípio de justiça é conceptualmente errado. A sanção deve ser decidida por um juiz.»

---

[17] Documento apresentado na Conferência Parcerias Público-Privadas em Moçambique, Maputo, 1/10/2002, da autoria de Carlos Henriques.

14.2. O mercado mundial

A primeira constatação é o facto de a fibra de algodão, que em 1960 representava cerca de 70 % das fibras têxteis consumidas, estar hoje reduzida a cerca de 40 %.

Figura 28: Evolução do peso do algodão no consumo de fibras têxteis

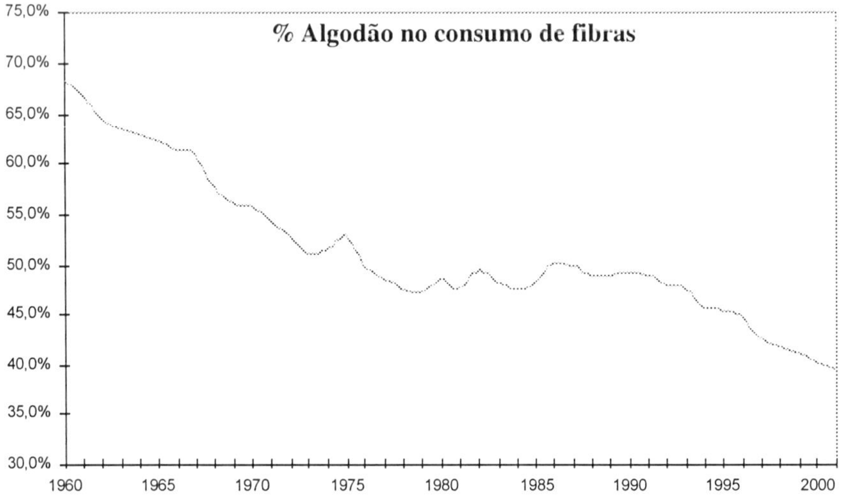

Fonte: Associação Algodoeira de Moçambique; *Conferência Parcerias Público-Privado em Moçambique – O algodão*: Maputo, 1/10/2002.

Embora o consumo de fibra têxtil tenha uma subida de 1,2 % ao ano, estando o aumento do consumo centrado no Equador e na Ásia, devido ao acréscimo demográfico e à força de trabalho barata para a indústria têxtil, o peso relativo do algodão, no consumo total, tem vindo a diminuir (produtos substitutos).

Figura 29: Preço mundial da fibra de algodão (*cents/pound*)

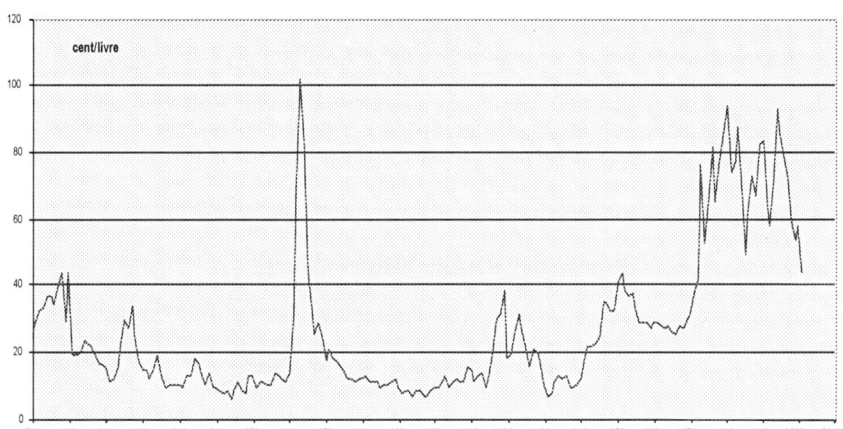

Fonte: Associação Algodoeira de Moçambique; *Conferência Parcerias Público--Privado em Moçambique – O algodão*: Maputo, 1/10/2002.

Os preços internacionais, entre 1995 e 2000, variaram de 118 a 35 cêntimos do dólar por libra/peso.

A política de subsídios à produção, por parte dos países desenvolvidos (acima referida), está a distorcer a competitividade. De 1987 e 2000, a produção subsidiada variou entre 69 % e 52 % do total da produção mundial.

Quadro 34: Subsídios na produção de algodão

[milhões USD]

	1998	1999
Brasil	521	622
China	4501	3830
Egipto	230	229
México	219	137
Grécia	390	428
Espanha	104	125
Turquia	882	795
EUA	3030	3964
Total	**9877**	**9660**

Fonte: Associação Algodoeira de Moçambique; *Conferência Parcerias Público-Privado em Moçambique – O algodão*: Maputo, 1/10/2002.

Os três factores exógenos (diminuição da procura da fibra de algodão, volatilidade dos preços no mercado internacional e a política de subsídios dos países mais desenvolvidos), associados a factores endógenos (perda de competitividade do contexto socioeconómico e ausência de uma política de investimento em I&DE – por exemplo, a engenharia genética) levam, naturalmente, a uma deterioração dos termos de troca, em prejuízo dos agricultores dos PED.

Quadro 35: Receita bruta média por ha

Campanha	90/91	91/92	92/93	93/94	94/95	95/96	96/97	97/98	98/99	99/00
1000 MT/ha	102	150	277	340	433	988	1367	1305	1174	705

Fonte: Associação Algodoeira de Moçambique; *Conferência Parcerias Público-Privado em Moçambique – O algodão*: Maputo, 1/10/2002.

Função do baixo rendimento, o produtor tem vindo a deixar de praticar a cultura do algodão. É uma questão de sobrevivência para o camponês. Trata-se da negação do propósito de captar investimento estrangeiro. É um futuro adiado!

15. Temas para reflexão

• Os diferentes ritmos de crescimento da procura dos vários bens de consumo, como consequência das subidas do rendimento global e do rendimento por habitante, são um fenómeno conhecido, tecnicamente explicado pela ciência económica através da existência de diferente elasticidade procura rendimento, conforme os bens e os níveis de rendimento. Ora, acontece que os bens de ponta e os serviços, em que se especializam tradicionalmente os países mais desenvolvidos, têm apresentado, por norma, um maior dinamismo da procura. Este mecanismo tem aumentado o hiato referente aos níveis de desenvolvimento dos países (Norte *versus* Sul). Há, porém, excepções, resultantes sobretudo da procura excepcional de certos recursos naturais.

• As alterações naturais dos termos de troca resultam do funcionamento dos próprios mecanismos do mercado. A existência de processos de troca desigual está dependente, não só da existência de mecanismos de coacção na produção e nas trocas, isto é, de esquemas de funcionamento de direcção central, ou de fenómenos de imposição de procedimentos por certas unidades económicas, ou outras, por processos exteriores ao mercado, como também do seu valor de mercado (ganho de competitividade, substituição de produtos. maior oferta mundial).

• O desenvolvimento rural não trata apenas de variáveis económicas (produtividade, capital, poupança, trocas comerciais e tecnologia). Trata também daquilo que poderemos denominar por sociologia do desenvolvimento, isto é, das estruturas sociais, cultura, ética; trata de capital humano e de desenvolvimento de recursos humanos, e trata, ainda, de desenvolvimento político, da importância da democracia e da transparência.

• Apenas o facto de termos tendência para ver os agregados familiares e as famílias camponesas como consumidores, em vez de os considerarmos como produtores, pode fazer com que corramos o risco de cometer erros.

De facto, a maioria dos camponeses africanos encontra-se excluída do mercado. Por diversos motivos, estão numa economia de subsistência.

• Uma das características da agricultura africana reside no facto de que a produção intervém nos pequenos agregados familiares, cujo acesso à terra é garantido por toda uma gama de direitos e obrigações tradicionais. Tendo em conta a importância da terra, raros são os autores que indicam, explicitamente, quais os sistemas mais compatíveis com a nova corrente de «liberalização».

A necessidade de um «mercado de terras», ou de se darem aos camponeses direitos sobre as terras, que lhes possam servir de garantia para a obtenção de empréstimos, é regularmente colocada. No entanto, a maior rentabilidade da agricultura (efeito dimensão) atrairá grupos sociais que tenderão a monopolizar a terra.

• A rede de contactos informais e insensíveis que se criou não passa, na realidade, de uma pequena parcela da «sociedade de bem-estar» que o Estado ainda não teve capacidade de criar a nível nacional. Somos também de opinião que só quando se tiver estabelecido esse nível mínimo será possível desenvolver a rede comercial. Experiências anteriores demonstram claramente que os camponeses não produzem mais se receberem mais dinheiro pelos seus produtos, isto é, não são os preços ao produtor em si que são decisivos. De importância consideravelmente maior é o acesso dos camponeses a bens de consumo e a serviços sociais. De modo a aproveitar a existente capacidade de mobilização de recursos, o Estado tem, em suma, de fornecer os bens e os serviços de que a sociedade camponesa necessita.

• Conclui-se, assim, que o crescimento lento da agricultura foi um dos factores principais que contribuiu para a fome e a pobreza nos países menos desenvolvidos. É necessário aplicar políticas que passem, forçosamente, por questões como a equidade na distribuição de rendimentos, a propriedade das terras, as relações de produção, o financiamento através de um sistema financeiro da actividade, as relações intersectoriais e a divisão do trabalho entre os sexos.

• O facto de os doadores terem preferido fornecer os excedentes da sua própria produção, como apoio de emergência, fez com que eles, com a ajuda do seu orçamento para a cooperação internacional, tenham podido financiar parte das suas subvenções agrícolas. Se, com as verbas existentes, efectuassem compras livremente no mercado local, em vez de utilizarem os canais de fornecimento da preferência dos doadores, privilegiando assim a produção e comercialização, os resultados seriam diferentes nos países menos desenvolvidos.

Os preços da ajuda alimentar, que pode ser vendida nas cidades à população com poder de compra, seguem os preços dos cereais no mercado mundial. Esses preços do mercado mundial são artificialmente baixos porque os países industrializados subvencionam a sua própria agricultura influenciando os preços do mercado mundial. Quando se faz a venda de milho importado, o seu preço é mais baixo do que o dos bens alimentares produzidos no país. Assim, a ajuda alimentar internacional torna-se um obstáculo ao desenvolvimento da produção interna. Com o sistema de liberalização de preços, que o país foi obrigado a utilizar com a introdução do seu programa de recuperação económica, os produtores e distribuidores locais passaram a ser alvo de maiores exigências de produtividade e de rentabilidade do que os agricultores altamente mecanizados e desenvolvidos do resto do mundo. Este facto, por si só, retira a disponibilidade de os operadores internacionais com competências e capacidades investirem localmente, promovendo, em contraponto, os interesses individuais dos agentes económicos que manuseiam os produtos doados.

Por outro lado, alguns doadores, ao insistirem que a ajuda de emergência seja distribuída de forma gratuita à população, distorcem o mercado.

Sendo os canais de distribuição muito frágeis, estes produtos, normalmente, chegam apenas a áreas em que partes da população já têm um certo poder de compra. Lamentavelmente, são estes que, por norma, se apropriam destas ofertas. Ironicamente, a distribuição gratuita e não seleccionada de bens alimentares pode levar a um aumento da diferenciação entre a população, visto que aqueles que poderiam ter comprado a sua comida são os que têm acesso privilegiado aos donativos. Por ironia, utilizam o seu poder económico para revenderem essa mesma ajuda aos mais carenciados. Como o seu enriquecimento está dependente do ciclo de miséria, contribuem para bloquear qualquer ténue perspectiva de aumento da produção nacional ou de alteração do *Sistema*.

VIII
Responsabilidade Social

No passado ainda recente, os governos democráticos e as grandes empresas eram as referências positivas da sociedade. A juventude era, pelos pais e professores, induzida a seguir os exemplos dos *leaders*[1]. Foram ícones que, paulatinamente, perderam brilho.

A confiança nos governos, no processo político e nas empresas diminuiu. Escândalos, corrupção e uma aparente falta de responsabilidade levaram muitos a questionar aquilo que se denominou por *Sistema*.

1. Crise de valores

Em várias partes do mundo, a sociedade, em geral, sente necessidade de questionar o que tem sido feito ou, mesmo, dito. De facto, hoje, com maior facilidade obtêm-se informações sobre o que desejamos. É a vitória da sociedade de informação sobre o *status quo*.

No entanto, *isto* tem um custo: a alteração dos comportamentos. Com efeito, os valores, os conceitos em que as pessoas acreditam, os padrões de vida e mesmo os juízos com que julgavam os outros têm mudado, ou, dito de uma forma mais simpática, evoluído.

É de facto uma crise de valores. Tudo é posto em causa. Contudo, a avalanche de informação banaliza-a. Recebemos a informação com frieza. As *desgraças* tornam-se quotidianas. Trata-se do exercício perverso do direito à indiferença.

Neste contexto, a iniciativa privada, como principal força do crescimento e desenvolvimento, promove um crescendo de expectativas e, consequentemente, de responsabilidades. É sobre ela que se concentra muita

---

[1] Foram eles: reis, generais, presidentes, ministros, governadores, capitães da indústria, banqueiros, entre outros.

da energia crítica da sociedade. Está sob a luz dos holofotes, o olhar do público e a vigilância da imprensa.

Assim, a preocupação com os custos sociais da globalização ganhou protagonismo. A tensão entre os factores sociais e os factores económicos foi violentamente expressa – e atingiu notoriedade mundial – nas manifestações que têm rodeado os eventos internacionais sobre o comércio.

2. Um apelo ao desenvolvimento sustentável

Para além das questões sociais, naturalmente importantes, importa tratar a questão do relacionamento do homem com a natureza, ou seja, integrando os seus objectivos finais (isto é, a realização humana e da comunidade) e os limites dos seus recursos naturais (a capacidade de a biosfera suportar a vida).

Normalmente, os economistas assumem, de forma implícita, que o progresso tecnológico e o crescimento continuado da economia são inevitáveis. Tendem a centrar a atenção em questões relativamente estreitas relacionadas com a mestria da gestão estratégica, em vez de abordarem os processos sistémicos, de longo prazo, lentos, não lineares, de grande escala, que irão dar forma às estratégias nas próximas décadas[2].

Tal como se pode ver na figura 30, abaixo representada, a deterioração progressiva da natureza e da qualidade de vida – em queda na maioria dos seres humanos – estão intimamente ligadas. A explosão da população mundial, a pobreza persistente e uma cada vez maior desintegração social são alguns dos problemas.

As disparidades de rendimentos entre todos os países estão a aumentar – e também nos próprios países. Calcula-se que a percentagem do rendimento mundial, que cabe aos 20 % de pessoas mais ricas do mundo, é, agora, cerca de 74 vezes maior do que a do rendimento das 20 % de pessoas mais pobres do mundo – um fosso que, nos últimos trinta anos, duplicou.

---

[2] Gladwin, Thomas N. (2001); «Um apelo ao desenvolvimento sustentável», *in Estratégia*, Diário Económico, p. 244.

Figura 30: Sinais de insustentabilidade causada pelo Homem no Mundo

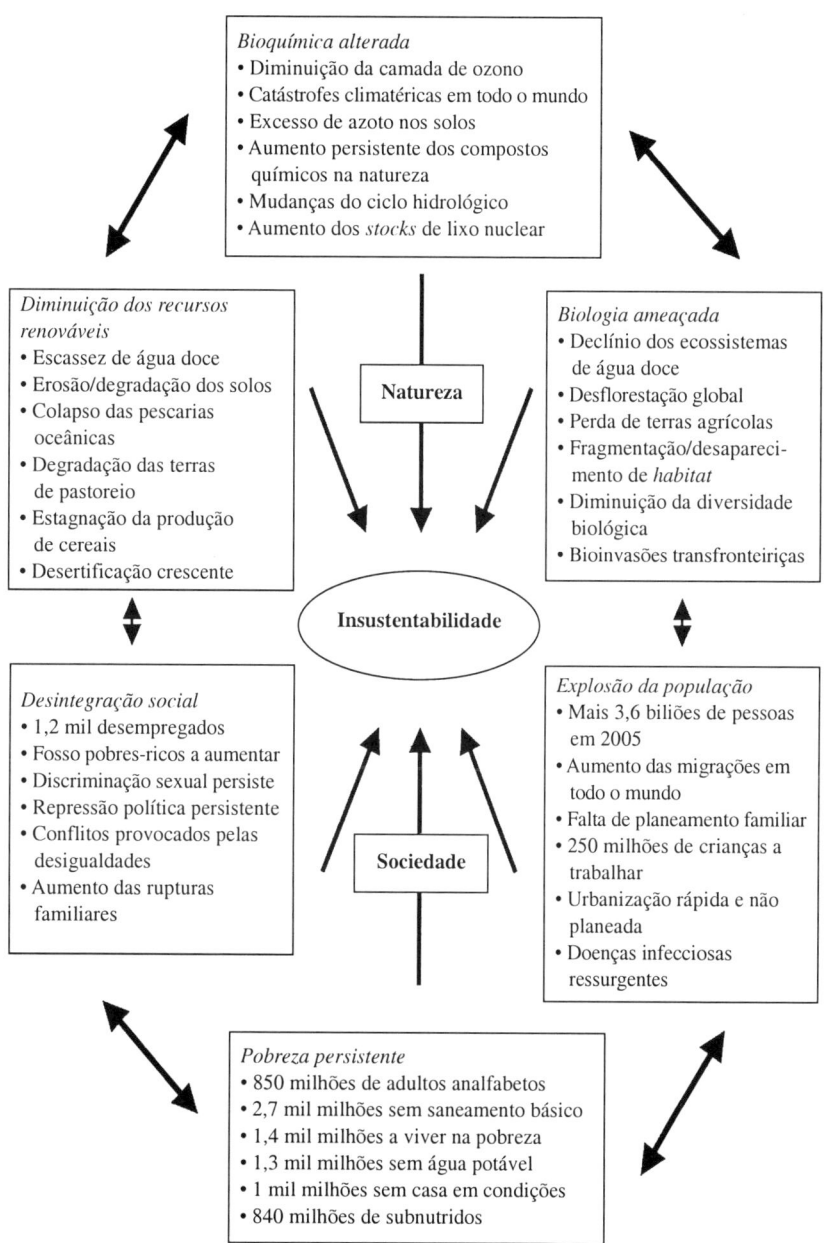

Fonte: Adaptado de Gladwin, Thomas N. (2002); Um apelo ao desenvolvimento sustentável, in *Estratégia*, Diário Económico, p. 245.

3. Gestão das expectativas

Em primeiro lugar, é oportuno recordar uma distinção, cara a François Perroux, entre níveis de aspiração e níveis de expectativa. Os primeiros referem-se aos projectos pessoais de desenvolvimento humano, em que os níveis de satisfação pretendidos tendem a elevar-se no tempo, em função das melhorias gerais nas condições de vida decorrentes dos «progressos» conquistados pela humanidade nos vários domínios da sua existência e da própria crença na ideia de Progresso surgida com a modernidade ocidental. Neste aspecto, a «globalização», em particular ao nível das TIT, excita e amplia as aspirações dos seres humanos, da África Negra à América Latina, Índia ou o Norte da China, frequentemente tomando por referência o real ou imaginário modelo ou «sonho» americano. Quanto aos níveis de expectativa, trata-se daquilo que o indivíduo realmente espera do futuro que considera ao seu alcance, em termos de probabilidades, decorrente das condições objectivas da sociedade em que vive.

Se aumenta a distância entre os dois níveis, ou seja, se as realidades esperadas se atrasam cada vez mais em relação às aspirações, o resultado é o aumento da frustração, maior ainda quando o indivíduo enfrenta desigualdades crescentes no contexto societal de que, ao mesmo tempo, faz parte e é excluído. Em suma: o ser humano pode tornar-se racionalmente, ao mesmo tempo, *menos pobre e mais, ou muito mais, insatisfeito*[3].

E isto não é tudo: expandir o nível de instrução duma população, sem, ao mesmo tempo, criar empregos que correspondam à maior qualificação da mão-de-obra, significa cair no tipo de situação já referido – faculta-se mais instrução, mas esta é acompanhada de maior frustração. O engenheiro negro que, sujeitando-se a duríssimas condições de trabalho e como alternativa ao desemprego conduz um táxi que não é seu, nas ruas de Abidjan, capital da Costa do Marfim, ou um filipino licenciado em Gestão numa escola de Manila mas que ganha mais como porteiro em Macau do que como empregado bancário nas Filipinas, ou ainda o culto escritor negro americano que, para sobreviver, conduz um táxi do patrão branco nas perigosas ruas de Nova Iorque, não enjeitam a formação recebida, mas também não escondem a sua oposição à ordem vigente que os deixou a meio caminho da realização das suas legítimas aspirações[4].

Assim, o processo de globalização não dispensa, antes exige, a explicação dum código ético, o correspondente sistema normativo e a criação

---

[3] Murteira, Mário (2003); *Globalização*; Quimera Editores, 2003, p. 82.
[4] Murteira, Mário (2003); *Ob. cit.*, p. 84.

dum quadro institucional apropriado para sua fiscalização. Será utopia colocar tais exigências? A resposta poderá ser: é a própria sobrevivência do sistema que exige a sua consideração[5].

4. O conceito de capitalismo social

Neste sentido, o conceito de «Capitalismo Social» tenta reunir aspectos sociais e económicos da sociedade. O capitalismo social salienta o facto de o processo de construção de sociedades mais ricas depender do progresso social e do progresso económico. Este conceito surge do reconhecimento de que a lógica da economia global emergente confere mais valor às pessoas. O capital humano tem uma importância crescente para as empresas, sejam elas grandes ou pequenas. As empresas tendem a prosperar em sociedades dinâmicas, empreendedoras e aventureiras – sociedades que não só investem nos seus colaboradores, mas também lhes dão a liberdade e a confiança necessárias para realizarem o seu potencial. Por outras palavras, os nossos principais actores económicos dependem de um desenvolvimento humano contínuo para sobreviver[6].

O desenvolvimento humano reforça a liberdade individual, mas o investimento no capital social desempenha igualmente um papel central na melhoria da qualidade de vida. O mundo assiste, hoje, a duas correntes contraditórias. Por um lado, existem, em muitos países, provas evidentes de colapso social, que se reflecte numa perda de confiança nas instituições, na divisão da família moderna e em níveis crescentes de criminalidade. Por outro lado, novas estruturas sociais estão a desenvolver-se. Por exemplo, a economia do conhecimento floresce através de redes ricas e seguras – muitas vezes formadas a uma distância que confere novo significado à ideia de comunidade. Outro exemplo é a «sociedade civil» internacional emergente, que um activista de uma ONG designa por «Movimentos da Nova Democracia global construída a partir do povo»[7].

Não é provável que se consiga ultrapassar o colapso social, apelando aos valores tradicionais. As comunidades precisam de uma renovação constante se querem continuar a ser relevantes e satisfazer as aspirações dos seus membros. Frequentemente, aqueles que são diferentes, e não conformes com as normas sociais, são os que dão início a novos esquemas

---

[5] Murteira, Mário (2003); *Ob. cit.*, p. 84.
[6] Bloom, David E. (2002); «O Capitalismo Social e a Diversidade Humana», in *A Sociedade Criativa do Século XXI*; GEPE; p. 34.
[7] Ronnie Cummins, Director de Biodemocracy, wv'w.purefood.org.

sociais. É, pois, do nosso interesse aprender a prosperar com a diversidade. A globalização aproxima muitas culturas, encoraja as pessoas a movimentar-se dentro do seu país e entre países – e, mais importante ainda, oferece muitas vias pelas quais o conhecimento e os valores podem ser transmitidos de um lugar para outro. Compreender o mundo extraordinário em que vivemos, e como ele pode vir a desenvolver-se, é uma tarefa gigantesca. Todavia, uma época de mudança deveria ser igualmente uma época de esperança e de possibilidades. O progresso humano anda a par com a renovação económica. Portanto, é do nosso interesse colectivo promover a inovação social, controlando o poder da diversidade humana. Pensamos que o capitalismo social não vai produzir um sistema uniforme, mas um vasto «fundo comum» de formas sociais adaptáveis a circunstâncias variáveis, à aspiração humana e às realidades económicas[8].

Neste raciocínio, David Bloom sugere que, segundo Malthus, foi a «velocidade com que aumentaram os meios de subsistência que as pessoas perceberam o valor da qualidade por oposição à quantidade» (ou, na metáfora do economista Paul Romer, «o poder de melhores receitas em vez de mais cozinhados»). Assim, enquanto a população mundial aumentou 2,3 mil milhões, só nos últimos trinta anos, o rendimento *per capita* real aumentou dois terços. Os trabalhadores passaram a produzir mais ao mudarem da agricultura para indústrias e serviços mais produtivos, e ao aplicarem níveis mais elevados de conhecimento e tecnologia para aumentar o valor do seu trabalho. No geral, os preços mundiais dos recursos naturais decresceram, e a posse de abundantes recursos naturais já não é considerada uma fonte significativa de vantagens competitivas. Pelo contrário, o valor do conhecimento continuou a aumentar. O conhecimento é fundamentalmente diferente de outras formas de capital. À medida que aumenta, pode ser difundido com maior facilidade e menos custos, criando, por sua vez, ganhos especialmente lucrativos»[9].

---

[8] Bloom, David E. (2002); *Ob. cit.*, p. 35.
[9] Ver Peter Schwartz, Eamonn Kelly e Nicole Boyer, «The Emerging Global Knowledge Economy», em *The Future of the Global Economy – Towards a Long Boom?*, OCDE, 1999. Os autores expressam uma importante reserva sobre as aparentes qualidades mágicas do conhecimento. Contudo, citando o Prémio Nobel da Economia Herbert Simon: «Aquilo que a informação consome é um tanto óbvio: consoante a atenção daquele que a recebe. Por isso, uma riqueza de informação provoca uma pobreza de atenção.» Entretanto, Paul Romer observa: «A mesma característica que torna uma ideia tão valiosa – toda a gente a pode usar ao mesmo tempo – também mostra que é difícil gerar uma taxa de retorno adequado do investimento em ideias. O elevado número de pessoas que tira partido de uma ideia pode facilmente beneficiar dos esforços de outros.» Ver «Economic Growth», em *The Fortune Encyclopedia of Economics*, David R. Henderson (ed.), Nova Iorque: Time Warner Books, 1993. Este artigo está disponível em www.stanford.edu/~promer/Econgro.htm.

5. Demografia, economia e decisões políticas

A importância do impacto do crescimento populacional no desenvolvimento económico é cada vez maior, conforme salienta o relatório anual do Fundo das Nações Unidas para a População (FNUP)[10].

O estudo relaciona o «efeito população» com o crescimento da economia e a globalização, e chega à seguinte conclusão: «O desenvolvimento passou, com frequência, ao lado das pessoas mais pobres e agravou inclusivamente as suas desvantagens», afirma Thoraya Ahmed Obaid, directora do FNUP.

O relatório defende que, «desde 1970, os países em desenvolvimento onde a fecundidade é mais baixa e o crescimento demográfico mais lento apresentam maior produtividade, mais poupanças e mais investimentos produtivos». Já nas sociedades mais carenciadas, é cada vez mais difícil responder às necessidades básicas de uma população que continua a aumentar.

Ainda segundo o mesmo, «a liberalização do mercado dos bens essenciais produz um efeito perverso na luta contra a pobreza, já que os operadores económicos estão preparados para maximizar os lucros, relegando as questões sociais para último plano».

É interessante verificar que os ideólogos do Ocidente, que defendem o liberalismo, não encontram respostas uníssonas para a sua «natural» difusão.

Os sintomas são de todos conhecidos. A responsabilidade de não actuar eficazmente será, porventura, da falta de interacção entre todos os actores (políticos e sociedade civil).

Para aproveitar ao máximo o crescimento do recurso demográfico[11], os decisores políticos têm de dar prioridade a alguns factores:
- **Educação**. Não recebendo uma boa educação enquanto jovem, a geração *«baby boom»* tem menos probabilidades de vir a ser produtiva no mercado de trabalho. A educação tem de ser em quantidade e qualidade suficientes. Necessita também de ser relevante para os desafios económicos em constante mutação.
- **Mercados de trabalho**. Uma proporção elevada de pessoas em idade de trabalho, relativamente ao número de pessoas em idade dependente, transforma-se num fardo, e não numa vantagem, se o número crescente de trabalhadores não puder ser absorvido pelo mercado de

---

[10] «A Situação da População Mundial em 2002 – População, Pobreza e Oportunidades»; Fundo das Nações Unidas para a População (FNUP), 2001.
[11] Ou seja, aprender a (con)viver com ele!

trabalho. O desempenho custa caro e leva à alienação social e a níveis elevados de crime[12].
- **Ambiente macroeconómico.** Nos últimos anos, as economias fechadas não têm tido um bom desempenho. Não apenas perdem oportunidades de comércio e investimento estrangeiro directo, mas também limitam a sua capacidade de beneficiar de novas ideias e novas tecnologias desenvolvidas noutros países.
- **Abertura à influência exterior.** O economista Paul Romer defende que são «as ideias, não as coisas, que faltam aos países pobres»[13], enquanto o historiador e economista David Landes sugere que, a partir do século XVI (e especialmente a seguir à expulsão da comunidade judaica), o isolamento intelectual levou à estagnação económica de Espanha, Portugal e até da Sicília[14]. A abertura ao exterior permite aos países em desenvolvimento adoptarem rapidamente ideias geradas noutros países e ajuda as economias a dar grandes saltos para estádios de desenvolvimento mais avançados.
- **Liberdade.** Embora seja difícil demonstrar uma correlação directa entre democracia e crescimento económico, a ideia de que a reforma económica apenas pode ser implementada em ditaduras tem tido cada vez menos apoio. A descrição que Friedrich Hayek's (1988) faz do planeamento central como um «conceito fatal» é, hoje, largamente aceite, enquanto Amartya Sen (2003) sublinhou recentemente a importância da participação nos mercados (que ele rotula de «liberdade de transaccionar»). A um nível mais vasto, a percepção da liberdade afecta a vontade das pessoas em reconhecer e agarrar as oportunidades, tendo, por isso, um impacto no crescimento dos níveis de educação e de empreendorismo.

---

[12] De qualquer forma, o crime parece estar a crescer, e uma grande parte é praticado por jovens entre os 14 e os 25 anos – por isso, uma curva demográfica tende a conduzir a uma curva de crime. Famílias fracas e a ruptura das comunidades causadas pela migração em massa podem também fazer aumentar os níveis de crime. Assim, se não conseguirmos oferecer aos jovens um papel produtivo na sociedade, ameaçamos inflamar uma mistura altamente combustível. Francis Fukuyama demonstrou que a demografia não é suficiente para explicar os crescentes níveis de crime que se registaram recentemente nos países ocidentais e sugeriu que factores culturais, em particular níveis decrescentes de capital social, são também importantes. Ver Francis Fukuyama, *The Great Disruption: Human Nature and The Reconstitution of Social Order*, 1999, The Free Press.
[13] «Economic Growth», Paul M. Romer, retirado de *The Fortune Encyclopodia of Economics*, David R. Hendersen (ed.) Copyright, Warner Books. Usado aqui com o consentimento do proprietário do *copyright*.
[14] A pena de morte foi introduzida em Espanha, em 1558, através de livros importantes proibidos e de edições não autorizadas. Landes responsabiliza pelo «atraso persistente» de Espanha a intolerância e o orgulho dos governantes espanhóis, que expulsaram os judeus em 1492 e prosseguiram a mesma política no século XVIII, apesar da importância da comunidade judaica para a ciência, o comércio e as profissões na ilha. David Landes, *The Wealth and Nations*, Nova Iorque: W. W. Norton & Company, 1998.

- **Coesão social.** Um bom governo e indicadores democráticos estão positivamente correlacionados com os níveis das poupanças domésticas – uma fonte essencial do capital necessário a uma economia em expansão[15]. Entretanto, os mercados não existem no vácuo. Uma governação correcta e instituições fortes são alicerces essenciais para trocas seguras, enquanto os níveis de confiança têm um efeito decisivo na capacidade das pessoas para trabalhar em conjunto[16].

Não é intenção repetir conceitos já referenciados. Será, contudo, interessante revê-los à luz da informação que entretanto fomos manuseando. Tentamos conhecer sociedades dos países em desenvolvimento. Mas o que se passa nas sociedades dos países desenvolvidos?

6. A mobilidade demográfica do conhecimento

A migração oferece benefícios potenciais tanto aos países que enviam como para os que recebem. O Banco Mundial chamou a atenção para as redes globais que se podem desenvolver entre migrantes de um mesmo grupo étnico. Por exemplo, a forte diáspora chinesa – 50 milhões – tem sido uma fonte importante de capital social (isto é, de interacções sociais cuja densidade e natureza podem ser aproveitadas) por toda a região da Ásia-Pacífico, criando mercados e contribuindo para o desenvolvimento de algumas economias nacionais. Indivíduos de etnia chinesa são, agora, investidores importantes no mundo desenvolvido[17].

Já existem sinais de que alguns países estão a entrar na corrida ao emprego. Por exemplo, 23 % dos médicos, no Reino Unido, nasceram no estrangeiro[18], enquanto os EUA atraem cada vez mais estudantes, sobretudo dos níveis superiores, para o seu sistema de ensino. De acordo com a Internacional Students Inc., há agora mais de 532 000 estudantes estrangeiros nos EUA. Provavelmente, um terço deles não voltará aos países de origem, pelo que a economia americana colherá muitos dos benefícios que o país natal investiu na sua educação inicial. No entanto, em troca disto, muitos enviarão dinheiro para as famílias, calculando-se que os emigrantes enviam mais de 70 mil milhões de dólares por ano para os seus países de origem.

---

[15] Manuel R. Agosin, David E. Bloom e Eduardo Gitli, *Globalization, Liberalization and Susteintable Human Development: Analytical Perspectives*, documento apresentado na X Conferência da UNCTAD, Banguecoque, 16 de Fevereiro de 2000 (disponível em www.riverpath.com).
[16] Bloom, David E. (2002); *Ob. cit.*, pp. 45-46
[17] Bloom, David E. (2002); *Ob. cit.*, p. 53.
[18] «Roots of the Future», Commission for Racial Equality, Londres, 2000, http.//www.cre.gov.uk/ethdiv/ed-roots.html.

Entretanto, a indústria de *software,* na Índia, está a atrair investimentos significativos de indianos não residentes, em particular através de um grupo americano chamado *The Indian Entrepreneurs* (TIE). No ano passado, as exportações de *software* passaram de 1,75 para 2,65 mil milhões de dólares, estando o governo indiano a prever um crescimento até 50 mil milhões, em 2008 (um número que muitos observadores consideram moderado)[19].

Estas *start-ups,* no sector de computadores, tendem a evoluir em três fases: primeiro, exportando trabalho para o estrangeiro: segundo, trazendo contratos de volta para o país natal; e, por último, voltando-se para um trabalho altamente qualificado, tal como a produção de *software* ou a consultoria. Em certos casos, a passagem da concorrência de preços para a concorrência, ao nível da qualidade, é extremamente rápida[20].

Em contrapartida, muitos governos africanos tendem a dificultar a entrada de mão-de-obra estrangeira. Naturalmente que a pressão de grupos que apelam ao nacionalismo[21] tem sido aceite e promovida tacitamente pela sociedade que tem «dificuldade» em compreender as opções do investidor.

Este comportamento entra em choque com o investidor estrangeiro que deseja quadros da sua confiança. Para se ganhar confiança, necessita-se de tempo. É natural. É uma simples questão de bom senso. Ao investidor compete analisar os custos de oportunidade pelas alternativas: escolher (quadros) ou recusar (investimento). Trata-se de um assunto polémico, na medida em que se contradizem os interesses imediatos dos empresários com as expectativas (também imediatas) dos jovens licenciados locais.

É precisamente, aqui, que os governos devem actuar. De facto, são responsáveis pela definição das políticas públicas.

7. Abertura e responsabilidade

A opinião pública pode ser um importante controlador do exercício do poder pelos governos. Contudo, este controlo pode funcionar, normalmente, apenas se o governo informar sobre as suas acções. Os cidadãos devem ter ao seu alcance os meios necessários em ordem à apresentação de reclamações e proteção contra eventuais represálias. Sem dúvida, os

---

[19] «India: Information Technology», *Financial Times Survey,* 1 de Dezembro de 1999.
[20] Bloom, David E. (2002); *Ob. cit.,* p. 54.
[21] Dar emprego aos quadros locais.

funcionários governativos devem também estar consciencializados do seu interesse em responder às queixas. Existem dois caminhos básicos para a pressão do público: queixas colectivas por grupos de cidadãos que digam respeito a falhas generalizadas do governo; e a objecções levantadas por indivíduos particulares contra a forma como foram tratados pelas autoridades públicas. Tanto as trajectórias colectivas como as individuais podem ajudar a estimular a reforma das estruturas governamentais[22].

Dessas trajectórias colectivas emerge o papel das Organizações não-governamentais (ONG).

8. Papel das organizações não-governamentais

O termo «Organização não-governamental» é uma expressão ampla que se refere a organizações que não pertencem ao sector público. Podem ser organizações beneficentes, ou sem fins lucrativos, com um propósito social ou comunitário.

Os sectores em que as ONG actuam são cada vez mais diversificados. Compreendem quer organizações de serviços, em áreas da saúde e educação, quer as que trabalham na área social ou do ambiente, económicas, entre outras. A sua importância pública tem crescido com o desenvolver das tecnologias de informação e de telecomunicações. Para além de facilitarem o acesso e manuseio de informação, possibilitam uma melhor difusão da mensagem (informação codificada). Esta notoriedade fornece enquadramentos sociopolíticos, por vezes polémicos, junto dos centros de decisão.

As ONG internacionais são, elas próprias, marcas internacionais, exercendo poder e autoridade e, por vezes, são mais acreditadas e respeitadas do que os próprios governos e empresas.

A maioria das ONG existe para servir uma causa pública. Outras entendem que a sua função, ou parte dela, é contrabalançar a predominância mundial das empresas, em geral, e das multinacionais, em particular.

Esta ênfase, por vezes desmedida, obriga à entrada de um novo vector na análise dos processos de investimento, particularmente os internacionais. De facto, as empresas têm de contar com eles.

---

[22] Rose-Ackerman, Susan (2002); *Corrupção & Governo*; Editora Prefácio, p. 218.

9. Impacto da estratégia empresarial

As actividades das empresas nos mercados emergentes estão a aumentar. Assim sendo, os gestores têm de desenvolver sensibilidades para lidar com os desafios apresentados por todos os interessados no processo. A reputação da marca e o reconhecimento público do projecto são da responsabilidade da equipa de gestão.

9.1. Construção da marca

A arte do *marketing* é, em grande parte, a arte de construir marcas. Algo que não tenha marca será provavelmente considerado uma *commodity*, um produto ou serviço genérico. Nesse caso, o preço é que fará a diferença. Quando o preço é o único factor que conta, o único vencedor é aquele que produz com baixo custo[23].

> Recentemente, as fotos de duas lindas mulheres foram exibidas a um grupo do sexo masculino, ao qual se perguntou qual das duas era a mais bonita. Os votos ficaram exactamente divididos. Então, o pesquisador escreveu o nome dessas mulheres: Elizabeth e Gertrude. Desta vez, 80 por cento dos votos foram para Elizabeth, o que prova que os nomes são realmente importantes.[24]

Porém, ter simplesmente um nome de marca não basta! O que significa essa denominação (marca)? Que associações, desempenho e expectativas essa denominação evoca? Em que grau ela garante a preferência? Se for simplesmente uma denominação, fracassa como marca.

9.2. Valor da informação

Como já foi extensamente referido, os investimentos internacionais, para além de serem alvo da suspeição dos governos dos estados de destino, são, com frequência, encarados com desconfiança pela opinião pública por, eventualmente, não acrescentarem mais-valias às economias nacionais e por se apropriarem, de forma oportuna, de recursos. Tornam-se, deste modo, alvo de contestação generalizada.

---

[23] Kotler, Philip (2000); *Marketing Estratégico para o Século XXI;* S. Paulo; Editora Futura, p. 86.
[24] Kotler, Philip (2000); *Ob. cit.,* p. 87.

Mas não serão normais as atitudes corporativas de associações representativas na defesa dos seus interesses? Porque estranhamos estes comportamentos quando saímos do nosso país?

Enfim, o que fazer? Sugerimos que o *management* implemente uma política de comunicação institucional através, por exemplo, do desenvolvimento de quatro vectores:

- **Qualidade** da informação disponível (clara, coerente e concisa), quer ao nível intra-empresa (promovendo uma cultura própria forte e coesa), quer exógena à mesma;
- **Profissionalismo** no manuseamento dessa mesma informação, ou seja, na sua recolha, análise, elaboração e difusão;
- **Atitude pró-activa e cooperativa** desenvolvendo um trabalho de *lobbying* (identificação dos líderes de opinião e colaboração na sua formação) de uma forma sistemática;
- **Responsabilização**. O mercado tem de acreditar na informação: esta deve ser estruturada e transparente. A sociedade deve sentir-se representada nos interesses estratégicos dos accionistas. Os gestores devem transmitir confiança[25].

Ao internacionalizar-se, a empresa fica exposta aos riscos próprios do processo, nomeadamente os decorrentes da fase do ciclo de vida do sector, do contexto sociopolítico e económico do país, para além do eventual sucesso na implementação da estratégia preconizada. Acrescentar a estes riscos os «custos de imagem» (entenda-se, custos decorrentes da «má imagem»), derivados de uma ineficiente política de comunicação, pode ser fatal!

A ausência de informação promove a especulação, inibe o jornalismo especializado em alternativa ao sensacionalista. Comunicar bem é saber utilizar a informação.

Identificar claramente a cultura (valores) e os objectivos da empresa, e publicitar os benefícios do investimento para o país de destino, é criar valor ao projecto, é *«goodwill»*. Os *media* têm capacidade de criar valor, ou de o destruir. A sociedade revê-se nos seus líderes de opinião. Os políticos respeitam-nos. Os gestores das MN não se devem «esconder»!

Trata-se de passar de uma lógica de omissão para uma lógica de partilha. Após a «transacção da informação», ambas as partes ficam a detê-la (desde que a capacidade do receptor seja adequada). Quem transmitiu a informação não ficou sem ela – não perdeu nada. Antes pelo contrário, valorizou-a, criando um «ambiente agradável» para todos[26].

---

[25] Carvalho, Rui Moreira de (2002); Os *media* e os processos de internacionalização, *Diário Económico*, 11/12/2002.
[26] Carvalho, Rui Moreira de (2002); *Ob. cit.*, p. 116.

O valor da informação não vem, *tout court*, da posse: vem do «saber utilizar». Assim, o «saber comunicar» assume-se como um factor importante de competitividade.

Este factor de competitividade, intangível, é normalmente descurado nos processos de internacionalização. As consequências são desastrosas. Criam-se imagens negativas de projectos de elevado interesse para o país de destino e, concomitantemente, os países são apresentados como «maus destinos» para o IDE. Todos perdem.

Criar *linkages* com a sociedade e promover a notoriedade do investimento (por vezes sob a forma de «marca») e «alimentar» a auto-estima dos colaboradores é fundamental para o sucesso do investimento.

A comunicação é um instrumento de integração. Os investimentos internacionais vingam quando, embora coordenados na globalidade, conseguem integrar-se localmente.

10. A demonstração do interesse do investimento

É provável que as empresas actuem em ambientes em que a segurança social, o apoio às questões básicas de higiene e saúde, para além do apoio à alimentação do pessoal, sejam praticamente inexistentes. Desta forma, importa recordar alguns aspectos das responsabilidades sociais que as empresas podem partilhar com as instituições locais.

Quadro 36: Demonstração de criação de valor por parte das empresas

Área de criação de valor	Instrumentos
Formação de capital humano	• Investir em educação, formação, saúde e segurança dos empregados. • Divulgar ao público os contactos e as práticas internacionais. • Pagar impostos para que o Governo os aplique em serviços sociais.
Estímulo à boa administração	• Adoptar e compartilhar métodos de gestão com padrões reconhecidos internacionalmente. • Auxiliar o Governo local a melhorar a administração pública. • Ter normas justas e evidentes. • Respeitar os direitos humanos. • Abolir o suborno e a corrupção.
Ajuda à coesão social	• Ajudar a aumentar a qualidade de vida e prestar serviços sociais em certos casos. • Minimizar o conflito resultante das actividades das empresas e combater o crime. • Apoiar empresários dedicados à comunidade e à sua qualificação. • Encorajar a tolerância e a diversidade cultural, apoiar as artes e os projectos de conservação do património.
Fortalecimento de economias	• Criar empregos, gerar receitas e impostos com a exportação. • Ampliar as infra-estruturas locais. • Transferir tecnologia e padrões internacionais. • Aplicar na economia as receitas disponíveis. • Investir nos mercados financeiros locais. • Formar redes de fornecedores e de distribuição. • Apoiar a expansão dos negócios locais.
Protecção do meio ambiente	• Usar sistemas de produção menos poluentes e desenvolver produtos e serviços seguros para o meio ambiente. • Compartilhar as melhores práticas de gestão ambiental. • Promover a eficiência energética e de outros recursos naturais. • Debater políticas ambientais com os governos e as associações.

Fonte: Adaptado de Grayson, David; Hodges, Adrian (2002); *Compromisso Social e Gestão Empresarial: O que É Necessário Saber para Transformar Questões de Responsabilidade Social em Oportunidades de Negócio*; São Paulo; Publifolha, p. 132.

11. Para onde vamos...

Os historiadores olham para trás, não para diante. Tentam entender e explicar o que está documentado. Os economistas também querem conhecer o passado, mas acreditam que só o conhecem na medida em que aquele se coaduna com a teoria e a lógica; como têm a segurança dos princípios básicos, são menos avessos a descrever um futuro modelado pela racionalidade. Por certo, os economistas reconhecem a possibilidade do acidente e da irracionalidade, mas estes só podem, a largo prazo, retardar o logicamente inevitável. A razão triunfará porque a razão compensa. Mais é melhor, e, para a escolha de metas, a realização material é o melhor argumento[27].

Os economistas sugerem que o progresso trará crescimento. Contudo, o estudo da história do desenvolvimento económico sugere que a cultura é a principal geradora dos diferentes ritmos de crescimento. Mas qual das culturas? A da diáspora, onde encontramos africanos, prósperos homens de negócios, ilustres cientistas?!

Culpa-se o Estado! Já está! E agora?!

Enquanto isso, o que fazer com os pobres, os atrasados, os desfavorecidos? No fim de contas, os países industriais ricos encontram-se numa situação tão confortável que, por mais pressionados que sejam pela nova concorrência, ainda têm muito espaço de manobra. Apesar de todos os seus problemas, o Ocidente tem uma obrigação contínua, moral, ainda que previdente, para com os menos afortunados.

Todavia, devem dar pelo prazer de dar? Dar só quando faz sentido (ou compensa) dar? Disponibilizar, como fazem os banqueiros, de preferência àqueles que não necessitam de ajuda? Amor egoísta *versus* amor altruísta? Ambos? Colocamos estas perguntas, não porque saibamos as respostas (embora alguns sugiram o contrário), mas porque se deve estar consciente do complicado emaranhado de motivos conflituosos e de efeitos contraditórios que aquelas transportam. A navegação, através desses canais, exige constantes ajustes e correcções, tanto mais difícil porquanto qualquer plano ou programa de acção é condicionado por políticas internas.

E os pobres, o que fazem? A História ensina-nos que os mais bem-sucedidos combates à pobreza vêm de dentro. A ajuda externa pode ser útil mas, como a fortuna inesperada, também pode ser prejudicial: pode desencorajar o esforço e oferecer uma sensação paralisante de incapacidade. Como diz um aforismo africano, «a mão que recebe está sempre por baixo da mão que dá»[28]. Não, o que conta é o trabalho, a honestidade, a paciência, a tenacidade. Para gente acossada pelo infortúnio e pela fome, isso pode contribuir para uma indiferença egoísta. Mas, no fundo, nenhuma acção é tão eficaz, tão efectiva como aquelas que as próprias pessoas se habilitam para realizar por si mesmas, sem a ajuda alheia[29].

---

[27] Landes, David S. (1998); *Riqueza e a Pobreza das Nações*; Rio de Janeiro, Editora Campus, p. 582.
[28] Ver Le Masson; *Faut-il encore aider?*, p. 145.
[29] Landes, David S. (1998); *Ob. cit.,* p. 593.

Algumas destas coisas podem soar a uma colecção de lugares-comuns – do género das lições que costumávamos aprender em casa e na escola, quando os pais e os professores pensavam ter a missão de criar e educar os seus filhos. Hoje, dignamo-nos condescender com tais verdades, deixamo-las de lado como descabidas banalidades. Mas porque considerar absoluta a nossa sabedoria? Estamos a viver, sem dúvida, numa *época de sobremesa*. Queremos que as coisas sejam doces; muitos de nós trabalham para viver e vivemos para ser felizes. Não há nada de errado nisso, só que tal facto não promove a produtividade. Queremos alta produtividade? Então deveremos viver para trabalhar e obter a felicidade como um subproduto[30].

Não é fácil. As pessoas que vivem para trabalhar são uma pequena e afortunada *elite*. Mas é uma *elite* aberta aos recém-chegados, aos autoseleccionados, uma espécie de gente que destaca e enaltece o positivo. Neste mundo, os optimistas vencem, não porque estejam sempre certos, mas porque são positivos. Mesmo quando erram, são positivos, e esse é o caminho da realização, correcção, aperfeiçoamento e sucesso. O optimismo educado, de olhos abertos, compensa; o pessimismo só pode oferecer a consolação vazia de estar certo[31].

A lição que se destaca é a necessidade de continuar sempre tentando. Nada de milagres. Nada de perfeição. Nenhum milénio. Nenhum apocalipse. Devemos cultivar uma fé céptica, evitar dogmas, ouvir e observar bem, procurar esclarecer e definir metas. Os melhores que escolham os meios.

Como diz Fernand Braudel, «uma civilização não é, portanto, nem uma economia dada nem uma dada sociedade, mas sim o que, através das séries de economia, das séries de sociedades, persiste em viver, só a custo, e pouco a pouco se deixando inflectir»[32].

12. Temas para reflexão

• No passado ainda recente, os governos democráticos e as grandes empresas eram as referências positivas da sociedade. A juventude era induzida, pelos pais e pelos professores, a seguir os exemplos dos *leaders*. Foram ícones que, paulatinamente, perderam brilho.

---

[30] Landes, David S. (1998); *Ob. cit.*, p. 593.
[31] Landes, David S. (1998); *Ob. cit.*, p. 593.
[32] Braudel, Fernand (1989); *Gramática das Civilizações;* Lisboa, Teorema, p. 43.

A confiança no governo, no processo político e nas empresas diminuiu. Escândalos, corrupção e uma aparente falta de responsabilidade levaram muita gente a questionar aquilo se denominou por Sistema.

• O conceito de «Capitalismo Social» reúne aspectos sociais e económicos. O capitalismo social salienta o facto de o processo de construção de sociedades mais ricas depender do progresso social e do progresso económico. Este conceito surge do reconhecimento de que a lógica da economia global emergente confere mais valor às pessoas. O capital humano tem uma importância crescente para as empresas, sejam elas grandes ou pequenas. As empresas tendem a prosperar em sociedades dinâmicas, empreendedoras e aventureiras – sociedades que não só investem nos seus membros, mas também lhes dão a liberdade e a confiança necessárias para realizarem o seu potencial. Por outras palavras, os nossos principais actores económicos dependem de um desenvolvimento humano contínuo para sobreviver.

Não é provável que se consiga ultrapassar o colapso social, apelando aos valores tradicionais. As comunidades precisam de renovação constante se querem continuar a ser relevantes e satisfazer as aspirações dos seus membros. Frequentemente, aqueles que são diferentes, e não conformes com as normas sociais, são os que dão início a novos esquemas sociais. É, pois, do nosso interesse aprender a prosperar com a diversidade. A globalização aproxima muitas culturas, encoraja as pessoas a movimentar-se dentro do seu país e entre países – e, mais importante ainda, oferece muitas vias pelas quais o conhecimento e os valores podem ser transmitidos de um lugar para outro. Compreender o mundo extraordinário em que vivemos, e como ele pode vir a desenvolver-se, é uma tarefa gigantesca. Todavia, uma época de mudança deveria ser igualmente uma época de esperança e de possibilidades. O progresso humano anda a par com a renovação económica. Portanto, é do nosso interesse colectivo promover a inovação social, controlando o poder da diversidade humana. Pensamos que o capitalismo social não vai produzir um sistema uniforme, mas um vasto «fundo comum» de formas sociais adaptáveis a circunstâncias variáveis, à aspiração humana e às realidades económicas.

• A migração oferece benefícios potenciais tanto para aos países que enviam, como para os que recebem.

• Em contrapartida, muitos dos governos africanos tendem a dificultar a entrada de mão-de-obra estrangeira. Naturalmente que a pressão de grupos que apelam ao nacionalismo tem sido aceite e promovida tacitamente pela sociedade que tem «dificuldade» em compreender as opções do investidor.

Este comportamento entra em choque com o investidor estrangeiro que deseja quadros da sua confiança. Para ganhar confiança, necessita de tempo. É natural. É uma simples questão de bom senso. Ao investidor compete analisar os custos de oportunidade pelas diversas alternativas: escolher (quadros) ou recusar (investimento). Trata-se de um assunto polémico, na medida em que se contradizem os interesses imediatos dos empresários com as expectativas (também imediatas) dos jovens licenciados locais.

• Face à globalização, as actividades das empresas nos mercados emergentes estão a aumentar. Assim sendo, os gestores têm de desenvolver sensibilidades para lidar com os desafios apresentados por todos os interessados no processo. A reputação da marca e o reconhecimento público do projecto são da responsabilidade da equipa de gestão.

A arte do *marketing* é, em grande parte, a arte de construir marcas. Algo que não tenha marca será provavelmente considerado uma *commodity*, um produto ou serviço genérico. Nesse caso, o preço é que fará a diferença. Quando o preço é o único factor que conta, o único vencedor é aquele que produz com baixo custo.

• Ao internacionalizar-se, a empresa fica exposta aos riscos próprios do processo, nomeadamente os decorrentes da fase do ciclo de vida do sector, do contexto sociopolítico e económico do país, para além do eventual sucesso na implementação da estratégia preconizada. Acrescentar a estes riscos os «custos de imagem» (entenda-se, custos decorrentes da «má imagem») derivados de uma ineficiente política de comunicação pode ser fatal!

A ausência de informação promove a especulação, inibe o jornalismo especializado em alternativa ao sensacionalista. Comunicar bem é saber utilizar a informação.

• É provável que as empresas actuem em ambientes em que a segurança social, o apoio às questões básicas de higiene e saúde, para além do apoio à alimentação do pessoal, sejam praticamente inexistentes. Desta forma, importa recordar alguns aspectos das responsabilidades sociais que as empresas podem partilhar com as instituições locais.

Mais Informações

A Revolução na Demografia e no Desenvolvimento

As principais fontes são as instituições multilaterais que costumam publicar indicadores e revistas especializadas. Muitas estão na *Internet* e em vários idiomas. O portal das agências da ONU que tratam de desenvolvimento, refugiados, direitos humanos e outros tópicos é www.un.org. O do Banco Mundial (www.worldbank.org) é muito útil. As informações regionais podem ser encontradas no African Development Bank Group (www.afdb.org) no Asian Development Bank (www.adb.org) e no Banco Interamericano de Desenvolvimento (www.iadb.org).

A Revolução de Valores

Os institutos de pesquisa de opinião pública divulgam, constantemente, informações sobre questões políticas e sociais. Visite www.mori.com e www.environics.net. Publicações como *Fortune, Time, Business, Week, Financial Times* e *The Economist* encomendam e publicam pesquisas que retratam os valores da sociedade e dos negócios. As ONG pesquisam, acompanham e escrevem sobre temas específicos, como pobreza, direitos das crianças e vários outros. Por exemplo, o Observatório Social (www.observatoriosocial.org.br) é uma ONG que pesquisa o comportamento de empresas em relação aos direitos dos trabalhadores.

Entre os *sites* interessantes sobre estes temas, temos:

Accionistas
www.ethicalinvestor.com

Consumidores
Comunidade pelo Consumo Consciente
www.akatu.net

Instituições intergovernamentais
www.europa.eu.int/; www.unglobalcompact.org

Instituições não-governamentais
www.corpwatch.org;
www.globalwitness.org;

Responsabilidade social
O Dr. Oliver Sparrow, director-fundador do Chatham House Forum, escreveu uma série de previsões e textos esclarecedores sobre o futuro, como *Open Horizons* (1999), que abarca vários elementos das forças globais de mudança (www.chforum.org).

Definição das Questões Emergentes de Gestão, Ecologia e Meio Ambiente[1]

Um livro fundamental sobre negócios e meio ambiente é *Changing Course*, de Stephan Schimidheiny (Massachusetts Institute of Tecnology,1992). Schimidheiny fundou o Conselho Empresarial Mundial para o Desenvolvimento Sustentável (www.wbcsd.ch).

Outras boas fontes são: Conselho Mundial de Energia (www.worldenergy.org); Instituto Mundial de Recursos «Earthtrends» (www.wri.org); Instituto Sócio-Ambiental (www.socioambiental.org.br);

The Future of Tropical Rainforest People (APFT/FTRP)
http://lucy.ukc.ac.uk/Rainforest/

Biodiversity in Development Project
http://www.wcmc.org.uk/biodev/

EC/UNDP Initiative on Poverty and Environment
http://www.undp.org/seed/pei/

---

[1] Adaptado de Grayson, David; Hodges, Adrian (2002); *Compromisso Social e Gestão Empresarial, O que É Necessário Saber para Transformar Questões de Responsabilidade Social em Oportunidades de Negócio*; São Paulo; Publifolha, p. 205.

ECOsystèmes Forestiers d'Afrique Centrale (ECOFAC)
http://www.ecofac.org/

A Global Information System on Fishes (FishBase)
http://www.fishbase.org/search.html

Programme d'assistance technique à la communication et à
l'information sur la protection de l'environnement (PACIPE)

European Environment Agency
http://www.eea.eu.int/

The European Commission – DG Environment
http://europa.eu.int/comm/environment/index_en.htm

EUROSTAT – Statistical Office of the European Communities
http://europa.eu.int/comm/eurostat/Public/datashop/print-catalogue/EN?catalogue=Eurostat

Joint Research Centre
http://www.jrc.it/

Joint Research Centre – Institute for Environment and Sustainability
http://www.ei.jrc.it/

United Nations Environment Programme
http://www.unep.org/

World Health Organisation
http://www.who.int/en/

United Nations Economic Commission for Europe
http://www.unece.org/

Organisation for Economic Co-operation and Development,
Environment Directorate
http://www.oecd.org/env/

Green Spider (informal network of EU Environment Ministries)
http://www.ubavie.gv.at/greenspider/

Saúde e Bem-Estar

A Organização Internacional do Trabalho (OIT) dispõe de muitos textos e publicações sobre padrões de trabalho internacionais, abrangendo tópicos como saúde e segurança, criança e trabalhos forçados, e protecção social. (http://www.employersforwork-lifebalance.org.uk/).

Sobre os estudos de caso dos efeitos do HIV e da SIDA na empresa, leia *The Business Response to HIV/Aids: Impact and Lessons Learned*, de Kieran Daly e Julian Parr (Unaids, PWIBLF, The Global Business Council on HIV/Aids, 2000).

Diversidade e Direitos Humanos

O *site* www.diversityinc.com e a organização empresarial *Conference Board* (www.conferenceboard.org) têm grande quantidade de material sobre negócios e diversidade.

O Fórum de Empresários sobre Deficiências é uma organização britânica voltada para as necessidades especiais das pessoas (www.employers-forum.co.uk). A Ability Net (www.abilitynet.co.uk) também traz novidades e conselhos sobre a adaptação de tecnologia para os deficientes.

Comunidades

A Corporate Citizenship Company produz a revista bimestral *Community Affairs Briefing* (www.corporate-citizenship.co.uk).

O Impacto nas Pequenas e Médias Empresas

O site de informações do governo britânico www.societyandbusiness.-gov.uk traz exemplos de pequenas empresas bem-sucedidas com os temas emergentes de gestão. A Shell Live Wire dá conselhos a jovens empresários sobre desenvolvimento sustentável (www.shell-livewire.org).

Cooperação e Desenvolvimento

Organizações Multilaterais

Direcção-Geral do Desenvolvimento da União Europeia
http://europa.eu.int/comm/development/index_pt.htm

Business Council Europe, Africa and Mediterranean (BCEAM)
Web: www.bceam.org

Banco Africano de Desenvolvimento (BAD)
Web: www.afdb.org

Banco Europeu para a Reconstrução e o Desenvolvimento (BERD)
Web: www.ebrd.org

Banco Europeu de Investimento (BEI)
Web: www.bei.org

Banco Internacional para a Reconstrução e Desenvolvimento (BIRD)
Web: www.worldbank.org/ibrd/

Centro para o Desenvolvimento da Empresa (CDE)
Web: www.cdi.be

Direcção-Geral das Relações Económicas Internacionais – Ministério da Economia (DGREI) – Web: www.dgrei.pt

Organizações Internacionais

PNUD – Programa das Nações Unidas para o Desenvolvimento – URL http://www.undp.org/

CNUCED/UNCTAD – Conferência das Nações Unidas sobre o Comércio e o Desenvolvimento – URL
http://www.unctad.org

UNIDO – Organização das Nações Unidas para o Desenvolvimento Industrial – URL: http://www.unido.org/

TABD – Trans Atlantic Business Dialogue
http://www.tabd.com/

The OECD's Development Assistance Committee
http://www1.oecd.org/dac/index.htm

Organizações Regionais – ÁFRICA

CEDEAO/ECOWAS – Comunidade Económica dos Estados da África Ocidental – URL
http://www.ecowas.int/

COMESA – Mercado Comum da África Oriental e Austral – URL
http://www.comesa.int/

SADC – Comunidade para o Desenvolvimento da África Austral – URL
http://www.sadc.int

UEMOA/WAEMU – União Económica e Monetária da África Ocidental

Cooperação Internacional – CCRC – http://www.ccr-c.pt/cooperacao/b. *Site* com informações sobre iniciativas comunitárias de cooperação internacional em que se encontra envolvida a Comissão de Coordenação da Região Centro de Portugal: Novidades do INTERRREG III, divulgação de eventos internacionais, *links* úteis e referência a projectos

ELO – Associação Portuguesa para o Desenvolvimento Económico e a Cooperação – http://www.elo-online.org/cgi-bin/sthm_1.asp

Todos os *sites* estavam activos no fecho da edição desta obra.

Bibliografia

ABRAHAMSSON, Hans e NILSSON, Anders (1995): «Ordem Mundial Futura e Governação Nacional em Moçambique»; Gotemburgo, PADRIGU (Centro de Pesquisa de Paz e Desenvolvimento da Universidade de Gotemburgo).

ABRAHAMSSON, Hans e NILSSON, Anders (1995): «The Washington Consensus» e «Moçambique: a importância de questionar o modo de pensar ocidental sobre o processo de desenvolvimento do continente africano; Gotemburgo», PADRIGU.

ABRAMOVITZ, M. (1986); «Catching up, forging ahead, and falling behind», *Journal of Economic History,* reimpresso em M. Abramovitz (1989).

ABRAMOVITZ, M. (1994); *The origins of the postwar, catch-up and convergence boom;* em Fagerberg e outros (org.).

ADDA, Jacques (1996): *A Mundialização da Economia* – Vol. 1 – *Génese*; Lisboa, Terramar.

ADDA, Jacques (1996): *A Mundialização da Economia* – Vol. 2 – *Problemas*; Lisboa, Terramar.

AGOSIN, Manuel R., BLOOM, David E. e GITLI, Eduardo, *Globalization, Liberalization and Sustainable Human Development: Analytical Perspectives*, documento apresentado na X Conferência da UNCTAD, Banguecoque, 16 de Fevereiro de 2000 (disponível em *www.riverpath.com*).

AMABLE, Bruno e CHATELAIN, Jean-Bernard (1995); «Efficacité des Systèmes Financiers et Développment Économique»; 61, 135-154.

ANDERSEN, E. S. e LUNDVAL, B. A. (1988): «Small national systems of innovation facing technological revolutions: an analytical framework»; C. Freeman e B. A. Lundvall (org.), 9-36.

ARROW, K. (1962); «The Economic Implications of Learning by Doing»; *Review of Economic Studies;* XXI (3), 80, 155-173.

ASSIDON, E. (1989); *Le Commerce captif. Les sociétés commerciales françaises de l'Afrique noire.* Paris; L'Harmattan.

BAIROCH, Paul (1995); *Mytes et Paradoxes de l'Histoire Économique;* Paris; La Découverte.

BANHA, Francisco (2000); *Capital de Risco;* Lisboa, Bertrand Editora.

BARANANO, A. M. (1995); «Key questions on technological collaboration literature review»: CISEP.

BARRETO, António (2002); *Cidadania e Novos Poderes numa Sociedade Global*; Publicações Dom Quixote.

BARTOLO, Joao (1998); A Ética Empresarial, in Jornadas Empresariais Portuguesas; Encontro de Vidago; Porto; AIP.
BHAGWATI, Jadish N. (1974); «Illegal Transactions in International Trade»: N.Y, North-Holland-American Elsevier.
BLOOM, David E. (2002); «O Capitalismo Social e a Diversidade Humana», in A Sociedade Criativa do Século XXI; GEPE.
BRAUDEL, Fernand (1989); Gramática das Civilizações; Lisboa, Teorema.
BRILMAN, Jean (1993); Ganhar a Competição Mundial; Lisboa, Publicações Dom Quixote.

CALVINO, Italo (1990); As Cidades Invisíveis; Teorema.
CARAÇA, João (1993), Do Saber ao Fazer: Porquê Organizar a Ciência, Lisboa; Gradiva.
CARVALHO, Rui Moreira de (2000); O Impacto das Novas Tecnologias da Informação no Comércio Alimentar; Lisboa, Edições Cosmos.
CARVALHO, Rui Moreira de (28/10/2002): «A Imagem de Um País», in Diário Económico.
CARVALHO, Rui Moreira de (11/12/200); «Os media e os processos de internacionalização», in Diário Económico.
CEE (1996), Livro Verde sobre o Comércio, Lisboa, Novembro.
CLOOK, Clive (2000); «Desenvolvimento Económico do Terceiro Mundo», in Dicionário de Economia; Lisboa, Principia.
COELHO, Filipe (2000); Sistemas Financeiros e Desenvolvimento Económico; Lisboa, Vega Editora.
CONCEIÇÃO, Sofia (2003); «O Valor da Diferença», in Ideias & Negócios, n.º 57, Março 2003.

DAVIDSON, Basil (2000); O Fardo do Homem Negro; Porto, Editora Campo das Letras.
DOMINGOS, Estela (1997); Os Desafios das Tecnologias de Informação e Telecomunicações (TIT) nos Países em Desenvolvimento; Lisboa, ISEG.
DOSI, G. (1984); Technical Change and Industrial Transformation; Londres, MacMillan.

ELLIS Stepfen e FAURÉ, Yves-A. (2000); Empresas e Empresários Africanos; Lisboa, Editora Vulgata.

FELICIANO, José Fialho (1998); Antropologia Económica dos Thonga do Sul de Moçambique; Maputo, Arquivo Histórico de Moçambique.
FREIRE, Adriano (1997); Estratégia; Lisboa, Verbo Editora.
FREIRE, Adriano (1998); Internacionalização; Lisboa, Verbo Editora.
FRANSMAN, Martin e KING, Kenneth (1984), Technological Capability in the Third World, Londres, The Macmillan Press.
FRANSMAN, Martin (1985), «Conceptualising Technical Change in the Third World in the 1980s: An Interpretative Survey», The Journal of Development Studies, Vol. 21, n.º 4.
FRIEDMAN, Thomas L. (2000): Compreender a Globalização: O Lexus e a Oliveira; Lisboa, Quetzal.

FUKUYAMA, Francis (1996); *Confiança, Valores Sociais & Criação de Prosperidade;* Lisboa, Gradiva.
FUKUYAMA, Francis (1999); *O Fim da História e o Último Homem;* Lisboa, Gradiva.
FUKUYAMA, Francis (1999); *The Great Disruption*: *Human Nature and The Reconstitution of Social Order,* The Free Press.
FUNDAÇÃO CALOUSTE GULBENKIAN (2002); *Cidadania e Novos Poderes numa Sociedade Global*; Publicações Dom Quixote.

GASPARD, Michel (1997); *Reinventar o Crescimento*; Lisboa, Terramar.
GERSCHENKRON, A. (1966); *Economic Backwardness in Historical Perspective;* Harvard University Press.
GIDDENS, Anthony (2000); *O Mundo na Era da Globalização*; Lisboa, Editorial Presença.
GIRAUD, Pierre-Noel (1996); *A Desigualdade do Mundo*; Terramar.
GIRAUD, Pierre-Noel (1998); *A Economia É Coisa do Diabo?*; Lisboa, Terramar
GLADWIN, Thomas N. (2001); «Um apelo ao desenvolvimento sustentável», in *Estratégia*, Diário Económico.
GRAYSON, D., HODGES, A. (2001); *Everybody's Business*; London; Dorling Kindersley.
GRAYSON, D., HODGES, A. (2002); *Compromisso Social e Gestão Empresarial*; São Paulo; Publifolha.

HARRIS, N. (1987); *The End of the Third World*; Harmonsdsworth, Penguin
HAYEK, Friedrich (1960); *The Constitution of Liberty*; London, Routledge and Kegan Paul.
HENRIQUES, Carlos (2002); Documento apresentado na Conferência Parcerias Público-Privadas em Moçambique, Maputo, 1/10/2002.
HIRSCHMAN, A. (1965); «Obstacles to development: a classification and a quasi vanishing act»; *Economic Development and cultural change*; vol. 13, n.º 4.
HOFSTEDE, Geert (1997); *Compreender a Nossa Programação Mental*; Lisboa, Sílabo.
HOFSTEDE, Geert (2001); *Culture's Consequences: comparing values, behaviors, institutions and organizations across nations*; Sague Publication.
HUGON, Philippe (1999); *Economia de África*; Lisboa, Editora Vulgata.
HUNTINGTON, S. (1999); O *Choque das Civilizações e a Mudança da Ordem Mundial;* Lisboa, Gradiva.

JAGDISH, Bhagwati (2000); «Proteccionismo», in *Dicionário de Economia*; Lisboa; Principia.
JOHNSON, Pierre Marc (2001); «Para lá do comércio: defesa de uma agenda alargada da governação internacional», in *Globalização, Desenvolvimento e Equidade*; Lisboa, Publicações Dom Quixote.

KOTLER, Philip (2000), *Marketing Estratégico para o Século XXI;* S. Paulo; Editora Futura.
KOTLER, Philip (2000), *Administração de Marketing,* 10.ª edição*;* S. Paulo: Prentice Hall.
KRUEGER, Anne O. (1974); «The Political Economy of a Rent-Seeking Society»; *American Economic Review,* 64.

LANÇA, Isabel Salavisa (2001), *Mudança Tecnológica e Economia;* Lisboa, Celta Editora.
LANDES, David S. (1998); *Riqueza e a Pobreza das Nações*; Rio de Janeiro, Editora Campus.
LAWRENCE, Robert Z. (2000); «Competitividade», in *Dicionário de Economia*; Lisboa; Principia.
LENDREVIE, J. Lindon, DIONÍSIO, P., RODRIGUES, V. (1993), *Mercator, Teoria e Prática do Marketing*, Lisboa: Publicações Dom Quixote.
LEWIS, W. Arthur (1994); «Economic Development with Unlimited Supplies of Labor», *Paradigms in Economic Development*, Rajani Kanth, ed. M. E. Sharpe; NY, Armonk.
LIPIETZ, A. (1985); *Mirages and Miracles: the crisis of global fordism*; London, Verso.
LIPTON, M. (1977); *Why Poor People Stay Poor: a study of urban bias in World Development*; London, Temple Smith.
LOPES, Ernâni (2001); *I Seminário Integração Social das Economias da África Austral*; Maputo.
LUNDVALL, B. A. (1988); «Innovation as an Interactive Process: from user-producer interation to the national system of innovation».

MAGRIÇO, Victor (1995); *Sistemas Financeiros e Financiamento do Desenvolvimento;* CESA – Colecção documentos de trabalho n.º 34.
MARTIN, Hans-Peter, SCHUMANN, Harald (1998); *A Armadilha da Globalização*; Lisboa, Terramar.
MARTINS, Pedro Rodrigues (1997); *Cooperação Tecnológica: a Experiência dos Maiores Investidores de I&D em Portugal»;* tese, Lisboa, ISEG.
MATEUS, Augusto; BRITO, Brandão de e MARTINS, Victor (1995): *Portugal XXI, Cenário de Desenvolvimento*; Lisboa, Bertrand.
MCCARTY, M. H. (2001); *Como os Grandes Economistas Deram Forma ao Pensamento Moderno*; Prefácio.
MINISTÉRIO DA INDÚSTRIA E COMÉRCIO DE MOÇAMBIQUE e ORGANIZAÇÃO DAS NAÇÕES UNIDAS PARA A ALIMENTAÇÃO E AGRICULTURA (2000); O processo de reabilitação da rede comercial e o desenvolvimento dos mercados informais; Maputo.
MOORE, B. (1969); *Social Origins of Dictatorship and Democracy*; Harmonsdsworth, Penguin.
MOREIRA, José Manuel (1998); A Ética Empresarial e Responsabilidade Social da Empresa, *in* Jornadas Empresariais; *Encontro de Vidago*; Porto; AIP.
MURPHY, Patrick (1998); *Eighty Exemplary Ethics Statements;* University of Notre Dame Press, 1998.
MURTEIRA, Mário (1997); *Economia do Mercado Global*; Lisboa, Editorial Presença.
MURTEIRA, Mário (2002); *O Economista Acidental (e Voador Frequente);* Lisboa, Ad Litteram.
MURTEIRA, Mário (2003); *Globalização*; Quimera Editores.
MYRDAL, Gunnar (1944); *An American Dilemma: The Negro Problem and Modern Democracy*; NY, Harper.

NEVES, João César das (1994); *O Que É Economia*; Difusão Cultural.
NEVES, João César das, REBELO, S. (2001); *O Desenvolvimento Económico em Portugal*; Lisboa, Bertrand.
NILSON, Anders e ABRAHAMSSON, Hans (1998); *Moçambique em Transição – Um Estudo da História de Desenvolvimento Durante o Período 1974-1992*; Maputo, GEGRAF.
NIOSI, Jorge e BELLON, Bertrand (1994), «The Global Interdependence of National Innovation Systems: Evidence, Limits and Implications», *Technology in Society*, Vol. 16, n.º 2.

OLIVEIRA, Fernando Faria de (2000); *Internacionalização e Competitividade;* Sebenta, Porto, IESF.

PANKAJ, Ghemawat (1999); *A Estratégia e o Cenário dos Negócios;* São Paulo, Bookman.
PEREZ, C. e SOETE, L. (1988), «Catching-up in Technology: Entry Barriers and Windows of Opportunity», *in* AAVV (1988), *Technical Change and Economic Theory*, Londres, MERIT.
PEREZ, C. e SOETE, L. (1980); «Catching up in technology: entry barriers and windows of opportunity»; em G. Dosi e outros (org.).
POLANYI, K. (1975); «The Great Transformation»; NY, Octagon Press.
PORTER, Michael (1990), *The Competitive Advantage of Nations*, London, The Macmillan Press.
POURCET, G. (1979); *La Dynamique du sous-développement à Madagascar, thèse;* Paris-Nanterre.

REBELO, Sérgio (2001); «Educação, capital humano e desenvolvimento económico», in *Globalização, Desenvolvimento e Equidade*; Lisboa, Publicações Dom Quixote.
RELVAS, Alexandre (1998); A Nova Cadeia de Valor, *in* Jornadas Empresariais Portuguesas; *Encontro de Vidago*; Porto; AIP.
ROCHER, Guy (1989); *Sociologia Geral – A Organização Social*; Lisboa, Ed. Presença.
ROMER, Paul (1990); «Endogenous Technical Change»; *Journal of Political Economics,* 98, S71-S102.
ROSE-ACKERMAN, Susan (2002); *Corrupção & Governo*; Editora Prefácio.
ROSENBORG, N. (1982); *Inside the Black Box: technology and economics*; London, Cambridge University Press.
ROSSOUW, Deon (2002); *Business Ethics in Africa*; Cape Town, Oxford University Press Southern Africa.
RUNNALS, D. *Shall we dance? What the North Needs to do to Fully Engage the South in the Trade and Sustainable Development Debate,* IIDS.

SAER (2001); *Estratégia Económica e Empresarial de Portugal em África –* Vol. III *– Os actores e as estratégias.*
SAER (2001); *Estratégias Económica e Empresarial de Portugal em África –* Vol. VI *– Conclusões e Propostas de Actuação.*
SANDBROOK, R. e BARKER, J. (1985); *The Politics of Africa's Economic Stagnation*; Cambridge, Cambridge University Press.

SEN, Amartya (2003): *O Desenvovimento como Liberdade;* Lisboa, Gradiva.

SIMÕES, Victor Corado (1997); «Estratégias de Internacionalização das Empresas Portuguesas», in *Comércio e Investimento Internacional*, Lisboa; ICEP.

SOLOW, Robert (1956); «A Contribution to the Theory of Economic Growth»; *Journal of Political of Economics*, 70.

STOLERU, Lionel (1988); *Ambição Internacional*; Lisboa, Pensamento.

SCHUMPETER, Joseph (1974), *Capitalism, Socialism and Democracy*, Londres, Unwin Univ. Books, 13.ª edição.

SCHUMPETER, Joseph (1912), *Teoria do Desenvolvimento Económico, Uma Investigação sobre Lucros, Capital, Crédito, Juro e Ciclo Económico*, 2.ª edição, São Paulo, Nova Cultural, 1985.

TEULON, Frédéric (1994); *Crescimento, Crises e Desenvolvimento;* Lisboa; Publicações Dom Quixote.

TORRES, Adelino (1998); *Horizontes do Desenvolvimento Africano: No Limiar do Séc. XXI*; Lisboa, Vega Editora.

YOUNG, ALWYN (1995); «The Tyranny of Numbers: Confronting the Statistical Realities of the East Asian Growth Experience», *Quartely Journal of Economics*, 110.

YUNUS, MUHAMMAD (2002); *O Banqueiro dos Pobres*; Difel Editora.

VAN DE WALLE, Nicolas (2001); F. Calouste Gulbenkian; *Globalização, Desenvolvimento e Equidade*; Publicações Dom Quixote.

VINDT, Gérard (1999); *500 anos de Capitalismo: A Mundialização de Vasco da Gama a Bill Gates*; Lisboa; Temas e Debates.

WARNIER, Jean-Pierre (2000); *A Mundialização da Cultura;* Lisboa, Editorial Notícias.

A Situação da População Mundial em 2002 – População, Pobreza e Oportunidades; Fundo das Nações Unidas para a População (FNUP), 2001.
Ciências Sociais em África, CODESRIA, 1992.